2.99
14/49

CW00816175

El maestro Juan Martínez que estaba allí

Manuel Chaves Nogales

El maestro Juan Martínez que estaba allí

Prólogo de Andrés Trapiello

Libros del Asteroide

Fotografía de portada: Hiroyuki Matsumoto/Getty Images.
Edición basada en el texto de la *Obra narrativa
completa* de Manuel Chaves Nogales, editada
por María Isabel Cintas y publicada por la
Diputación de Sevilla.

Publicado por Libros del Asteroide S.L.U.
Avió Plus Ultra, 23
08017 Barcelona
España
www.librosdelasteroide.com

ISBN: 978-84-935018-6-0
Depósito legal: B. 1.614-2012
Impreso por Liberdúplex
Impreso en España - Printed in Spain
Diseño colección y cubierta: Enric Jardí

Este libro ha sido impreso con un papel ahuesado,
neutro y satinado de ochenta gramos y ha sido
compaginado con la tipografía Sabon en cuerpo 10,5.

Índice

Por meterse a redentor.

Prólogo

Preludios civiles de Chaves Nogales

Sea *El maestro Juan Martínez* una novela, sea un reportaje o una crónica novelada, lo que lo define como libro es algo que la crítica literaria denomina con la palabra *indecidibilidad,* es decir aquello sobre lo que resulta imposible decidir si se trata de una cosa o de otra, si estamos ante una novela o ante un relato de hechos verídicos. En este caso el lector no sabrá nunca si quien estuvo «allí» realmente fue ese Juan Martínez, flamenco de Burgos, o el propio novelista, o si por el contrario todo está urdido a partir de los testimonios escritos y orales de otras gentes, ajenas a ambos. *Allí* es la ciudad de Kiev durante la guerra civil que enfrentó a los soldados zaristas y a los bolcheviques después de la revolución soviética.

Chaves Nogales es un escritor relativamente nuevo en nuestra literatura. En cierto modo, aunque de él se conociera en España su biografía sobre Juan Belmonte, era uno más de los escritores que quedaron sepultados por la guerra y el exilio, otro de los que perdieron la guerra y la literatura, a diferencia de la mayoría de sus colegas, que o bien ganaron la guerra o bien ganaron los manuales de literatura.

Por ello cuando se dio a conocer en 1994 desde las páginas de *Las armas y las letras* su libro *A sangre y fuego* (1937), muchos no alcanzaban a comprender cómo un prólogo como el que figura en él había podido pasar inadvertido a tantos españoles que llevaban buscando inútilmente alguna explicación racional y más o menos satisfactoria a todo aquello. Ese prólogo es, en mi opinión, de lo más importante que se escribió de la guerra durante la guerra. Después de la guerra muchos otros ensayaron la finta y los análisis. El mérito de Chaves fue decir lo que dijo cuando lo dijo. Muchos al encontrarse con las palabras de Chaves advirtieron de inmediato no sólo su valentía sino su clarividencia y su oportunidad. El transcurso posterior de los hechos no hizo sino darle la razón. Su autor que se declaraba en ellas un demócrata y un republicano convencido, permaneció en Madrid, al lado de la República, hasta el momento en que vio que ni las autoridades republicanas permanecían en sus puestos, evacuando Madrid y dejando atrás a toda la población, ni en España se luchaba por la democracia, la primera víctima de aquella guerra a manos de ideologías comunistas y fascistas. En ese punto, 1937, se exilió, sin haber renunciado nunca ni a sus convicciones democráticas ni a sus lealtades republicanas, y encontró la muerte después de haberse enrolado, como periodista, en las filas de los ejércitos aliados que luchaban en Europa contra la Alemania nazi.

Muchos lectores asombrados hubieron de llegar a la conclusión, no menos desengañada al comprobar el olvido en el que un libro tan crucial como ese había permanecido durante sesenta años, un libro que trataba de un asunto de tanta importancia, de que justamente había sido la clarividencia de Chaves la que le había condenado al ostracismo. De nuevo los más beligerantes de uno y otro bando se ponían de acuerdo en quitar de en medio a los pocos que les acusaban de haber cometido crímenes atroces. Y ellos se lo

pagaron sin escatimar adjetivos. «Ambicioso, vacío, extra-
vagante, la hora de Chaves Nogales pasó. Ni fue, ni ha sido
ni volverá a ser nada», dijo Francisco Casares en 1938 en su
libro *Azaña y ellos: cincuenta semblanzas rojas*. El silencio
de quienes, desde el otro bando, deberían haberlo defendido de ataques tan viles como ese, confirmaba tal condena.

Pero el tiempo, menos justiciero de lo que se cree o, en todo
caso, mucho más perezoso que la propia justicia terrenal,
vino al cabo de sesenta años a poner las cosas en su sitio, y
de ese modo, con la naturalidad de su juicio, desvaneció,
como de un manotazo, todas las versiones más o menos
interesadas de lo que entonces sucediera en España en aquella guerra. Y así, si durante años las opiniones, libros, pro-
clamas y retóricas guerreras de los Giménez Caballero,
Alberti, Bergamín o Sánchez Mazas se encontraban en primer plano siempre, han empezado a leerse ya como lo que
son, propaganda más o menos burda de sus respectivas
facciones, en tanto encontramos en las crónicas y opiniones
de Chaves Nogales la desinteresada e inteligente reflexión de
quien supo que el mayor pecado que un hombre podía cometer en aquellos años era mantenerse libre.

Hoy entre los pocos libros que pueden leerse de la guerra
civil española, está desde luego ese *A sangre y fuego*, mucho
más que otros que fueron durante tanto tiempo los orácu-
los de sus respectivos cuarteles generales.

Bien, podríamos considerar *El maestro Juan Martínez*
como un preludio de *A sangre y fuego*, cuando ni siquiera
en el horizonte español podía vislumbrarse la guerra civil.
Ya que trata este libro que tienes en la manos de otra guerra civil, y es natural que pasara igualmente desapercibido,
si acaso no se le condenó a uno de esos silencios desprecia-
bles sólo porque llama nuestra atención sobre unos crímenes atroces, pero muy prestigiados intelectualmente.

En un momento en que en Europa se vivía con entusiasmo el triunfo de la revolución bolchevique, con la simpatía de la mayor parte de los intelectuales europeos, que veían en el experimento soviético algo prometedor, la crónica de Chaves debió de parecer una impertinencia. Chaves había viajado, cuando se publicó, en 1934, por medio mundo.

Durante años se creyó que la pureza de la revolución había sido traicionada por quienes como Stalin, hambrientos de sangre y sedientos de venganza, sumieron al país en una inmensa ciénaga de terror y de crímenes. Los años primeros de la revolución, capitaneada por Lenin, Trotsky *et alii* se creyó que fueron los de las esencias del comunismo, en los que por primera vez en la historia los proletarios y campesinos miserables podían atar los perros con longanizas.

Lo que Chaves nos dice es cosa muy distinta: todos fueron unos asesinos, empezando por Lenin. Las ideas, más o menos hermoseadas por la propaganda occidental, no impidieron que se le mancharan las manos con los crímenes que cometió, como manchadas las tenía el zar a quien el mismo Lenin ordenó asesinar, con toda su familia, incluidos los niños.

«La guerra civil daba un mismo tono a los dos ejércitos en lucha, y al final unos y otros eran igualmente ladrones y asesinos; los rojos asesinaban y robaban a los burgueses, y los blancos asesinaban a los obreros y robaban a los judíos.»

¿Habla de Rusia, de España? Acaso fueron estas las palabras que oyó Chaves a Martínez, personaje real a quien conoció en París, años después de los hechos recordados por éste y en el curso de un reportaje que hacía el periodista español sobre los refugiados rusos en la ciudad francesa, tal vez fueron esas palabras, digo, las que le dieron la idea de escribir un libro.

Chaves no quiso hacer una novela. El testimonio de Martínez, que seguía trabajando en París en lo suyo, el cabaret, le impresionó. Es un relato lineal, que tras una breve obertura, pasa a labios de Martínez. Podríamos considerar este libro sus memorias rusas. No hay en ellas recuerdos íntimos, ni estudios psicológicos, casi todo discurre por el nudo de los acontecimientos. Su compañera, que comparte con él todas las penalidades, apenas merece una descripción; es un nombre sin habla. Martínez quiere contarnos lo que ha visto, más que lo que ha sentido. Esto en él es elemental. Martínez es elemental. Se gana la vida bailando, y bailará siempre que alguien le pague por hacerlo, sin importarle más. Considera que es una persona sin otra fortuna que la salud y la vida, y quiere conservar ambas. Ese es todo su horizonte. *Carpe diem*. La vida como bien supremo. He ahí toda su filosofía: sobrevivir. Para ello no dudará en brujulear cuanto pueda, engañando, como un pícaro en lo menudo. Lo suyo no son los grandes crímenes, sino las pequeñas trapisondas. Como el pícaro, casi siempre se equivoca en las decisiones que ha de tomar.

Chaves le da a Martínez una literatura sin énfasis, la suya propia de periodista obligado a llegar a miles de lectores de toda clase. Chaves no es un artista de la palabra como otros periodistas, Ruano por ejemplo. Tampoco es un poeta, como Baroja. Chaves, que admira a Baroja, no es un sentimental como suele ser éste, más o menos despegado de todo y cínico, pero sentimental. Chaves es un hombre que no explota recursos retóricos propios de los demagogos, de modo que a veces nos resultará áspero y poco efusivo.

Las cosas que Martínez cuenta, porque las vio, fueron puestas en entredicho por muchos miles de hombres, que se negaban a admitir el fracaso de aquella revolución. El mérito de Chaves está no sólo en descubrir a Martínez en medio de las procelas parisinas, sino en creer lo que dice, y darle la voz al sentido común y, sobre todo, a las evidencias, por ásperas e inefusivas que resulten.

He aquí toda la fuerza de este libro que se deja leer como un reportaje admirable. Y aunque dijéramos que se lee como una novela, conviene recordar que es sobre todo como una novela como no deberíamos leerlo. Para los amantes de los detalles exactos, le diremos que está lleno de ellos, preciosos casi siempre, lo mismo si se trata de *pendentifs* de brillantes como de panecillos negros. Al fin y al cabo Martínez no siendo ruso lo mira todo con enorme distancia. No le va en ello la vida, como seguramente le fuese años después, al estallar la guerra civil española. La distancia emocional de Martínez le convenía mucho al propio Chaves, que sabía que sólo con distancia puede uno ver la realidad sin empañamientos sentimentales o afectivos.

El resultado fue este libro original (no deja de ser curioso que revolución tan trascendente como la soviética la relate un especialista en castañuelas), un viaje que no olvida nunca la receta suprema de la literatura, a saber, que sólo el humor puede aligerar el amargo paso de la Historia.

ANDRÉS TRAPIELLO

El maestro Juan Martínez que estaba allí

.

1. París, 1914

A la sombra espectral del Moulin de la Galette, en el calvario pedregoso de la rue Lepic, deslizándose junto a los jardincillos empolvados de los viejos estudios de pintor, que huelen a permanganato y aguarrás; cobijándose en las grietas de la desvencijada plaza de Tertre, en aquel paisaje lunar que es hoy el corazón de Montmartre, va haciéndose viejo mi amigo Martínez.

Martínez es flamenco, de Burgos, bailarín. Tiene cuarenta y tres años, una nariz desvergonzadamente judía, unos ojos grandes y negros de jaca jerezana, una frente atormentada de flamenco, un pelo requetepeinado de madera charolada, unos huesos que encajan mal, porque, indudablemente, son de muy distintas procedencias —arios, semitas, mongoles—, y un pellejo duro y curtido como el cordobán.

Hace veinte años, cuando Martínez vino a Montmartre, era un mocito chulapo de pañuelo de seda al cuello, hongo y pantalón abotinado. Bailarín, hijo de bailarín, granujilla madrileño y castizo, con arrequives de pillo de playa andaluza, pero muy mirado, de una peculiar hombría de bien y una moral casuística complicadísima, había robado a *Sole* —una moza de pueblo, alegre y bonita como una onza de oro— y se había ido con ella a París de Francia.

Le enseñó a bailar aquel flamenco litúrgico con bata de cola y enagua almidonada, heredado del Salón Burrero y el café Silverio. Ella bailaba mejor, sin embargo, una jota trepidante de aldea celtíbera, cuyo *sprint* final le arrebolaba las mejillas tersas y le hacía palpitar —como buche de paloma en mano— los pechos, muy levantados y oprimidos por el alto corsé de ballenas.

Bajo la rúbrica imperial de «Los Martínez» se ganaban la vida bailando por los cabarets de Montmartre. Habían tenido un gran éxito en el Pigalle, en el Moulin Rouge y en un teatrillo de varietés que había entonces debajo de la torre Eiffel. Él era todo un hombrecito, y navegaba bien por aquellas sirtes del Montmartre cabaretero del año 1914, entre *maquereaux*, apaches, *cabotinieres*, agentes del *chemin* de Buenos Aires, pederastas, traficantes de *neige*, policías que les chantajeaban y honestos y sencillos ladrones. En este mundillo de la delincuencia parisiense, los españoles encuentran siempre la leal protección de ilustres compatriotas que gozan de un bien ganado prestigio.

Ella era muy simple, muy alegre y muy buena. Se había ido a correrla con aquel chiquillo simpático abandonando de súbito el cántaro y el refajo. Él, muy pintoresco, con una gruesa cadena de oro en el chaleco y unos luises en el bolsillo, quería ponerla a la moda, y la llevaba a las tiendas de la rue de la Paix, donde entonces vestían a las mujeres con unas *robes* largas, de tules incitantes, con aberturas y escotes muy aquilatados y fimbrias de piel o pluma. Era la época de los sombreros monumentales. *Sole,* la pobre, no sabía ponerse aquellos sombreros. Iba la peinadora y se los colocaba, según arte, pero apenas salía a la calle un movimiento brusco de la cabeza o un tropezón al subir al *fiacre* —aún había *fiacres* en París— hacía que el sombrero se ladease, y allí iba *Sole* arrastrando aquel promontorio desgraciado con su carita de Pascuas, que París entero se volvía a mirar.

Aprendieron a bailar el tango argentino, y como se querían mucho llegaron a bailarlo con un acoplamiento perfecto. Hubo entonces en París un concurso internacional de danza, y fueron proclamados los mejores bailarines de tango argentino del mundo. Les dieron una medalla conmemorativa, que Sole guarda todavía como oro en paño.

Pero aunque se europeizaban tanto y tan bien como si hubiesen sido pensionados de la Institución Libre de Enseñanza y ya ella, que no sabía leer ni escribir, podía ir sin desdoro a comer ostras a casa de Pruny, alternando dignamente con viejas damas *royalistes*, grandes duquesas rusas y cocotas de lujo, la razón seria del triunfo continuaba siendo el flamenco litúrgico y severo de él. Un día les buscó un empresario de Constantinopla. Quería contratar a Martínez para que fuese a Turquía a bailar flamenco, solo, sin música y encima de una mesa. Nada de mujer ni de frivolidades. Turquía era un pueblo serio. Pagaba una cantidad exorbitante. Juan y Sole se hicieron explicar qué era aquello de Constantinopla, preguntaron hacia dónde caía Turquía, averiguaron el valor de las piastras y se embarcaron en Marsella con rumbo a Oriente. Era el 26 de junio de 1914.

Cuarenta días antes de que estallase la Gran Guerra.

Martínez y los turcos

Y dice Martínez, ya por su cuenta:

—Fuimos a caer en un cabaret del Cassim, una especie de Bois de Boulogne turco, donde había teatros, cabarets, parque de atracciones y *dancings*. Allí se reunían gentes de todas las castas: turcos ricos que se quitaban las babuchas, se sentaban sobre las piernas, encendían el narguile y se pasaban las horas muertas inmóviles y con los ojos entornados; griegos escandalosos, derrochadores y flamencos, que por pura flamenquería rompían el vaso entre los dedos después de beber o le daban una dentellada en el borde, aunque los trozos de cristal les hiciesen sangrar los labios; hebreos españoles, serios y adinerados, que en medio de la juerga hacían una pausa cuando les llegaba la hora de las oraciones, sacaban un breviario y se ponían a rezar devotamente, ajenos a cuanto les rodeaba; industriales y burócratas franceses, muy gruñones y muy cicateros, pero buenas personas en el fondo; italianos listos y granujas, rusos borrachos...

»Yo tuve un gran éxito entre los musulmanes bailando el garrotín, la farruca y un baile por el estilo que se llamaba Moras, moritas, moras.

»¡Buen país Turquía y buenos hombres los turcos! Los extranjeros hacían pocas migas con ellos. Les molestaban, les irritaban siempre. Todo estaba dividido: una parte, para los turcos; otra, para los extranjeros. Nosotros, sin embargo, nos llevábamos bien con ellos. Ya ve usted. Yo soy de Burgos. Pues, a pesar de eso, estaba entre los musulmanes de Estambul como en mi casa. Me hacía cargo de sus costumbres, respetaba sus caprichos y ellos admiraban mi baile, me aplaudían, me llevaban a sus casas y me querían. Me entendía con los turcos como jamás pudo entenderse con ellos ningún francés ni alemán. Yo digo que esto debe de ser cosa del carácter de nosotros, los españoles. El turco es bueno y suave. Si no se le hostiga. Muy religioso. Se entra en la tienda de un turco cuando está haciendo sus oraciones, arrodillado en su tapiz, y no hay manera de que despache, ni siquiera de que le mire a uno. Entonces había en Constantinopla grandes disputas entre ellos. Se habían dividido en "Viejos turcos" y "Jóvenes turcos", pero éstas eran ya cuestiones políticas, y yo nunca me he querido meter en política.»

(Esto último me lo dice Martínez con un gran ademán desdeñoso.)

Antes de Mustafá Kemal

—La vida era barata: dos gallinas, cinco piastras; el ciento de huevos, cuatro piastras. Mucho oro, mucho champaña. Todo dividido. Pera y Galata, para los extranjeros. Estambul, sólo para los turcos y para los hebreos españoles. Había muchísimos. Hablaban un español muy raro. En el bazar de Estambul, los judíos españoles tenían riquezas enormes en pieles y brillantes. Estaban bien considerados. Los franceses eran, sin embargo, los más importantes. En el barrio europeo todos los letreros de los establecimientos estaban en francés. En Pera había más de diez mil griegos, todos ellos dueños de restaurantes y de cosas por el estilo. Allí hacían su vida los extranjeros. Había cabarets magníficos y mujeres de gran postín. El turco es espléndido, y las mujeres guapas derrochaban sin tasa. Había una, Ana Mackenzie, a la que llamaban *La reina del champagne,* que ningún día dejaba de destapar, por lo menos, veinte botellas de champaña, que pagaban sus adoradores. Era bailarina, y había arruinado ya a varios altos funcionarios turcos. Tenía pasaporte americano, y gozaba de tales influencias que hacía expulsar de Turquía a quien le daba la gana. Se hizo amiga del jefe superior de policía, un bárbaro de origen armenio, a quien hizo mucho daño. Por culpa de Ana lo degradaron y lo mandaron a un destino de castigo. Cuando yo le conocí andaba por los cabarets emborrachándose por Ana. Después me he enterado de que le cortaron la cabeza cuando vino Mustafá Kemal.

Galantería turca

—El turco —observa Martínez— no se preocupaba poco ni mucho de las mujeres. Las tomaba cuando las necesitaba, como si cogiera el narguile, y las dejaba cuando se aburría de ellas. Eso sí: las dejaba cuidadosamente guardadas. Le echaba usted un piropo a una mujer turca —entonces yo no había perdido todavía la costumbre de echar piropos—, y, aunque ella no lo entendiese, bastaba para que diese usted con sus huesos en la cárcel. Las mujeres iban por la calle vestidas de negro. En los tranvías había departamentos reservados para ellas. Cuando iban a pie, el marido caminaba siempre dos o tres metros detrás, como si fuese solo. Llevaban el velo levantado, y cuando iban a cruzarse con algún extranjero se lo dejaban caer sobre la cara. Las jóvenes tardaban más o menos en dejárselo caer, según fuesen más o menos guapas. Las viejas y las feas iban tapadas siempre. Les estaba prohibido vestirse a la europea. Solamente se atrevían a hacerlo algunas damas de la aristocracia, pero sin salir a la calle. Ni pobres ni ricas se asomaban a las ventanas ni salían a las puertas de sus casas jamás. Las viejas fumaban como chimeneas. Yo entraba frecuentemente en muchas casas de turcos ricos, porque iba a dar lecciones de baile flamenco a sus mujeres e hijas. Tenía que dar las lecciones en presencia siempre de dos formidables eunucos, que contemplaban cruzados de brazos y bostezando los apuros que yo pasaba para no meterles mano a las alumnas mientras les enseñaba el jaleíllo de las caderas, que es la alegría del flamenco. Pasaba muy malos ratos, porque las alumnas se equivocaban y se ponían a hacer el llamado molinete oriental, que, como todo el mundo sabe, no es flamenco, pero tiene lo suyo. Los turcos tienen dos clases de baile: el serio y el picante. El serio es el que se practica como espectáculo en grandes locales; el picante se baila sólo en la intimidad, en los cabarets pequeños y en las casas particulares. La turca baila una especie de rumba a base del meneo de los hombros y el juego de las caderas. En los cabarets se acerca bailando lentamente a la mesa donde está su amigo, y, poco a poco, va echando el busto hacia atrás, hasta que el amigo saca una moneda de plata y se la pone en el pecho. Ella entonces coge la moneda y se la tira a los músicos. En Constantinopla era costumbre tirar dinero a los músicos. Los «patosos» les tiraban también vasos y botellas. Les gustaba mucho romperles los instrumentos y pagárselos luego espléndidamente. Cuando la bailarina turca se iba pasito a paso hacia la mesa de un castizo éste se levantaba, cogía un pañuelo por las puntas y salía a bailar frente a ella, siguiendo el mismo ritmo. El hombre iba, poco a poco, avanzando, y la mujer se retiraba como asustada bailando siempre. Era una pantomima muy graciosa. Las bailarinas turcas llevaban desnuda la parte del vientre para que se viese la limpieza de los movimientos.

»En esto de las relaciones entre los hombres y las mujeres había mucha hipocresía, pero nada más. Para entenderse con ellas y ellos tenías que andar con muchos melindres. Las mujeres galantes hacían sus conquistas durante la tarde, en los parques públicos. Damas y caballeros galantes se entendían a lo lejos, sin hablarse, gracias a un complicado sistema de señales con la sombrilla, el bastón y el pañuelo.»

El cura del cornetín

A los pocos días de estar allí se declaró la guerra. Yo no me di cuenta de lo que era aquello hasta que los directores del teatro donde trabajábamos, que eran franceses, nos dijeron que no podían pagarnos, que cerraban y que se iban. Fuimos a ver al cónsul de España. Como les pasa siempre a nuestros cónsules, no pudo hacer nada. Fui al puerto. No había más que tres barcos y eran millares los franceses que en un plazo de tres horas tenían que embarcar. No había plazas para mujeres. Después de muchas gestiones, el representante diplomático de Francia me consiguió un pasaje, pero lo rehusé porque no me querían dar otro para Sole. Los buques zarparon abarrotados. Llevaban gente hasta en los palos. Muchos franceses, sobre todo mujeres, se quedaron sin embarcar. Viendo cómo se alejaban los buques, aquellas pobres mujeres gritaban de dolor, se arañaban el rostro y se tiraban al suelo desesperadas. La guerra nos cogía de nuevas, y hacíamos muchos aspavientos. Después aprendimos a afrontar las cosas con más decencia. Yo estuve al borde del malecón viendo cómo se perdía la vista del último buque francés. En la popa, bajo la bandera tricolor, iba un cura francés, con su sotana y su teja, que cuando el buque soltó amarras sacó un cornetín e inflando los mofletes se puso a soplar *La Marsellesa*. Rojo, congestionado, estuvo soplándola mientras alcanzamos a verle y oírle.

2. Tú eres un espía

Guerra y dancings

Al principio la guerra no se notaba mucho, pero poco a poco todo fue cambiando. La gente tenía la cara cada vez más apretada, más dura. Ya no volvimos a ver caras anchas, abiertas, sonrientes, hasta muchos años después. Y, la verdad, creo que caras amables como las de antes de la guerra no se han vuelto a ver por las calles de Europa.

Los cabarets no se cerraron. Al contrario, parecía que la gente tenía más ganas de beber y de tirar el dinero. Sole y yo caímos en un cabaret de ínfima categoría, el Kataclun, donde acudía una clientela escandalosa y derrochona: los marinos. El dueño era un griego sinvergüenza que engañaba a su padre. Cinco meses estuvimos allí, siempre con el alma en un hilo por los escándalos, los desafíos y las bestialidades de aquella canalla. Entonces conocí a fondo la mala vida de Constantinopla, aquellos chulos turcos con una oreja cortada invariablemente, aquellas bailarinas guapas, gordas y bestias, aquella morralla internacional de griegos, armenios, búlgaros, tíos de donde Cristo dio las tres voces, todos ladrones, todos pendencieros, que parecía que los llamaban a Constantinopla como con reclamo. Pero ya entonces empezaron a llegar los alemanes, y se pusieron a limpiar aquello de indeseables.

Había en Constantinopla barrios espantosos. Los «gallineros» de Galata eran un montón de casuchas de una planta hechas con adobes, en las que vivían las mujeres malas. Estas casuchas no tenían más que una habitación tan baja de techo, que en ella sólo se podía estar acostado, y en el sitio de la puerta presentaban todas una gran tela metálica, a través de la cual se veía un camastro y una mujer, absolutamente desnuda, tendida en él. Los transeúntes escogían mirando a través de la tela metálica, que no tenía otro objeto que el de evitar que les tirasen cosas a aquellas desgraciadas. Una cantidad equivalente a una peseta daba derecho a una botella de cerveza y a todo lo demás. Por lo general, las mujeres de los «gallineros» de Galata no eran turcas. Había muchas griegas, y hasta alguna española, que no sé cómo fue a parar allí. Los clientes eran marineros, soldados, boxeadores, luchadores de grecorromana y cargadores del puerto. Los musulmanes no iban casi nunca a los «gallineros» de Galata. Para entrar en las casas de placer había que llevar fez y ser conocido de alguien. Antes de que le abrieran tenía uno que hablar con la dueña por un torno como el de un convento. Había muchas cortesías y muchos cumplimientos. Todo estaba lleno de celosías y cortinas. Era bonito y raro. Siento no poder contarlo todo, pero Sole se me enfadaría.

Después de cinco meses de sobresaltos entre la clientela alborotada del Kataclun fuimos a trabajar en el Circo de Pera, donde dimos una función en honor de las dos esposas del sultán, la entrante y la saliente. A las sultanas les gustó mucho nuestro trabajo, y nos mandaron como regalo veinticinco libras turcas y una flor.

Finalmente estuvimos bailando en el Parisina, un cabaret

de más empaque, al que iba mejor gente. Los alemanes, que se iban haciendo los dueños de Constantinopla, lo frecuentaban. Allí conocí a muchos oficiales alemanes.

Allí conocí al barón Stettin. El barón Stettin, que estuvo a punto de ser mi ruina.

Profilaxis germánica

Al mes de estar allí los alemanes, Constantinopla era otra.

Y se había acabado el pan.

Limpiaron aquello de maleantes, metieron a los turcos en cintura, pero no quedó un panecillo blanco en toda Turquía. Barrieron para dentro. Se llevaron a Alemania todo cuanto necesitaban para seguir haciendo la guerra. En las tiendas empezaron a escasear los víveres; pero, eso sí, el orden era admirable. Exactos, inflexibles, laboriosos, los oficiales alemanes substituyeron con ventaja a los funcionarios turcos, que eran un pendones. Todavía recuerdo a un capitán turco con unos bigotazos imponentes, jefe de la policía, que andaba siempre por los cabarets rodeado de seis o siete muchachitos guapos, con los que se emborrachaba. Aquello lo acabaron los alemanes a rajatabla. No es que los oficiales alemanes no fuesen también a los cabarets y no se emborrachasen, pero tenían otros modales. Muy serios, muy suyos, muy correctos, les besaban las manos a las artistas y las obsequiaban con ramos de flores. A mí uno me tiró una moneda de oro al terminar de bailar el tango.

La policía alemana echó a un lado a la policía turca y le hizo la vida imposible al que no tenía sus asuntos en regla. Llegaron a expulsar a todas las parejas de artistas de cabaret que no eran matrimonio, pusieron muchas restricciones a la bebida —claro que sólo para los que no eran alemanes—, y con el miedo a los espías no dejaban moverse a nadie. A los pobres franceses que se habían quedado en Constantinopla no se les permitía salir a la calle después de las siete de la tarde, bajo pena de fusilamiento. Sólo una noche, la Nochebuena, les dejaron un poco en libertad para que pudiesen celebrarla. Así y todo, había muchos aliadófilos, y un día intentaron celebrar una manifestación. La policía turca les cortó el paso con descargas cerradas contra los manifestantes. Al día siguiente yo mismo, con mis propios ojos, vi en medio del Cassim balanceándose media docena de ahorcados. Los únicos que se las tenían tiesas con los alemanes eran los marinos del buque norteamericano *Escorpión,* que estaba anclado en el puerto. Los yanquis tenían broncas constantes con las patrullas alemanas. Los demás, turcos o extranjeros, no chistaban siquiera. La opresión era cada día mayor. Y más grande la escasez.

Yo procuraba estar a buenas con ellos. Uno es artista de cabaret, y en todas partes tiene que congraciarse con los que mandan para que le dejen vivir. Llegué a estar muy bien relacionado con los alemanes. Un día fui presentado al conde Spee, que era el jefe, una especie de virrey. Por entonces di lecciones de baile al cónsul de Austria y a la baronesa de Gooten, una dama alemana muy importante, doctora, que estaba en Turquía organizando enfermeras. También conocía a Juan Radsmusen, un aviador alemán famoso. Y al barón Stettin.

«Tú eres un espía»

El barón Stettin se encajó bien el monóculo, apoyó el codo en el mantel y me dijo fríamente:

—Tú eres un espía.

Me quedé sin sangre en las venas. Yo sabía bien cómo las gastaba el barón con los espías. Con su aire correcto y glacial había mandado al otro barrio más gente que pelos tenía en la cabeza. El barón Stettin era un capitán del ejército alemán, coronel entonces de la caballería del sultán, y al parecer, uno de los jefes del servicio de contraespionaje. Yo había notado ya que desde hacía algún tiempo cada vez que iba por el cabaret, y lo hacía frecuentemente, me buscaba, charlaba conmigo, me hacía beber y estaba demasiado amable. Aquella noche, cuando hubimos terminado nuestro número en el escenario, me mandó un recado invitándome a tomar una copa de champaña. Y mientras Sole se vestía yo fui a su palco. Me recibió con una sonrisa, me invitó a sentarme y me llenó una copa. No había hecho más que vaciarla cuando me espetó aquello:

—Tú eres un espía.

Yo hubiese querido en aquel momento mismo sincerarme, explicarle ce por be toda mi vida, demostrarle que estaba equivocado; pero el barón me estaba mirando a los ojos a través de su monóculo con una cara tan fría, tan inexpresiva, que me quedé sin resuello. Volvió a llenar mi copa parsimoniosamente, sin dejar de mirarme a los ojos, y con un ademán me invitó a beber.

Cuando después de tragar saliva, iba yo a romper, entró Sole en el palco, y el barón se levantó ceremoniosamente, le besó la mano y se puso a decirle galanterías en francés con el mejor humor del mundo. Yo estaba volado. Porque Sole, muy contenta, se reía con las bromas del barón, charlaba por los codos y decía inconveniencias de los alemanes. «Si ésta sigue hablando y bebiendo —pensé—, nos fusilan.» Me puse a hacerle señas disimuladamente para que se reportase, pero Sole, que había vaciado ya tres o cuatro copas de champaña, no me hizo ningún caso, y cuando advirtió mi contrariedad se puso a embromarme porque pensaba que mi disgusto no tenía otra causa que los celos por los galanteos del barón. Yo estaba pasándolas negras, y me daban ganas de retorcerle el pescuezo a Sole para que se callase. Pero aquello no llevaba trazas de terminar nunca. Las dos o tres veces que pedí permiso al barón para retirarme me encontré con que me obligaba a sentarme otra vez y a seguir bebiendo. Sole seguía divirtiéndose con sus chicoleos, sin pararle los pies, y el tío, que también había ido bebiendo lo suyo, se animaba demasiado. Hubo un momento en que me pareció que se sobrepasaba, y, por sí o por no, a pesar del miedo que me había metido, me apersoné un poco y le llamé la atención:

—Señor barón...

Me miró de mala manera. Yo debía de tener también una cara de pocos amigos, porque intentó recobrar su tiesura y su aire glacial. Pero ya había bebido demasiado y poco después volvía a las andadas. Ya Sole se había dado cuenta de que no estaba el horno para bollos, y se dejó de bromas. El barón, sin embargo, intentó reanudarlas, y como no encontraba ambiente lo pagaba con la botella. Nos hacía beber con él; pero yo tengo a orgullo que jamás se me había ido la cabeza, y Sole, disimuladamente, sin negarse, procuraba no trasegar más champaña. Media hora después, el barón Stettin estaba como una cuba.

Hubo un momento en que yo me enfadé, pero él, poniéndose muy serio, me amenazó:

—Ya sabes lo que te he dicho.

No había más remedio que seguir trasteándolo por las buenas. Creyera de verdad que yo era espía, o fuese sólo una amenaza para asustarme, lo cierto era que con una denuncia suya habría bastado para que me quitasen de en medio. Cuando ya iban a cerrar el cabaret y, ¡al fin!, podíamos irnos, se obstinó en acompañarnos. No hubo modo de quitárselo de encima. Mientras iba al guardarropa, le expliqué a Sole:

—Ten cuidado, cree que somos espías y puede ser nuestra perdición.

Sole estaba también un poco bebida.

—¿Quién? ¿Ese pelmazo? Ese tío cochino sabe que nosotros somos gente de bien, que no tenemos nada de espías. Y lo que quiere es meterte miedo para que no le estorbes. ¿Te enteras? ¡So atontao! ¡Lo que quiere ése es que yo me haga la cara!... ¡Pues sí que no me lo ha dicho clarito!

Se me apagaron las luces de la razón. Ya toda la noche había venido yo maliciándolo; pero, la verdad, me había metido tal miedo en el cuerpo con lo del espionaje, que no me solía valer. Claro es que Sole hablaba así porque no sabía lo que era el poder de aquel hombre y lo fácilmente que con una acusación de espía, verdadera o falsa, podría deshacerse de quien le diese la gana.

Salimos a la calle. Pronto amanecería. El barón Stettin iba a nuestro lado dando traspiés, refregándose contra la pared, y me decía, con la cara descompuesta:

—Eres un espía, un cochino espía. Te voy a cortar la cabeza.

Yo escurría el bulto como mejor podía y obligaba a Sole a apretar el paso por ver si lo dejábamos atrás; pero él, entonces, daba dos zancadas, nos agarraba a cada uno de un brazo y nos hacía llevarle a remolque dando bandazos.

Cerca ya de nuestra casa se le ocurrió:

—Subiré con ustedes.

—No, barón; usted se marcha a dormir, que falta le hace.

—He dicho que subiré.

—No; no es posible.

—Para mí todo es posible, ¿sabes?

Y se echó sobre mí con todo su corpachón. Me pasó una nube negra por los ojos. Cuando se creyó que me tenía acogotado se volvió hacia Sole, la cogió, echándole el brazo por la cintura, e intentó salir andando con ella.

Salté como un gato, le pegué un empellón con toda mi alma y lo tiré contra la pared. La calle estaba solitaria. No se oía un ruido en toda Constantinopla. El barón era grande y fuerte; pero estaba borracho como una cuba, y yo, entonces, tenía la agilidad de un mono. Al verle allí, resoplando, pegado a la pared, intentó afirmarse en el suelo con las piernas muy abiertas, mientras se buscaba algo torpemente en los bolsillos del capote, pensé: «Este tío va a matarme como a un perro. Hay que jugárselo todo».

Metí mano al cuchillo y me empalmé. Era una hoja de Toledo con mango de pata de cabra, que yo había comprado en Burgos a unos pastores y que siempre iba conmigo. Cuando el barón, con aquellos ojos de gato que tenía, vio brillar el cuchillo en mi mano, se quedó un momento estupefacto.

—¡Navaca!— le oí balbucear asombrado. Por lo visto no se lo esperaba.

Pero antes de que pudiese darme cuenta vi el reflejo de una cosa de plata en sus labios, y un segundo después me sobrecogía un estridente silbido. Había tocado el pito de alarma que, como todos los oficiales que andaban por Constantinopla, llevaba. Se me heló la sangre en las venas. Dentro de unos segundos estaría allí una de las patrullas alemanas, me cogerían con la herramienta en la mano, sabe Dios lo que aquel tío borracho declararía contra mí... Aterrado, sin saber qué hacer estaba todavía, cuando oí a corta distancia otro silbido que contestaba al del barón. Éste volvió a pitar frenéticamente, y yo, entonces, loco de miedo, cogí a Sole por la muñeca y, a rastras, en carrera abierta por medio del arroyo y todavía con el cuchillo empalmado, echamos para nuestra casa. Al doblar la esquina de nuestra calle eran ya tres o cuatro los silbatos que rasgaban la noche por los cuatro costados del barrio. Mientras abríamos, temblorosos, el portal, los perros, los infinitos perros de Constantinopla, empezaron a traicionarnos y a contarse lo que pasaba a ladrido limpio. No tuvimos tiempo más que para meternos en el portal y atrancar la puerta. Apoyándola con nuestras manos temblorosas estábamos todavía, cuando sentimos el machaqueo sordo contra los guijarros de los zapatones de una patrulla alemana que acudía en socorro del barón.

3. El espectro de la guerra nos persigue

La ciudad de los muertos

¡Qué angustias pasamos! Hubo unos días en los que no nos llegaba la camisa al cuerpo; a cada instante esperábamos la llegada de la patrulla alemana que vendría a arrestarnos. Pero se conoce que el barón Stettin, cuando se le pasó la borrachera, tuvo un poco de vergüenza por lo ocurrido y optó por no perseguirnos. A las pocas noches volví a verle en el cabaret. Nos saludó ceremoniosísimo. Como si no hubiera pasado nada. Otra vez que me cogió a solas me advirtió:

—Ten cuidado, español; sigo sospechando que eres espía de los franceses, y me he propuesto cazarte.

Me buscaba siempre; aprovechaba todas las ocasiones que se le presentaban para hacerme hablar; me obligaba a beber; hacía que me vigilasen sus hombres. Logró ser mi obsesión. La vida llegó a hacérsenos imposible, y pensamos en marcharnos de Turquía para que acabase aquella pesadilla. Pero, ¿adónde iríamos? A Francia no se podía volver; a España, ni soñarlo. Se nos ocurrió entonces irnos a Rumanía, donde no había guerra. Teníamos que salir de Turquía, cosa bastante difícil de lograr, siendo, como éramos, sujetos sospechosos para el servicio de contraespionaje alemán. Teníamos, además, que atravesar toda Bulgaria, que también estaba en guerra.

En Constantinopla, sin embargo, no podíamos quedarnos. La guerra se notaba cada día con mayor intensidad. Los barcos venían cargados de muertos y heridos de Gallípoli, alemanes, turcos, franceses e ingleses. Casi todos los heridos morían en la travesía, y los barcos, al llegar al puerto, volcaban sobre el muelle verdaderos cargamentos de cadáveres a los que se amontonaban en los vagones de la línea del ferrocarril que llegaba hasta el mismo puerto de Galata. A veces, los cadáveres llevaban allí días insepultos.

Constantinopla parecía entonces la ciudad de los muertos. Andábamos entre ellos como la cosa más natural del mundo. En el centro de la ciudad ha habido siempre cementerios. En el mismo Cassim había uno enorme. En Tatavola había muchos diseminados entre las viviendas, y a ellos iban los turcos fanáticos a orar ante las tumbas mientras la gente iba y venía a sus quehaceres. Por todas partes se veían, además, unas casitas de una planta, como capillitas, a través de cuyas ventanas se descubría una pieza iluminada por una lamparilla de aceite que alumbraba un féretro, encima del cual aparecían frecuentemente un capote militar y un casco como únicos ornamentos de aquella especie de cripta, hasta la que llegaban los campanillazos de los tranvías, los gritos de los vendedores ambulantes y las risas de los niños que jugaban en las calles.

No he visto ningún sitio donde los muertos sigan «viviendo» tan pegados a los vivos ni vivos tan acostumbrados a la intimidad con los muertos. Llega uno a ser como amigo de ellos. Recuerdo una capillita de aquéllas con su féretro en el suelo, su capote y su casco, que me cogía de camino cada vez que iba o venía del cabaret. Al principio aquello me impresionaba, sobre todo de madrugada, cuando, en la oscuridad de la calle, sólo brillaba aquella lucecita triste de la cripta; pero acabé por familiarizarme con la vecindad de aquel muerto que me salía al paso un día y otro, y llegamos a ser buenos amigos. Alguna madrugada, al volver a casa un poco alegre, miraba por la ventanita iluminada y me entraban ganas de decirle:

—¡Eh, amigo! ¡Lo que te has perdido esta noche por no venir al Parisiana!

Las hazañas de los submarinos

La gente tenía un miedo espantoso. Con decir que una noche se produjo una alarma en un cine, en la que resultaron decenas de heridos, sólo porque en la pantalla apareció una masa de soldados alemanes que con los cascos puntiagudos y la bayoneta calada avanzaban simulando un asalto, hasta asomar en un primer plano impresionante sus caras feroces de combatientes que pusieron pavor en el ánimo de los espectadores, se tendrá una idea del estado de espíritu de los turcos. Los alemanes, para ir familiarizando a sus aliados con la guerra, ponían estas películas de propaganda de su ejército y llevaban a verlas los viernes a los soldados turcos. Pero los efectos eran contraproducentes.

En el puerto el miedo era insuperable, y las precauciones, enormes. La boca estaba formidablemente artillada, y toda la costa del Bósforo erizada de ametralladoras y cañones por miedo a los submarinos aliados. Un día un submarino francés realizó una proeza que puso espanto en los habitantes de Constantinopla. Consiguió llegar sin ser visto, sorteando las minas, hasta el primer puente. De allí no pudieron pasar por impedírselo una red metálica que defendía la entrada. Entonces los tripulantes del submarino francés saltaron a tierra. Era de madrugada. Tuvieron el valor de llamar a una tienda del muelle, obligar a que les abrieran, hacer unas compras y volverse tranquilamente a bordo. Antes de partir largaron un pepinazo que derribó la fachada de un hotel. Esta tarjeta de visita horrorizó a los turcos. Otro submarino inglés llegó hasta el segundo puente y también pudo escapar indemne. Un tercer submarino británico, que se aventuró en aquellas aguas, fue cazado por los alemanes. Para conocer los secretos de su funcionamiento, las autoridades alemanas obligaron a la tripulación inglesa prisionera a ponerlo en marcha.

Ante los ojos de muchos curiosos el submarino se sumergió en el puerto, llevando a los tripulantes ingleses y a los técnicos alemanes que querían aprender su manejo. Pero no volvió a salir a flote. Se aseguraba que los ingleses habían tenido la heroica resolución de hundirlo y perecer en el fondo de la bahía, junto con los jefes alemanes, con tal de no poner en manos de éstos los secretos de la navegación submarina británica.

También acudían a Constantinopla de arribada forzosa los famosos buques fantasmas *Goeben* y *Breslau*. Conocí a varios oficiales de estos buques, que estuvieron más de una vez en el cabaret viéndome bailar. Eran muy jovencillos, parecían colegiales. Su prestigio en Constantinopla era inmenso. El *Goeben* y el *Breslau* entraban y salían como les daba la gana, burlando a toda la escuadra aliada.

El hombre fatídico

Aquello se ponía cada vez más feo, y nosotros hacíamos gestiones apremiantes, por mediación del Consulado español, para que nos dejasen salir por la frontera búlgara. Yo advertía que el cerco que me tenían puesto los espías alemanes era cada vez más estrecho. No podía moverme. Hasta en la sopa me salían los agentes del odioso barón Stettin.

No me atrevía a hablar con nadie. Notaba yo que los mismos compañeros de trabajo escuchaban atentamente lo que yo decía o intentaban averiguar lo que yo hacía para ir a contarlo a la comandancia alemana.

Sole y yo no vivíamos. Una madrugada, después de la función en el cabaret, estábamos en nuestro cuarto del hotel verdaderamente acongojados. Sole tenía aquella noche una gran tristeza. Lloraba. Quería a todo trance que nos fuésemos de allí. Yo sabía bien por qué lloraba. Yo sabía, porque lo sufría también, qué pena era aquella que la trabajaba mientras andábamos por los cabarets bailando y bebiendo champaña. Y me puse a consolarla, hablándole bajito de «Ella»; de lo felices que íbamos a ser los tres en nuestra casita de España; de cómo nos la íbamos a encontrar cuando regresáramos… Súbitamente se abrió de par en par la puerta de nuestro cuarto y apareció en el marco de sombra del pasillo la figura odiosa del barón Stettin, con su monóculo encajado y una mano en el bolsillo del pantalón, indudablemente amartillando un arma. Al ver a Sole llorando y a mí echado a sus pies debió de quedarse un poco desconcertado, aunque su rostro impasible no se movió. Farfulló algo que quería ser una justificación:

—No te asustes, español. Ya sabes que te vigilo de cerca. Te oí cuchichear y creí que estabas con…

Echó una ojeada rápida a la habitación, dio un portazo y se fue. Yo creo que aquella noche estaba también un poco borracho.

Aquella visita inopinada nos produjo un pánico irresistible. Decidimos salir de Constantinopla al día siguiente, fuese como fuese. Y lo conseguimos.

Ganado al matadero

Salimos de Constantinopla sin grandes dificultades. Como estaba prohibido llevar dinero en oro (sólo cinco libras turcas por persona), y yo había conseguido juntar con mi trabajo en los cabarets unas cincuenta libras en oro, tuve que ingeniármelas para pasarlas de contrabando.

Me las escondí en los tacones de los zapatos, en la cerradura del baúl y en la caja del maquillaje.

Nos registraron antes de dejarnos pasar a la estación; volvieron a registrarnos en el andén; el tercer registro nos lo hicieron estando ya el tren en marcha, y, finalmente, al llegar a Rustshuk, en la frontera búlgara, nos registraron hasta el cielo de la boca.

Yo llevaba un paquete de tabaco y me lo desmenuzaron hebra por hebra.

El cuchillo con pata de cabra me ocasionó otro disgusto. Me lo encontraron al registrarme, y como estaba absolutamente prohibido llevar armas, me querían hacer bajar del vagón y dejarme arrastrado. Se arregló con un poco de dinero. Como se arreglan casi siempre las cosas.

Marchábamos ya por territorio búlgaro; pero aún no habíamos recorrido cincuenta kilómetros cuando el tren se detuvo en una especie de apeadero, en el que había un barracón atestado de soldados. El aspecto de aquellos soldados búlgaros era terrible. Iban cargados como bestias, con más de cuarenta kilos a la espalda, y parecían tan rendidos que se tiraron a dormir sobre la nieve en el mismo andén, arrebujados en sus mantas. ¡Qué impresión nos hicieron aquellos pobres soldados búlgaros! Se movían torpemente de un lado para otro del andén, arreados por los oficiales como pobres bestias, que fueran conducidas al matadero en aquellos vagones inmundos, verdaderos vagones de ganado. No cabían en los que les habían puesto e hicieron irrupción en nuestros coches. Tomaban nuestros departamentos por asalto y nos echaban al pasillo a culatazos, entre gruñidos sordos e imprecaciones. En el pasillo, tiritando y de pie, fuimos ya todo el viaje, mientras los infelices soldados, tirados en el suelo de los departamentos, unos encima de otros, dormían a pierna suelta. Iban destrozados, llenos de barro, con las mejillas hundidas y los ojos febriles.

Un grupo de ellos, más animoso, rompió, de pronto, a cantar, *La Marsellesa* a coro. Yo me quedé estupefacto.

—¿Cómo se atreven ustedes a cantar *La Marsellesa*? —les pregunté.

—Cantamos lo que nos da la gana —me replicó uno—. Nadie puede prohibirnos nada, ¿sabes? Nos van a matar mañana. ¿Quién puede impedir que cantemos lo que queramos? Los franceses son nuestros enemigos; pero si yo grito ¡viva Francia!, ¿qué?

El tren pasaba muy cerca del teatro de operaciones, y cada vez que paraba era para que subieran o bajaran las tropas que iban de refresco o las que venían de las trincheras. Con este trasiego caminamos hasta Sofía a paso de tortuga. Las ventanillas de los coches iban clavadas y pintadas de negro. En cada departamento había un centinela con la bayoneta calada. Lo había hasta en el lavabo, y ni siquiera allí le dejaban a uno a solas. Llegamos a Sofía; pero las cosas estaban tan mal en la capital de Bulgaria que decidimos continuar la mañana siguiente en dirección a la frontera de Rumanía. No encontramos ningún hotel donde pasar la noche. Sólo conseguí que por un puñado de levas me vendiesen un poco de pan negro y un trozo de carne dura. De madrugada llegamos a la frontera rumana. Había que visar los pasaportes y tuvimos que quedarnos allí el día siguiente.

La presa se escapa

Con un frío espantoso salimos a buscar alojamiento y comida. Andábamos desorientados, sin encontrar nada ni entender a nadie, cuando se me acercó un joven muy amable que, en correcto español, trabó conversación conmigo con el socorrido pretexto español de pedirme lumbre. Me agarré a él como a un clavo ardiendo. Me brindó su amistad y se dispuso a acompañarnos. Nos buscó alojamiento, y cuando, ya en nuestro cuarto, quisimos despedirle para descansar unas horas, empezó a hacerme preguntas raras y a ponerse demasiado pesado. No tardé en darme cuenta de que era alemán e inmediatamente adiviné qué era lo que iba buscando. Se trataba de un agente del barón Stettin, que había venido hasta la frontera rumana persiguiéndonos, y que, ya a un paso de Rumanía, no se decidía a dejar escapar la presa. Él mismo lo confesó. Husmeó cuanto quiso, metió las narices en nuestro equipaje, y, finalmente, bien porque se descorazonase o porque estuviese cansado, nos dejó y se fue a dormir. De madrugada atravesamos el Danubio con un frío aterrador y entramos, al fin, en Rumanía. Antes de entrar tuve aún el último tropiezo.

Yo soy de Burgos, y así consta en mi pasaporte, pero al policía rumano que estaba en la frontera se le antojó que yo era búlgaro y no me quería dejar pasar.

—Tú eres búlgaro; de Burgas —me decía, señalándome el pasaporte.

Efectivamente, en Bulgaria hay una ciudad que se llamaba Burgas y aquel policía no había oído hablar en su vida ni de España ni de Burgos, ni del Papamoscas. Tuve que explicárselo todo para que me dejara pasar. Hasta lo del Papamoscas.

¡Hay pan blanco! ¡Hay pan blanco!

Paseando por el andén, en espera de que saliese en tren para Bucarest, miré a la cantina y vi pan blanco. ¡Pan blanco! ¡Libretas de mi vida! No sabe nadie lo que es un pan blanco, bien cocido, dorado, con su migajón esponjoso y su corteza crujiente, hasta que no se han pasado varios meses, como nosotros nos pasamos en Turquía, tragando ese pan negro que hacen los alemanes, sabe Dios con qué. Me tiré sobre aquellos panes blancos como una fiera. Acostumbrado ya a los precios fabulosos del buen pan en los sitios donde había guerra, me acerqué el tacón de la bota, saqué una moneda de oro, la puse sobre el mostrador de la cantina y empecé a acarrear panes al vagón, echándoselos a Sole por la ventanilla. La gente se reía de mí. Pero es que ellos, ¡infelices!, no sabían todavía lo que es un pueblo cuando le falta el pan. Ya lo aprenderían más tarde. En Bucarest fuimos a parar al hotel Central, que estaba frente a Correos. Me presenté pidiendo trabajo en un cabaret llamado Alhambra y debutamos a los cinco días. Gustamos mucho y nos sentimos felices. Había pan y paz. ¡Cuántas veces he visto después a los hombres hacerse matar, clamando por estas dos cosas: el pan y la paz!

Más adelante, fuimos contratados por el Casino de París, y estando allí nos salió un contrato para Braila, donde estuvimos actuando en el Paradis durante quince días. La noche de nuestra última actuación en Braila sufrí un accidente. Bailando se me dislocó una pierna y quedé inútil para trabajar durante mucho tiempo. Fue la señal de que acababa nuestra buena ventura. Sole tenía que salir a bailar sin pareja. Yo la acompañaba con los palillos. Así estuvimos actuando en otros cabarets de menos fuste: el Tango y el Salata.

El mundo se ha vuelto loco

En medio de todo estaba contento, porque después de lo que habíamos sufrido en Turquía con la guerra, Bucarest nos parecía la gloria. Pero una noche estábamos en el Tango tan tranquilos, cuando, de pronto, el dueño del cabaret hizo parar la orquesta y avanzó hacia el público gritando, loco de entusiasmo:

—¡La guerra! ¡La guerra! ¡Rumanía acaba de declarar la guerra a Alemania!

El público se levantó en masa y gritó entusiásticamente:

—¡La guerra! ¡La guerra! ¡Viva la guerra!

Yo, desde un rincón, triste y solo, con mi pata torcida, les miraba asombrado. Me parecía que súbitamente se habían vuelto locos todos. Que el mundo entero estaba loco. ¡La guerra! ¡Sabían aquellos desdichados lo que era la guerra!

El dueño del cabaret se puso a repartir champaña por las mesas. ¡Qué vítores! ¡Qué alegría! Todos estaban borrachos, tanto de júbilo como de vino.

Yo salí triste del cabaret. Agarrado al brazo de Sole y renqueando, pensaba que yo era el único hombre razonable que quedaba en el mundo.

—Otra vez tendremos que marcharnos —dije a Sole—. La guerra nos persigue. No quiero sufrirla otra vez. Aquí se acabó lo que se daba.

—¿Y adónde nos vamos? —me preguntó ella.

—No sé. La guerra va cercándonos por todas partes. Ya no podemos ir a ningún país donde haya paz. Pero me han dicho que en Rusia, aunque hay guerra, no se nota apenas, porque aquello es muy grande. ¡Podríamos ir a Rusia!

—Vámonos donde tú quieras, Juan —me contestó ella dócilmente.

¡Si en aquel momento hubiéramos sabido lo que nos esperaba!

Fuego del cielo

A las doce en punto se supo la noticia de que Rumanía había declarado la guerra a los imperios centrales. A las doce y media, una formidable explosión cortó en seco el bullicio y la algazara de los rumanos. Treinta minutos escasos había tardado el primer avión alemán en atravesar el territorio de Rumanía, evolucionar sobre el cielo de Bucarest y arrojar la primera bomba sobre la población que vitoreaba alegremente a la guerra.

La ciudad enmudeció como por ensalmo. Se acabaron los vítores patrióticos, apagados como una candelada cuando se le echa un cubo de agua.

La vertiginosa rapidez de los alemanes en el ataque desconcertó a los rumanos. Bucarest quedó inmediatamente a oscuras y en silencio. Sólo se oía el tañido desesperado de las campanas de iglesia tocando a rebato.

Tanteando las paredes, sin más luz que la de aquel cielo claro de agosto, yo iba por las calles negras de Bucarest, cojeando, del brazo de Sole y pensando:

«¿Adónde ir que haya paz?»

«¿Adónde ir que haya pan?»

4. El desvalijador de cadáveres

Cerrábamos puertas y ventanas, y luego tapábamos las rendijas con mantas. Así nos pasábamos las noches muertas, mirándonos los unos a los otros, con el temor de vernos saltar despanzurrados por la metralla de los aviones alemanes en cualquier instante. Era la primera vez que los aviones bombardeaban así una ciudad, y el pánico que se produjo entre los habitantes de Bucarest al ver caer del cielo las bombas fue fabuloso. Desde el anochecer hasta la madrugada no se veía una luz en toda la ciudad. Por las calles no se podía ir siquiera con el cigarrillo encendido. Aquello parecía un cementerio. Únicamente, en el interior de las casas, a cubierto de puertas, ventanas, cortinas y mantas, la gente se atrevía a sentarse bajo la luz de la lámpara familiar, con el oído soliviantado, esperando a cada momento escuchar el sordo bum-bum de una casa que se desplomara con las entrañas arrancadas de cuajo por la explosión de cien kilos de dinamita.

Fueron ocho días terribles. Los aviones alemanes bombardeaban Bucarest cada vez con más furia, como si se hubiesen propuesto acabar con todos nosotros. Mañana, tarde y noche venían a dejar caer sobre los tejados de los pobres rumanos aquellas bombas enormes que arrancaron la vida a muchos infelices cuando contemplaban la sopa humeante en sus mesas o dormían a pierna suelta en sus alcobas. En los hospitales había ya centenares de heridos. El barrio preferido por los alemanes para el bombardeo era el del Arsenal. Precisamente, nuestro barrio. Nadie se atrevía a salir. Apenas sonaba la señal de alarma, todo el mundo buscaba refugio en las cuevas. Yo, una noche, me atreví a salir al patio de la casa y me puse a mirar al cielo. Aquello era imponente. En la negrura de la ciudad resaltaba la luz pálida del cielo estrellado, que, de vez en vez, atravesaban los relámpagos de los reflectores. Se oía a intervalos el zumbido distante de los motores. Cuando roncaban fuerte, uno pensaba: «¿Vendrá éste por mí?» Sole, muerta de miedo, asomaba por la boca de la cueva y venía a tirarme de la chaqueta para que me metiese en el abrigo donde estaban guarecidos todos los vecinos. Pero aquello era bonito de verdad. La única cosa bonita que he visto en la guerra. Hubo un momento en el que pude seguir, en el fondo azulado del cielo, el paso de un puntito negro, como un moscardón. De súbito lo iluminaron los haces de luz de los *shrapnell* que se encendían uno tras otro a su alrededor. Lo vi allá, en lo alto, pequeñito, brillante, avanzando firme entre las lucecitas que le salían al paso o le perseguían. De pronto, cayó verticalmente. Había sido tocado. Como cae la caña todavía de un cohete, lo vi caer dando volteretas, envuelto en una llamarada, que crecía a medida que se acercaba al suelo. ¡Pobre pajarraco! Me dio lástima que lo hubiesen cazado. Por la mañana fuimos a ver el montón de hierros retorcidos y aplastados contra la tierra que quedaban de él. A los siete días de bombardeo constante, cuando serían las dos de la tarde, apareció en el horizonte la escuadrilla alemana y sonó la alarma, pudo verse que otra escuadrilla de aviones franceses le salía al paso. Los alemanes eran veintitantos; los franceses, algunos más.

¡Cómo se batieron! ¡Qué emoción producía verlos girar, graciosos, en el cielo, pasarse los unos por encima de los otros, y atacarse vomitando metralla! ¡Cuántos debieron de caer! Dominando aquellos revoloteos de los aviones, muy alto, un enorme zepelín evolucionaba lentamente, negro y pesado, como una nube que llevara en su panza la muerte.

¡Ea, ya estamos en Rusia! Ahora viviremos tranquilos

Aquello era la guerra, pero no a retaguardia, sino en el frente mismo. Me explicaron que Bucarest era lo que se llama una plaza fuerte y me explicaron que seguramente las batallas se darían allí, en las calles de la ciudad. No me gustó el programa y decidimos marcharnos a Rusia.

Desde el mismo día de la declaración de la guerra, las gentes huían de Bucarest a millares. No se podía soñar siquiera en seguir trabajando. Pronto se acabaría el pan. Fui al Consulado. Allí estaban todos los españoles que había en Bucarest, unos diez o doce, entre ellos dos parejas de artistas, los Mendoza, bailarines de salón, y los Gerard, bailarines excéntricos. El cónsul nos socorrió dándonos cinco leis por cabeza y nos obtuvo un pase especial para poder entrar en Rusia. Yo salí solo con mi mujer un día antes que los demás, llevando un billete hasta Odesa. La mañana que salimos vimos entrar por las calles de Bucarest una columna de tropas rumanas que volvía del frente. Jamás había visto una tropa con tan miserable aspecto. Los pobres soldados, agobiados bajo el peso de los pertrechos, llegaban a los arrabales de Bucarest espantosamente agotados. Parecía que habían hecho el último esfuerzo para llegar hasta allí, y al verse ya en las calles de la capital se dejaban caer extenuados en las aceras; los vecinos acudían en socorro de los que se desplomaban y les cortaban el cuello azul de los capotes y los correajes para que respirasen a sus anchas y se reanimasen. Muchos de aquellos infelices soldados que venían del frente no llevaban armamento. Era terrible.

Salimos de Bucarest con billete de segunda, pero en un vagón de ganado. Y gracias. Desde el primer día de bombardeo había gente en la estación esperando la ocasión de marcharse. El tren no se veía de gente cuando arrancó. Arracimados en los techos, en los vagones, en la máquina, iban centenares de fugitivos.

Cuando llegamos a Jassy me detuve allí un día con la esperanza de encontrar trabajo y quedarnos. El corazón me decía que en Rusia no iban a estar las cosas tan boyantes como nos las presentaban. En Jassy estuve en el Cinematógrafo Moderno pidiendo trabajo. No había nada que hacer. También allí se dejaba sentir la guerra intensamente. A cada hora llegaban trenes de heridos del frente. Cosa curiosa. Casi todos estaban heridos en la cabeza o en las piernas. Salimos de Jassy a la mañana siguiente y unas horas más tarde estábamos en la frontera de Rusia. Hay un puente. A un lado están los rumanos; a otro, los rusos. Las revisiones de los rusos eran escrupulosísimas. Yo creí que no pasábamos nunca. Afortunadamente le fui simpático a un oficialito joven que había en la frontera. En Rusia, me he convencido luego, el problema está en serle simpático o no a la gente. Es como en España. Cuando se cae en gracia, todo está resuelto. Pero si no se cae en gracia, se muere uno sin poderse valer. Los rusos no son malas personas, pero sí muy desiguales, arbitrarios y caprichosos.

Llegamos a una gran estación rusa, de cuyo nombre no me acuerdo. Los andenes estaban llenos de gente miserable, hombres como borregos, vestidos con pieles de borrego y con unos gorros de piel de borrego, como esas zaleas que les ponen a los bueyes en el testuz para que no les piquen las pulgas. Había en la estación una sala de espera para los mendigos. Tantos eran. En la cantina, unas tazas de hojalata sobre las mesas. Yo llevaba el dinero en el equipaje, pero el vagón en que iba lo habían precintado y no lo abrían hasta Odesa. Me quedaba una libra inglesa y me dieron por ella varios kilos de billetes rusos. Los había hasta de diez céntimos. En Odesa nos dijeron que el vagón de los equipajes había quedado rezagado y nos encontramos con lo puesto y sin dinero. Con los copecks que nos quedaban del cambio de la libra inglesa nos llevaron al hotel Rusia, un hostal de unos judíos polacos, en el que nos pidieron tres rublos al día por la habitación, con derecho a cocina. «Ea, ya estábamos en Rusia. Ahora —pensamos— viviremos tranquilos.»

El desvalijador de cadáveres

La vida era de verdad baratísima, a pesar de la guerra. La oca de pan (mil doscientos gramos) costaba unos veinte copecks. Pero como nuestro equipaje seguía detenido sabe Dios dónde, porque aquello de la administración rusa era una maraña y nadie daba razón de nada, nosotros estábamos apuradísimos. Cambié una monedita de oro que llevaba de colgante en la cadena. Cuando se me acabaron los rublos que me dieron por ella, recurrí al Consulado. El cónsul, que era un conde gaditano millonario, no me hizo ningún caso. Me trató como a un perro. Yo me enfadé y le dije que aquéllas no eran maneras de tratar a un español y que no cumplía con su deber. Él entonces lo tomó a ofensa, y muy flamenco, me dijo que no le aguantaba impertinencias a nadie y que dejaba a un lado el Consulado y se mataba conmigo.

—¡Eso me lo dice usted en la calle!—gritaba desafiándome.

Afortunadamente, terció el secretario, otro viejo malhumorado, que cuando me acompañaba hasta la escalera me dijo que me darían el subsidio de un rublo veinticinco copecks por día, y me recomendó que fuese a ver a un español que había en Odesa, un tal Vicente Fernández, que tal vez pudiera ayudarme.

Fui a ver a Vicente, al que encontré en el gran café Robinat. Había sido artista en su juventud y se dedicaba por entonces al comercio de alhajas. Buena persona. A pesar de que yo iba hecho un pordiosero, me recibió muy bien, me prestó diez rublos y se ofreció para ayudarme a buscar trabajo. Vicente me acompañó a las agencias, me sirvió de intérprete, y, finalmente, consiguió que me contratasen para bailar en el parque Alexandrovski cinco días más tarde.

Llegó, al fin, el equipaje con nuestro dinero y llegaron también los españoles que se habían quedado rezagados en Bucarest. Las dos parejas de artistas, los Mendoza y los Gerard, se veían tan perdidos como nos vimos nosotros cuando llegamos y me ofrecí para ayudarles a buscar contrato. Anduvimos recorriendo todo aquello. Me habían presentado días atrás en el café Robinat a un tipo raro que según me dijeron, tenía muchas influencias en nuestro medio. Era un antiguo artista de circo de esos que se desatan de todas las ligaduras que les pongan. Era rumano, pero hablaba correctamente ruso y conocía Odesa al dedillo.

Fuimos todos a buscar al rumano a su casa para que proporcionase colocación a nuestros compatriotas. Debíamos de formar todos juntos una tropa pintoresca y extraña. La casa de aquel sujeto estaba vigilada por la policía e indudablemente debimos de infundir sospechas al presentarnos allí en cuadrilla. Nos detuvieron. Un comisario de policía intentó vanamente interrogarnos: ninguno de nosotros sabía ruso y él no sabía más que ruso. No debió de quedar muy satisfecho de nosotros cuando, acto seguido, nos mandó, codo con codo y con una escolta, a la cárcel. Nos hicieron atravesar Odesa, camino de la cárcel, como unos criminales. Íbamos entre los soldados, abatidos, con la cabeza baja como unos asesinos, las mujeres llorando, una de ellas embarazada de ocho meses; yo, cojeando todavía, a consecuencia del accidente de Rumanía. Nuestra desesperación mayor era no saber por qué nos encarcelaban, y, sobre todo lograr que nos entendiesen. Sole se encaraba con los soldados, les decía en castellano con voz muy fuerte, recalcándoles mucho las palabras, como si fuesen sordos:

—Pero, ¿por qué, vamos a ver? Mi marido y yo somos dos personas decentes. ¿Lo oye usted? ¡So tío pasmao!

El soldado la miraba de lado, sonriendo, bonachón, como si estuviese lelo, y se divertía al verla tan desesperada, diciéndole cosas que él no podía entender.

Nos metieron en la cárcel, y pasó la tarde, y llegó la noche sin que nadie se acordarse de nosotros. Yo estaba desesperado, porque aquella misma noche tenía que debutar en el parque Alexandrovski. Ya a última hora apareció un comisario que sabía hablar francés. Nos fue tomando declaración uno a uno, y, al fin, todo se puso en claro.

Resultó que el rumano aquel a quien habíamos ido a buscar era nada menos que el jefe de una formidable banda de desvalijadores de cadáveres que operaban en el frente. Había empezado por merodear él mismo por las trincheras y despojar de cuanto tenían de valor a los infelices soldados que quedaban muertos en el campo de batalla y abandonados. El negocio debía de ser productivo, porque pronto tomó vuelo y ya no era él solo, sino que eran unos cuantos tipos, tan audaces como él, los que se lanzaban a la «tierra de nadie», la zona de terreno que quedaba entre las trincheras de uno y otro ejército, para despojar a los muertos por la patria de cuantas cosas son positivamente superfluas para los muertos: relojes, dinero, sortijas, capotes... ¿Qué se sacaba con que aquellas cosas que tanto aprecian los vivos se pudriesen al sol? Aprendí entonces algo que después iba a ser ley general de vida; la de que un hombre que cae de un balazo en la lucha pasa a ser automáticamente como una pieza cobrada. El hombre, que mientras está vivo puede valer lo que se quiera, en cuanto le tumban vale lo mismo, exactamente lo mismo, que un zorro; vale, ni más ni menos, que lo que valga su piel, y si uno se alegra cuando se le presenta la ocasión de cobrar la piel de un buen zorro, ¿por qué no va a alegrarse también cuando puede cobrar un buen capote de paño? En aquel tiempo, aquello no era más que un negocio clandestino emprendido por unos cuantos tipos valientes y sin escrúpulos. Más adelante vi muchas veces cómo se mataba a un hombre, no por éstos o los otros ideales, no por defender la bandera de su patria o la de la revolución, sino por cobrar su piel, sencillamente porque llevaba encima un capote de paño en buen estado. Por lo mismo que se mata a los zorros.

La banda de desvalijadores de cadáveres que capitaneaba el rumano era bastante extensa. Él ya no salía al campo a jugarse la vida entre los fuegos cruzados de las dos líneas enemigas. Se estaba tranquilamente en Odesa negociando como un señor en aquel magnífico café Robinat la venta de todo lo que sus agentes le procuraban. Debía de ser un negocio estupendo, porque el rumano, como he dicho, estaba muy bien relacionado.

El comisario se convenció pronto de que éramos unos desdichados y de que, como españoles y flamencos, teníamos un respeto supersticioso a los muertos. Nos dio larga, al fin, ya bien entrada la noche. Yo, desde la cárcel, me fui en un coche al hotel, cogí la ropa de luces y me presenté en el teatrito del parque Alexandrovski, cuando ya estaba empezada la función. Ensayé en el entreacto y a mi hora en punto estaba yo en el tablado bailando el bolero con mis castañuelas en las manos. Tenía todavía lesionada la pierna, y al empezar a bailar se me desató el vendaje y sufrí terribles dolores. Con los ojitos de la cara bailé. Cerré los ojos de dolor, apreté los labios y creo que nunca he bailado un zapateado con tanto entusiasmo, con tanta fe. El público se volvió loco al ver aquello, que no había visto nunca —¡es muy grande el flamenco!—, y me hizo bailar una vez y otra. Yo, loco de contento por el éxito, ni siquiera sentía el dolor de la herida. Algunos espectadores se fijaron en que, a medida que bailaba, la botina estrecha y con caña amarilla del zapateado y el borde del pantalón de alpaca abotinado se me iban manchando de sangre, la sangre que me salía por la herida abierta mientras yo sonreía bailando con más brío y más coraje que he bailado nunca. Por algo uno es un flamenco. Y a los rusos les gustan mucho las flamenquerías.

5. El gabinete número dos

¿Es indecente el pantalón flamenco?

Nos salió un buen contrato para trabajar en el Intimes Theatre de Kiev y allá nos fuimos desde Odesa. Hicimos el viaje sin novedad. Efectivamente, la guerra no se notaba mucho en Rusia. Nuestro trabajo gustó al público de Kiev y tuve la suerte de que como se estuviese por aquellos días organizando una *soirée* aristocrática, patrocinada por la emperatriz María Feodorovna, a beneficio de los heridos de la guerra y de los hospitales de la Cruz Roja, me escogieran entre todos los artistas que había en Kiev para que hiciese una exhibición de danzas españolas. La fiesta se celebraba en el palacio de la emperatriz, y asistió toda la aristocracia. Fue una fiesta maravillosa. Nuestras danzas españolas fueron la gran atracción, pero minutos antes de empezar, cuando ya estábamos Sole y yo con nuestras castañuelas en las manos, esperando a que nos llamasen, se me acercó un alto funcionario con muchos galones, que, después de mirarme de arriba abajo, por detrás y por delante, dijo torciendo el gesto:

—Usted no puede salir a bailar.

—¿Por qué no?— le pregunté desolado.

—Porque está usted indecente —me contestó—. No se puede bailar ante la corte del zar de Rusia con esos pantalones.

Y me señalaba, inexorable, el pantalón de alpaca entallado y abotinado que se usa para bailar flamenco. No hubo excusa ni pretexto. Quieras que no, tuve que quitarme de prisa y corriendo el pantaloncito entallado y salir a bailar flamenco con un pantalón de frac. ¡Quién ha visto bailar el bolero con fondillos en los pantalones, señor!

¡Viva el zar!

Quien hubiese estado en Kiev por entonces no hubiese soñado siquiera lo que iba a pasar en Rusia seis meses después. El zar hizo por aquellos días —octubre o noviembre de 1916— una visita oficial a Kiev y se le recibió con un entusiasmo delirante. Las calles estaban engalanadas y se organizaron numerosas manifestaciones de adhesión al emperador. Una mañana, Nicolás II salió a pasear en coche por las calles de Kiev y entró en varias tiendas para hacer compras, rodeado siempre por un inmenso gentío que le vitoreaba.

No sé si todo aquello estaba preparado por las autoridades, pero lo cierto es que Nicolás II pudo muy bien equivocarse respecto a los sentimientos para con él de sus súbditos, como me equivoqué yo al juzgarlos. No hubiese creído, aunque me lo jurasen, que a aquel hombre, al que la muchedumbre vitoreaba entusiásticamente, le iban a matar como a un perro sarnoso unos meses después.

Pero ya he dicho que yo de estas cosas de política no entiendo.

El gabinete número dos

Ya, a fines de 1916, nos fuimos a Petrogrado. Se tardaban dos días, pero se hacía el viaje en coche-cama con grandes comodidades. En la capital de Rusia todo estaba tranquilo, por lo menos en apariencia. Se advertía una cierta severidad en el ambiente y un orden estricto, pero mucha cortesía, y, sobre todo, una gran amabilidad para con los extranjeros. Fuimos a trabajar a Villa Rodé, el cabaret de más lujo de Petrogrado, el más famoso, el que frecuentaban los aristócratas y los personajes de la corte imperial. Villa Rodé estaba casi en las afueras de Petrogrado, en Novaia Derevnia, un lugar delicioso, rodeado de arboledas y situado más allá del segundo puente. El dueño, Rodé, entendía bien el negocio; tenía la mejor bodega de Petrogrado, los mejores artistas, las mejores mujeres y, naturalmente, los mejores clientes de toda Rusia. Estuvimos contratados allí durante mes y medio. Se trabajaba, no en una sala pública, sino en unos amplios gabinetes reservados, porque los habituales clientes de Villa Rodé, las personas verdaderamente distinguidas y los dignatarios de la corte no querían que los viesen en una sala pública. Casi toda era gente de palacio.

Había en Villa Rodé un famoso reservado, el gabinete número dos, al cual iban siempre los personajes de verdadero compromiso. ¡Sabe Dios quiénes serían aquellas damas y aquellos caballeros de uniforme, ante los que bailábamos! A este gabinete número dos era al que iba a juerguearse con las grandes damas de la corte el célebre Rasputín, y de allí le sacaron más de una vez hecho una cuba.

Al fondo del gabinete había un gran diván, donde las damas, con sus trajes de noche escotados, se recostaban.

Los oficiales que las acompañaban permanecían en pie, estirados y ceremoniosos, ofreciéndoles el champaña con muchas reverencias. De vez en cuando, uno doblaba el espinazo y besaba la mano de su dama. Cuando los coros de gitanos cantaban sus tonadas, las damas entornaban los ojos, echaban el busto hacia atrás y seguían el compás de las guitarras moviendo lentamente sus hombros desnudos.

Yo recuerdo que algunas noches, mientras los clientes de Villa Rodé estaban en el gabinete número dos bebiendo y viéndonos bailar, la calle estaba cubierta por un interminable cordón de guardias y policías que, a pie firme sobre la nieve, les custodiaban. Era difícil saber quiénes eran; a las damas no las conocíamos y a los caballeros, aunque iban de uniforme, no era fácil descubrirles los grados y las categorías que tenían en el ejército, porque de ordinario llevaban unos capotes adornados en el pecho y en las bocamangas con unos puñalitos de plata diminutos que les tapaban las insignias.

A los artistas nos daban cien rublos, la cena y champaña a discreción cada vez que tomábamos parte en una de estas *soirées* privadas del famoso gabinete número dos. En una de aquellas juergas me bebí una botella de coñac Martell, cruzando mi brazo con el de un oficial, y comprometiéndonos ambos a no soltarnos hasta que uno de los dos cayese rodando al suelo. Cayó él, naturalmente. A mí no me ha tumbado nadie todavía. Me puse un poco alegrito, eso sí, y empecé a bromear con los demás artistas. Había en el coro de gitanos una *gachí* estupenda y me entusiasmé con ella. Sole se enfadó, y allí mismo, delante de todos aquellos aristócratas, me largó una bofetada que me quitó la curda. En vez de tomarlo a mal los señores aquellos, se echaron a reír de buena gana. Les hizo mucha gracia. A mí no.

Llegué a tener cierta amistad con algunos clientes asiduos. Aunque aquellos personajes eran muy soberbios, a veces se ponían amables, como si fuesen unos pobres diablos. Las cosas del vino. Ya he dicho, sin embargo, que el ruso no es mala persona. Más condescendiente con los artistas era, a veces, un príncipe de aquellos que cualquier señorito esmirriado de Madrid o Sevilla. Hice buena amistad con un hijo de Filipov —un alto personaje—, que iba siempre de juerga con unos cuantos oficiales aristócratas. Siempre me llamaban a su palco, me invitaban y charlaban conmigo como si yo fuese uno de sus iguales. Una noche que estaban bien metidos en juerga se quedaron sin dinero; creo que habían jugado o querían jugar. Yo se lo di; le di cuanto tenía ahorrado. Al día siguiente me lo devolvió y me regaló mil rublos de propina. Días antes de la revolución estuvo en Villa Rodé por última vez. Al despedirse de mí me besó. No he vuelto a saber de él. Le matarían.

Con todo aquello acabó la revolución de un manotazo. Villa Rodé fue asaltada por los revolucionarios, saqueada su magnífica bodega, que valía más de sesenta mil rublos, y finalmente incendiada y reducida a astillas. La furia del pueblo contra Villa Rodé fue terrible. Un caso de rabia y de encono verdaderamente frenéticos. Arrasaron hasta el solar. El dueño, Rodé, se volvió loco de desesperación. Escapó a París, salvando la vida de milagro.*

---

* He conocido, efectivamente, en París al honorable monsieur Rodé. Me lo presentaron en un casinillo o garito parisiense, adonde fui una vez siguiendo el rastro de los aristócratas rusos emigrados. Cuando le hablé de sus antiguos clientes, se ofreció a contarme centenares de historias escabrosas del famoso reservado número dos. A la persona que nos servía de intérprete le preguntó, sin embargo: «¿Crees tú que a este periodista español se le puede sacar algún dinero?». Debió convencerse de que no era tan fácil sacarle dinero a un periodista español como a un gran duque ruso y renunció a contarme sus regocijantes historias. (N. del A.)

Por los cabarets de Moscú

En Petrogrado se pasaba bien entonces. Había restaurantes donde se comían tres platos y postre por un rublo. En una pensión francesa, en la que nos hospedábamos, cerca de Aquarium Balchaia Rugenia, encontramos a varios artistas conocidos de Rumania y trabamos amistad con otros, entre ellos un célebre cantante francés, llamado Milton. Los artistas extranjeros estábamos encantados con Petrogrado y con los rusos. El público era muy entusiasta, se ganaba mucho dinero y la vida era relativamente barata. Cerca de la Perspectiva Nevski había un café en el que nos reuníamos y hacíamos nuestra tertulia los artistas. Era una vida más amable, más grata que en ninguna otra ciudad de Europa.

Cuando se nos acabó el contrato nos marchamos a Moscú. Era a comienzos de 1917. Estuvimos contratados en el Maxim, donde, por entonces, estaba actuando otra artista española, la Mignon, que después, ya en plena revolución, encontramos de nuevo en Petrogrado. Allí, en Maxim, no era como en Villa Rodé; iba un público más mezclado; en los palcos sí se veía buena gente, pero en el patio había de todo: negociantes ricos, contratistas del ejército, judíos, políticos, periodistas y gente así; aristócratas de verdad, pocos.

Nos fuimos a vivir a la Teverskaia, donde empezamos a acostumbrarnos a comer platos típicamente rusos que Sole aprendió pronto a cocinar. Cuando se terminó el contrato en el Maxim pasamos a un teatro muy bonito que había en la Sadovaia. Allí estábamos trabajando cuando llegaron las alarmantes noticias de los primeros chispazos revolucionarios en Petrogrado. En Moscú no pasó nada. Maxim se cerró poco después y pasamos al Yar, la sala de espectáculos más elegante que yo había visto. Era un cabaret que se construyó cerca del parque Petrovski a todo lujo y con mucho arte. Tenía una salita de espejos preciosa. Era el cabaret más chic de Moscú. El director, señor Aquamarina, era un tipo muy pintoresco, que después nos ayudó mucho. En el Yar nos cogió el segundo aviso. En Petrogrado la cosa iba mal.

Empieza a faltar el pan

Aún se compraba un pollo por un rublo. Moscú estaba tranquilo. La gente hacía su vida normal, pero frecuentemente se veía cruzar las calles unos automóviles cargados de militares que iban vigilando discretamente.

No pasaba nada, pero todo el mundo parecía preocupado. Los mismos clientes de los cabarets, en cuanto se enzarzaban a discutir de política lo abandonaban todo y se ponían frenéticos. La vida seguía igual: los teatros funcionaban, los cabarets estaban llenos, el dinero rodaba, pero había empezado a faltar el pan.

Se notaba una contracción de la vida bastante desagradable. La gente se hacía reservada y huraña. El ruso, que de por sí es muy irritable, lo estaba mucho más en aquellos días. Veíamos en el cabaret a un oficial bebiendo y divirtiéndose tan contento, tan amable, tan fino, tan generoso, como siempre, y, de pronto, por cualquier futesa, se exaltaba, discutía, lo rompía todo, cometía los más injustos atropellos. Vino en seguida la irritación contra los especuladores.

Casi todo el comercio de Moscú estaba en manos de judíos, y desde que empezó a hablarse de movimientos revolucionarios en Petrogrado comenzó a notarse la escasez de alimentos, provocada por el acaparamiento de los judíos, con vistas a la especulación. Entre ellos y los campesinos escondieron la harina y el pueblo se quedó sin pan. Vi entonces por primera vez las colas a las puertas de las tahonas, que durante tantos años habían de ser nuestro tormento.

Claro es que, aunque faltaba el pan, quienes tenían dinero lo tenían todo, porque la verdad es que no faltaba de nada, sino que había sido escondido para especular. Yo creo que si no hubiera ocurrido esto no habría habido revolución.

Quien primero sufrió las consecuencias de los movimientos revolucionarios fue el pueblo mismo. Los señoritos, a pesar de lo irritados que estaban, se reían de la revolución. Cada cual tenía acaparado lo suficiente para subsistir, mientras las pobres mujeres de los barrios se pasaban las madrugadas en las colas.

No; en Moscú, como digo, no había pasado absolutamente nada, pero la cosa presentaba mal cariz. Pensé que allí podrían ocurrir graves sucesos por el odio que se tenían entre sí los funcionarios, el pueblo y los judíos, decidí irme a Petrogrado a buscar trabajo.

En Petrogrado, según mis informes, después de las pasadas intentonas revolucionarias, el Gobierno había restablecido el orden inflexiblemente. Me pareció que allí donde estaba la corte se estaría más seguro; además, en Petrogrado no eran los judíos los dueños del comercio, como en Moscú, y había menos probabilidades de revueltas y de que se encareciera la vida. Resolví hacer un viaje de exploración en busca de un mediano contrato para trabajar en la capital y dejé a Sole en Moscú, en nuestra casa de Teverskaia. Era a primeros de marzo de 1917.

¡Viva la revolución!

Cuando bajé del tren, en la estación de Petrogrado, me encontré pavorosamente solo con mis maletas en medio del andén. Ni viajeros, ni mozos, ni empleados. ¿Qué pasaba? Eché a andar.

A la salida de la estación, en una puerta, estaba clavado a bayonetazos el cadáver de un guardia.

Tenía la cara cubierta de sangre coagulada y hundida en medio del pecho una bayoneta triangular partida que le mantenía sujeto a la hoja de la puerta. En la explanada de la estación, enfilándola, varios automóviles blindados, ametralladoras y cañones. A lo lejos se veían levantarse en el cielo densas humaredas. De tiempo en tiempo sonaba el tableteo de las ametralladoras. Ni un alma en las calles. Yo, con mis maletas en la mano, me quedé perplejo a la salida de la estación. «¿Dónde me he metido? ¿Qué pasará?», me preguntaba.

—El pueblo está acabando con los cuarenta mil guardias que había en Petrogrado —me contestó uno que pasaba corriendo.

¡Ah, no! Aquello no iba conmigo. Decidí regresar a Moscú inmediatamente y me volví a la estación con mis maletas. En el andén vi un grupo de ferroviarios que discutían formando corro y me dirigí a uno de ellos:

—¿A qué hora sale el primer tren para Moscú? —le pregunté.

—Ya no sale ningún tren para ninguna parte, camarada —me contestó palmoteándome alegremente en la espalda al ver mi cara asustada—. ¡Se han acabado los trenes para siempre! ¡Viva la revolución!

6. Así fue la revolución de marzo

Entré en Petrogrado con el ánimo del que se mete en la boca del lobo. La poca gente que se veía por las calles iba de huida, marchando al sesgo y aprisa. En el trayecto que hay desde la estación a la Perspectiva Nevski vi ya varias casas ardiendo. Al cruzar algunas bocacalles se oía el confuso rumor de la lucha allá, en los barrios, y el machaqueo intermitente de las ametralladoras. Cargado con mis maletas llegué a Kamenii Ostrovski, cuyas casas daban la impresión de haber tenido viruelas, tan acribilladas estaban sus fachadas. No quedaba un cristal sano en toda la avenida. ¿Adónde ir? Mi propósito era haber ido a Novaia Derevnia, donde estaba Villa Rodé, pero no me atrevía, porque era de aquella parte de donde venía el ruido de los tiros más intensamente. Di muchas vueltas de un lado para otro, huyendo siempre de los lugares donde se peleaba. No podía pasar por ninguna parte. En una de aquellas revueltas me encontré con un grupo de soldados y obreros armados que venían por el centro de la calle cantando y gritando. Me dijeron que acababan de asaltar el palacio de Invierno. Traían arrastrando las cosas más raras que pueden imaginarse. Uno de los soldados, con la gorra echada hacia atrás, la cara roja de alegría y de vino y el fusil en bandolera, iba abrazado a seis o siete botellas de champaña. Cuando tenía necesidad de decir algo a sus camaradas ponía las botellas en el suelo, protegiéndolas con las piernas, y manoteaba a su gusto para luego abrazarlas de nuevo y seguir al grupo, jadeando, con los brazos agarrotados por no desamparar su presa.

En algunos sitios habían levantado el pavimento de las calles para formar barricadas, que habían sido abandonadas luego. En las calles céntricas no las había, pero en las barriadas populares levantaron muchísimas. Caminando hacia Novaia Derevnia me enteré de que en algunas calles mandaban todavía los guardias del zar; en otras mandaban los revolucionarios, y en otras ni Dios sabía ya quiénes mandaban.

Comienzan las delaciones

Como por todas partes estaba cerrado el camino de Villa Rodé, decidí irme a la pensión donde vivía nuestra compañera Angelita Mignon. Allí estaban todos los huéspedes encerrados y temblando de miedo. Me dijeron que Villa Rodé había sido asaltada y era inútil ir allí. En la pensión se habían presentado también en dos ocasiones patrullas de soldados practicando minuciosos registros en toda la casa, obligando a los huéspedes a abrirles los baúles y mostrarles cuanto tenían. Angelita Mignon me invitó a que me quedase allí, y yo me quedé de muy buena gana, porque no era cosa de seguir vagando por Petrogrado, donde a cada esquina estaba uno expuesto a que le dejasen seco de un balazo. La Mignon me puso una cama en el pasillo que había a la entrada del cuarto, seguramente con el propósito de que si volvían las patrullas fuese conmigo, que tenía más presencia de ánimo, con quien topasen primero. Efectivamente, las patrullas aquellas, que ya nadie sabía quién las mandaba ni qué autoridad tenían, vinieron dos o tres veces más y nos sometieron a unos registros penosísimos, que efectuaban sin ninguna consideración, insultándonos y dándonos culatazos. Más adelante nos enteramos de que aquellas desagradables visitas obedecían a las denuncias que había hecho contra Angelita, acusándola de tener escondidas joyas valiosísimas, un violinista amigo de ella, que con el pretexto de hacerle el amor había estado husmeando infructuosamente dónde tenía escondidos los brillantes.

Cómo se acababa en una semana con cuarenta mil policías

¡Qué odio negro les tenía! Cuarenta mil policías del zar había en Petrogrado el día que estalló la revolución. En ocho días no quedó ni uno. El pueblo tenía tanto rencor acumulado contra ellos que cuando yo llegué salían a cazarlos como si fuesen conejos. A muchos los clavaron a bayonetazos en las puertas de las casas, como aquel que vi a la salida de la estación. A otros los acribillaban a balazos, y luego arrastraban sus cadáveres hasta dejarlos convertidos en montones informes de sangre y barro.

En los primeros momentos habían hecho ellos una buena carnicería con los revolucionarios. La cosa empezó, días antes de que yo llegara, por una manifestación tumultuosa que intentó atravesar el puente de Vigorg, sobre el Neva y llegar hasta el centro de Petrogrado. Los policías, al otro lado del río, formaban una barrera que cortaba el paso a la muchedumbre. Constantemente llegaban a la cabeza del puente nuevas oleadas de huelguistas procedentes de las barriadas industriales. Los que iban delante se detenían al ver al otro extremo la línea amenazadora de las bocas de los fusiles y pretendían retroceder, pero la presión de aquella multitud que se les venía encima les hizo avanzar, quieras que no, por el puente adelante. Los desgraciados iban vueltos de espaldas, queriendo inútilmente contener con sus manos aquella avalancha humana que les empujaba a la muerte. Apenas avanzaron unos metros por el puente, la barrera de los policías se abrió en dos alas, y una masa arrolladora de jinetes se lanzó al galope contra la multitud con los sables en alto. Los escuadrones de policías y cosacos cayeron como tigres sobre aquella muchedumbre aterrorizada, hendiéndola, despedazándola, haciéndole saltar los cráneos con el golpe terrible de sus charrascos. Muchos, muchos cayeron. Pero no sirvió de nada.

Tres días después, el pueblo era dueño y señor de las calles y se aplicaba frenéticamente al exterminio de los policías. Atrincherados en sus cuarteles primero y formando grupos aislados después, vendían caras sus vidas, acosados por un monstruo de un millón de ojos y manos que caían sobre ellos dondequiera que se metían. En este momento llegué yo a Petrogrado.

En socorro de los policías habían sido movilizados varios regimientos de cosacos, que al principio tiraron contra los revolucionarios, y que aún eran dueños de algunas barriadas; pero pronto empezaron a desertar de sus puestos y a negarse a tirar contra los obreros.

Llegaron tropas traídas aprisa y corriendo por el Gobierno del zar, en vista de que los revolucionarios batían a la policía, pero los soldados que venían del frente, antes de entrar en Petrogrado se ponían en contacto con los comités revolucionarios que les salían al paso, les escuchaban, discutían con ellos, se ponían de acuerdo y terminaban matando a los oficiales y enarbolando la bandera roja para entrar en la capital, bajo las aclamaciones del pueblo. Acto seguido, los soldados ponían mano también a la tarea de acabar con los policías. Toda la esperanza de los zaristas estaba en unos regimientos de cosacos del Don que se esperaban. Llegaron en tres trenes sucesivos, pero, a medida que fueron llegando, se fueron pasando a los revolucionarios. Aquella deserción de los cosacos fue el sálvese quien pueda.

Los policías perseguidos se defendían como jabatos. Tres días después del asalto a palacio todavía quedaba en uno de sus tejados un grupo de policías tiroteando a los revolucionarios, que no se atrevían a subir por ellos. Allí fueron cayendo uno tras otro. El último dejó de disparar al sexto día.

En nuestra pensión había vivido un policía. Cuando, por alguna delación, las patrullas de revolucionarios fueron a buscarle, ya había desaparecido. En su habitación quedaron abandonados su baúl y su capote. A cinco personas les costó la vida aquel maldito capote. Como era una prenda magnífica, lo cogió uno de los huéspedes, le quitó las insignias y salió tan abrigadito con él a la calle.

Aquella misma tarde le pegaron un tiro desde una ventana. Llevaron el muerto a casa, se le quitó el capote para amortajarlo y se le enterró. Otro despreocupado se hizo amo del capote días después y también se lo cargaron de un balazo. Así, hasta cinco. El último que mataron, por el solo hecho de llevarlo puesto, fue precisamente uno de los revolucionarios que más heroicamente había luchado en las barricadas. Pero la gente, cuando veía un capote de policía, no se paraba a investigar y tiraba. ¡Tan negro odio les tenía!

Los españoles se van

Aún funcionaba la Embajada de España y el Consulado. Fuimos allí a pedir protección, y nos contestaron que no respondían de nada. La representación diplomática de España estaba organizando una expedición para retirarse de Petrogrado y anunció el día de la partida para que los españoles que quisieran la siguiesen. El español que no marchase ya sabía que se quedaba huérfano de toda protección por parte de su país. Los españoles que había en Petrogrado, en su mayoría se dispusieron a abandonar Rusia. Yo me volví loco de desesperación. Tenía a Sole en Moscú y no había modo humano de ir por ella ni de hacerla venir. Veía angustiado que España se iba de aquel infierno, que los españoles huían protegidos por su representación oficial, y que yo me quedaba allí desamparado, sin patria, sin nadie que me defendiese contra cualquier atropello. En el Consulado me incitaban a marcharme con ellos, diciéndome que Sole podría salir de Moscú cuando se marchase el personal de aquel Consulado. Yo no quise. Por nada del mundo hubiese dejado abandonada a mi pobre Sole sin saber lo que iba a ser de ella. Lo que fuese de uno sería de los dos. Por si aún tenía tiempo de ir y volver con ella antes de que los españoles se marchasen, me fui a buscar un billete para Moscú. Doce días estuve en la cola de la taquilla. Doce mortales días aguantando a pie firme con la esperanza, siempre fallida, de obtener el billete. El servicio de trenes no se había interrumpido, pero era tal la aglomeración de gente que emigraba hacia el Sur que no había manera de salir de Petrogrado. Allí, en la cola, consumido por la angustia de no llegar a tiempo y de no saber qué sería de Sole en medio de aquel caos de la revolución, me pasaba las horas muertas tiritando hasta que colgaban el cartelito «No hay billetes» y cerraban la taquilla hasta el día siguiente.

Allí vi cómo se desarrollaba la revolución, oyendo a intervalos el crepitar de las ametralladoras y viendo pasar, de tiempo en tiempo, las ambulancias cargadas de heridos que iban dando al aire la bandera blanca y pidiendo vía libre con el agudo chirrido de una trompeta.

Así es la revolución

Así viví yo la revolución de marzo de 1917, durante aquellos doce mortales días que estuve en Petrogrado aguantando en una cola para obtener un billete de ferrocarril que me permitiera marcharme.

Por la mañana todo aparecía tranquilo. Se oía decir a alguien que en una calleja próxima había amanecido un policía del zar asesinado. Y nada más. La gente se iba a sus quehaceres, si los tenía. Se entreabrían las tiendas con muchas precauciones y preparadas a cerrar de un solo golpe a la primera señal de alarma. Petrogrado, envuelto en la bruma matinal, silencioso, solemne, con los penachos blancos de humo de sus chimeneas perforando la niebla, me daba la impresión de una ciudad completamente tranquila cuando, muy de mañana, iba a ponerme en la cola de la compañía ferroviaria. Ni siquiera se veían patrullas. Los revolucionarios tenían mucho trabajo durante la madrugada, y a aquellas horas dormían. Alguna vez sonaba un tiro aislado allá lejos; no se le concedía importancia; podía ser alguna explosión de un gasómetro, podía ser un neumático que reventase; podía ser un guardia asesinado. Nada. La gente no se alarmaba y los comercios seguían abiertos. Eso sí, vendían al precio que les daba la gana; la revolución, de momento, era el paraíso de los tenderos; lo que hoy costaba uno, al día siguiente valía cinco, y dos días después, veinte o cincuenta; lo que querían pedir. Los víveres escaseaban, pero sólo para los que no tenían dinero bastante para pagar lo que pedían por ellos. Los tranvías no circulaban ya. Los automóviles habían desaparecido. Los coches de punto se hallaban, sin embargo, en sus paradas habituales, como si tal cosa, y le llevaban a uno donde quisiera, sorteando las calles donde estaba levantado el pavimento y metiéndose en los sitios más comprometidos, aun en aquellos en los que se había entablado un tiroteo. El cochero se limitaba a ponerse en pie en el pescante cada vez que pasaba por un sitio peligroso, se santiguaba devotamente, y adelante.

A partir del mediodía, los comercios empezaban a cerrarse, y los cafés, que estaban entreabiertos, a poblarse de gente. En las calles no había un alma, pero en los cafés, detrás de los cierres entornados, se agolpaban millares de personas que discutían y manoteaban congestionadas por la densa atmósfera de humo de tabaco que se formaba. A media tarde empezaba el tiroteo en los barrios. Nunca se sabía a ciencia cierta por qué. A veces, el fuego graneado se convertía en el retemblar de las descargas cerradas. No se veía un judío por ninguna parte. En cambio, los campesinos que acudían con sus verduras a los mercados de Petrogrado permanecían impasibles en medio de la refriegas, con sus montones de patatas por delante, como si no pasara nada. Y unos y otros estaban tiroteándose por encima de sus cabezas...

Al oscurecer, la lucha se generalizaba. Hasta los cafés del centro llegaba la noticia de que se estaba peleando de verdad en tal o cual barrio. Los grupos de policías fugitivos se unían a los oficiales del ejército, cuyas tropas se habían pasado a los revolucionarios, y juntos, por instinto de conservación, sólo por defender sus vidas, ya que no existía poder alguno al que tuviesen que sostener, se batían con las patrullas de desertores y obreros armados. Eran luchas a muerte, en las que no se daba cuartel.

Antes de que cayese la noche, todo el mundo estaba encerrado en su casa y con la puerta atrancada. Petrogrado quedaba entonces a merced de las bandas armadas. Se formaban cuadrillas de paisanos y militares que entraban en las casas ricas y las desvalijaban. Cuando veían a un pobre hombre que por necesidad había tenido que salir de su casa y cruzaba la calle huyendo el bulto, se echaban el fusil a la cara y lo tumbaban sin más averiguaciones. Estas bandas estaban formadas, en su mayor parte, por presidiarios, a quienes la revolución había abierto las puertas de las cárceles. De la fortaleza Pedro y Pablo salieron centenares de delincuentes, que se armaron con los fusiles de la policía y del ejército para cometer impunemente cuantos crímenes querían. Se decía que eran los mismos revolucionarios y los propios soldados llegados del frente los que hacían tales atrocidades, pero no era verdad; las patrullas de revolucionarios no robaban ni asesinaban más que a los policías y a los militares zaristas que les atacaban. ¡Pero quién conocía a unos y otros! Los presidiarios se habían ido a los cuarteles y allí se habían equipado con los capotes y los fusiles de los soldados. Cuando le daban el alto a uno lo mismo podía tener la suerte de que fuese una patrulla que le escoltase hasta dejarle en lugar seguro que la desgracia de que le descerrajasen un tiro por quitarle el reloj, el abrigo o un pan que llevase bajo el sobaco.

Durante la noche no se sabía lo que pasaba; se oía distante el tiroteo y se esperaba siempre, con angustia, la imperiosa llamada a la casa de una patrulla a la que se le hubiese antojado hacer una requisa. Bastaba asomarse a una ventana para que le soltasen a uno un tiro. A una pobre artista de nuestra pensión que se levantó de madrugada a colgar en la ventana una jarra de leche la mataron de un balazo en la frente. La caza del policía era implacable durante la noche. Los revolucionarios, como hurones, husmeaban en todas las casas que les parecían sospechosas, hasta sacarlos ensartados en sus largas bayonetas. Muchos policías y muchos oficiales se suicidaban. Otros, disfrazados de obreros o mendigos, merodeaban por los arrabales, buscando la manera de huir de Petrogrado. De los cuarenta mil no quedó ni uno. Palabra.

La conquista del tren

A los doce días de estar en la cola alcancé el billete para Moscú. Loco de alegría, me fui a la pensión a despedirme. Por fin, iba a reunirme con Sole. ¿Qué habría pasado entretanto en Moscú? ¿Qué le habría ocurrido a ella? No podía llevarme el equipaje, porque ya sabía cómo iban de abarrotados los trenes, pero sí cargué con dos grandes paquetes, uno de alubias y otro de arroz, por si en Moscú no había manduca. Tenía que llevarme también la guitarra, porque con revolución o sin ella, ¿qué hace un flamenco sin guitarra? Con blancos o con rojos, yo tenía que ganarme mi pan, y mi pan eran, allí y en China, mis *pinceles* y mi guitarrilla. Me fui a la estación tan contento, pero cuál no sería mi desesperación al ver que el billete que me había costado tantas fatiguitas no me resolvía nada. Tenía el billete para el tren; el tren era lo que faltaba. Porque los trenes que iban saliendo todos iban abarrotados de viajeros con billetes de primera clase, expedidos antes que el mío. Imposible subir a un vagón. Materialmente imposible. Los trenes se iban uno tras otro y yo me quedaba siempre en el andén con mi inútil billete en el bolsillo, esperando hasta Dios sabe cuándo.

Hasta que adopté una resolución heroica. Fingiéndome mozo de equipajes, conseguí llegar hasta uno de los vagones de un tren de lujo que estaba a punto de partir, y ayudado por el empleado metí por la ventanilla mi guitarra y mis paquetes. Luego me quedé allí rezagado, enjugándome el sudor el pie del vagón y gruñendo al mismo tiempo que el empleado por la aglomeración de viajeros. Al arrancar el tren, el empleado se quedaba en la portezuela para impedir que la gente entrase por sorpresa. De mí, que estaba a su lado, no desconfió al partir, porque yo era el que más gritaba a la muchedumbre diciendo que no había plazas y empujándola. Cuando, ya en marcha el tren, el empleado iba a cerrar la portezuela, di un salto y le pegué un empujón y me agarré al pasamanos. No tuve tiempo de más. Se repuso en seguida y me arreó una patada en la boca del estómago que a poco más me deja sin sentido. Yo me encogí de dolor, pero me mantuve firme en el estribo. El empleado, furioso, empezó a pegarme en la cabeza y en las manos para que me soltase, pero yo, con los ojos cerrados y la cabeza gacha, me aferraba al pasamanos con toda mi alma, mientras los nudillos se me partían de dolor por los golpes que me daba aquel animal para que me soltase. A todo esto, el tren había salido del andén y apretaba la marcha. Llegó un momento en que me sentí desfallecer y vi que, contra mi voluntad, aflojaba las manos doloridas y caía a la vía. En aquel momento, unos viajeros que habían salido al pasillo y presenciaban la lucha me echaron una mano y tiraron de mí. Yo me daba cuenta de que aquellos brazos que me agarraban eran mi única salvación, porque yo, perdidas las fuerzas, había soltado ya el pasamanos. El empleado seguía empujándome implacablemente, pero mi ángel salvador me sostenía como a un pelele. Terminó el empleado por dejarme a mí y encararse con el viajero que me sostenía. Yo aproveché el momento para poner el pie en el vagón y escurrirme hacia el pasillo, donde me dejé caer sollozando:

—¡Mi mujer se muere en Moscú! ¡Tengo que ir! ¡Aunque me maten tengo que ir! —gritaba yo retorciéndome de desesperación, mientras el empleado y mi salvador cuestionaban—. Cuando se cansaron de discutir, el empleado se volvió a decirme que en la primera estación me arrojaría del tren. Yo entonces dije que tenía derecho a ir y enseñé mi billete. Esto lo aplacó algo. Todos los viajeros se pusieron de mi parte, y como estábamos en revolución y el pueblo mandaba, tuvo que resignarse a dejarme seguir.

Molido, lleno el cuerpo de cardenales, con los nudillos sangrando, me senté en un rinconcito del pasillo con mis alubias, mi arroz y mi guitarra, y allí fui acurrucado como un perrillo durante todo el viaje, pensando:

«¿Qué habrá pasado en Moscú?»

«¿Qué habrá sido de Sole?».

7. Mientras el segador afila su hoz

Era la época del deshielo, y la estación de Moscú, cuando llegó el tren, estaba inundada. Corrí a nuestra casa de Novaia Basilkoska, saltando por los arroyos de agua helada que surcaban las calles, siempre con mis alubias, mi arroz y mi guitarra. Sole estaba allí sana y salva, pero ¡en qué estado! Aquellos doce días habían caído sobre ella como si fuesen doce años. No comprendía bien lo que había pasado ni lo que había sido la revolución, pero estaba convencida de que me habían matado en Petrogrado, y desde hacía una semana, ni comía, ni dormía, ni hacía otra cosa que dar vueltas alrededor de su alcoba, aterrorizada ante la idea de haberme perdido para siempre y de encontrarse a mil leguas de España, entre unos bárbaros a los que no entendía, que mataban o se hacían matar, sin que ella supiese nunca por qué. Había puesto sobre el baúl una estampa de la Virgen de su pueblo, le había encendido una lamparilla y se había pasado los días y las noches rezando, llorando y desesperándose. Cuando me vio entrar parecía una loca. Lloramos mucho, mucho, el uno en brazos del otro. Luego hicimos una paella y unas judías a la bretona, nos las comimos y nos pusimos tan contentos. Nos acordamos de España, de Madrid... ¡Qué lejos estaba todo!

La revolución había pasado, las noticias que se tenían eran más tranquilizadoras y había que vivir y trabajar. Empecé a buscar trabajo. El primer contrato que me salió fue para Petrogrado. Yo no quería volver allí ni a tres tirones; pero ¿qué hacer? Uno es artista que tiene que ir a bailar donde le llaman; ni el zar ni Kerenski tenían nada conmigo. Por lo demás, un tiro se lo pueden dar a uno en Petrogrado como en la calle del Bastero le puede caer una teja encima; eso no lo evita más que la Divina Providencia. ¡A Petrogado otra vez!

Moscú, por otra parte, no estaba mucho mejor ni más tranquilo. La vida era más cara aún que en la capital; los judíos se aprovechaban bien. Aparte la carestía y la escasez, que ocasionaban largas colas a la puerta de los establecimientos de comestibles, la gente no se preocupaba demasiado de la revolución. Por otra parte, los barrios céntricos de Moscú presentaban un aspecto deslumbrador; parecía que no había pasado nada, y en el corazón de la ciudad los burgueses seguían teniendo un aire triunfal, quizá más insolente que nunca, porque el triunfo de los revolucionarios los tenía irritados. La muchedumbre elegante de Moscú discurría como si tal cosa bajo las bóvedas de cristales de las galerías. Sólo alguna que otra vez se arremolinaba la gente y se enteraba uno de que un grupo de mujeres del pueblo, sucias, desgreñadas, estaba acorralando a una de aquellas elegantes damas moscovitas —las más finas y elegantes del mundo—, que con sus pieles blancas y sus *toilettes* parisinas provocaban el odio de los pobres que venían de las colas del pan. Las comadres escupían a la burguesa y la insultaban, y los hombres del pueblo, con el pretexto de cortar la escena, la empujaban, dándole achuchones y procurando rozarse con ella. A veces, surgía un oficial de los que de mala gana se había tenido que arrancar las charreteras, o bien de los que aún las llevaban, desafiadores, y tomaban caballerescamente la defensa de la dama. Entonces ocurría una de estas dos cosas: o lo linchaban o los desarrapados se asustaban ante sus desplantes y se iban refunfuñando amenazas.

Presentimientos

Todo había terminado. Al menos, así lo aseguraban los periódicos, y en vista de que había tranquilidad, nos fuimos de nuevo a Petrogrado para debutar en el Olimpia. La capital había recobrado su aspecto normal, pero por todas partes se veían los destrozos causados por la revolución; las fachadas de las casas estaban acribilladas a balazos y aún humeaban las cenizas de las casas incendiadas.

A los dos días de llegar nosotros se celebró el entierro de las victimas de la revolución, para lo cual cavaron una fosa enorme en los jardines de una gran plaza próxima a la Perspectiva Nevski. A presencia del Gobierno revolucionario y de un gentío inmenso, fueron depositados los féretros —unos trescientos— en aquella fosa grande y honda. La ceremonia se desarrollaba en medio de un silencio impresionante, y sólo tenían vida en aquella masa compacta de hombres inmóviles y silenciosos los trapos rojos de las banderas azotadas por el viento de marzo. No he visto nunca tanta gente tan quieta y tan callada. Mientras iban colocando los féretros en la gran fosa, y luego, cuando en el silencio aterrador de la plaza sonaban claras y distintas las paletadas de tierra, que golpeaban lúgubremente los ataúdes, estuvieron estremeciendo los aires los estampidos sordos de la artillería, que allá, a lo lejos, hacía salvas por los héroes de la revolución. Eran dos baterías, una a cada extremo de Petrogrado, que disparaban alternativamente, haciendo contrapunto. Al final, las bandas de todos los regimientos, con el bombo tapado por un crespón negro, tocaron una marcha fúnebre. Sobre los trescientos féretros se echaron unas cuantas flores, pocas, y el Gobierno provisional desfiló ante la multitud. Aquel día vi a Kerenski y oí hablar de él por primera vez en mi vida.

Terminada la ceremonia la muchedumbre se desparramó por los barrios calladamente. El comercio había cerrado sus puertas, y se tenía la sensación de que era día de Viernes Santo en mi tierra, en Castilla. La gente, después de haber enterrado a los muertos, volvía a sus hogares silenciosa, preocupada, triste. Aquello no había terminado, ni mucho menos. Yo, por mi parte, tuve esa impresión, y con ella volvimos aquel día a casa.

Vivíamos entonces en la pensión de un español llamado Rocha, gaditano, ya viejo, domador de leones en su juventud y casado con una alemana, de la que tenía varias hijas, artistas también, entre ellas una muy buena cantante, a la que llamaban el *Mirlo de oro*. Una familia pintoresca y buena. Rocha era un santo, y la mayor parte de sus huéspedes eran por entonces españoles a quienes la revolución había dejado varados en Petrogrado, y no pagaban su pensión. Los compatriotas nuestros que antes de la revolución vivían en Petrogrado normalmente se habían ido marchando en las expediciones organizadas por la Embajada. Aún estaba allí Angelita Mignon, que consiguió marcharse poco después por Siberia con los funcionarios del Consulado, como nosotros, dando bandazos a través de la revolución: el bailarín Pepe Ojeda y la *Catalanita*. Se ayudaban bailando por los cines de barrio, pero con muchas dificultades. Poco a poco habían ido abriéndose de nuevo los cabarets. Villa Rodé, que no fue incendiado hasta que tomaron el poder los bolcheviques, volvió a abrirse también después del saqueo. Pero a mí me daba todo aquello muy mala espina,

y en abril o mayo decidí irnos hacia el Sur, adonde se iban
todos los que no querían nada con la revolución, que, en definitiva eran los que a nosotros, los artistas, nos daban de
comer. El viaje resultaba difícil, porque ya el servicio de trenes estaba militarizado. Nada tan difícil en Rusia durante la
revolución como el viajar, y nosotros teníamos que viajar
constantemente. A vuelta de muchas penalidades, conseguimos llegar a Moscú, donde actuamos unos días en el
Odeón, y, siguiendo nuestro designio de ponernos al socai-
re de la revolución en la Rusia Blanca, obtuve un contrato
para Kiev, y allá nos fuimos a mediados de julio. Moscú y
Petrogrado olían ya a algo que yo entonces no sabía a qué
era: olían a bolchevique.

El paraíso de los burgueses

En el viaje de Moscú a Kiev tuve mi primer tropiezo con un
oficial blanco. ¡Cuántos disgustos habían de darme! En la
estación de Brianski había que hacer transbordo, y el tren
que teníamos que tomar llevaba cerradas a piedra y lodo
las portezuelas de los vagones. Los viajeros entraban y
salían por las ventanillas a viva fuerza y en medio de una
confusión espantosa. Sole, empujándola yo, entró fácilmente por una ventanilla; pero cuando yo quise meterme
tropecé con un oficial zarista que quería salir. Era un tipo
imponente, con los bigotes del káiser y con las charreteras
y las condecoraciones del ejército imperial luciendo como
un reto. Cuando yo estaba colgado de la ventanilla, con
medio cuerpo dentro y medio fuera, me dio un empellón y
me tiró sobre el andén como a un perro. No me he resignado nunca a ser atropellado ni he podido sufrir sin suble-
varme, aunque haya estado a punto de costarme el pelle-

jo muchas veces, esto de que los fuertes abusen de los débiles. La cosa era corriente en Rusia, y lo sigue siendo, sin que la gente reaccione jamás como en España reacciona. Un perro es y cuando lo pisan chilla, señor. Me encorajiné y volví a encaramarme en la ventanilla dispuesto a entrar a todo trance, porque tenía tanto derecho como el oficial aquel. En esto sonó la segunda campanada para la partida del tren, y el oficial, que estaba forcejeando conmigo, se hizo atrás, sacó el sable y lo descargó sobre mi cabeza furiosamente. Suerte que marró el golpe, y no me alcanzó más que de refilón. Si no, me deja en el sitio. Caí atontolinado al andén de nuevo. Pero un segundo después sonó la tercera campanada, y al pensar que Sole se iba en el tren y yo me quedaba reaccioné furioso. Tomé carrerilla y volví al asalto con tal ímpetu que entré en el vagón de un golpe, y el oficial y yo, hechos una pelota, llegamos rodando al suelo del departamento. Me quería matar. Gracias a que el tren se había puesto en marcha y no tuvo tiempo más que para tirarse de cabeza al andén. Desde allí, con la guerrera arrugada y las guías del bigote torcidas, me amenazaba con el puño cerrado, mientras nuestro tren corría, aunque no tanto como yo hubiese deseado. Sole se quedó sin habla para todo el viaje.

Kiev, en aquellos tiempos, era el paraíso de los burgueses. Todo el señorío de Moscú y Petrogrado se había refugiado allí en espera de tiempos mejores, y triunfaba y gastaba con ese aturdimiento y esa liberalidad del que no sabe lo que ha de pasar el día de mañana. El zar estaba prisionero, pero en Kiev, a pesar del Directorio revolucionario, los amos eran los zaristas. Los teatros y los cabarets estaban llenos de aristócratas, oficiales y burgueses triunfantes. Nosotros debutamos en el Château des Fleurs y tuvimos un gran éxito entre aquel público de contrarrevolucionarios. Todas las noches iba a vernos bailar un gran cantante ruso, oficial del ejército imperial, llamado Chakolski, al que acompañaba una dama aristocrática, su amante. Era una peña formada por aristócratas, militares y artistas famosos, entre los que estaba la gran cantante Maria Alejandrovna Lianskaya. Iban al cabaret sólo por verme bailar flamenco, y cuando yo terminaba mi número se marchaban. Parecían gente amable y generosa, pero enemigos acérrimos de la revolución. A Chakolski lo fusilaron los bolcheviques la primera vez que entraron en Kiev.

Yo bailaba un flamenco algo convencional, porque en la revolución de marzo había perdido las músicas y tuve que írselas tarareando a un compositor ruso para que las escribiera con la mayor semejanza posible. Era un flamenco pasado por Moscú. Gustaba mucho, sin embargo. En Kiev había trabajo siempre, y por todas partes se abrían cabarets, teatros y casas de juego. Los burgueses aquellos estaban muy asustados, pero se jugaban las pestañas y se divertían de lo lindo. Fue una temporada de lujo, alegría y derroche. Empezó a circular entonces el dinero de Kerenski, y ya al final apareció también el dinero ucraniano. Un rublo del zar valía dos *kerenski,* y un rublo *kerenski,* dos rublos ucranianos. La gente despreciaba el dinero nuevo y guardaba codiciosamente los rublos zaristas, a pesar de que habían bajado tanto que se empezaba a contarlos por cientos y miles. La calderilla había desaparecido, y la substituían unos sellos pequeñitos como los de Correos. Con todo aquel desbarajuste se perdió la noción del valor del dinero, y los burgueses que habían venido huyendo de Petrogrado y Moscú lo tiraban a manos llenas. A pesar de las alarmantísimas noticias que llegaban de la capital a fines de julio. En Petrogrado, según se decía, los revolucionarios habían ahorcado a once generales acusados de alta traición.

En el corazón de la Rusia Blanca

Hicimos una *tournée* por la Rusia Blanca. Fuimos, primero, a Gomel, una ciudad pequeña, pero muy rica y muy cuidada, en la que se vivía todavía con una holgura y un sosiego que le hacían a uno olvidarse de la guerra y de la revolución. En Gomel se vivía aún como debió vivirse en los buenos tiempos en todas las provincias rusas. Las gentes eran amables y buenas. Había un café con soberbios espejos y doradas cornucopias, en el que se daba cita la crema de la localidad. Se comía bien por poquísimo dinero, y había muchas confiterías en las que se vendían por diez copecks unos pasteles riquísimos que tenían fama en toda la comarca. Había muchos judíos ricos y algunas familias nobles, muy consideradas, cuyos hijos eran oficiales del ejército imperial. En el parque había un teatrito, al que acudía para vernos bailar un público atildadito y cariñoso. Tenía gran éxito entre aquellos elegantes de Gomel una artista rusa muy gorda, que se llamaba Anona y cantaba unas canciones sentimentales que se sabían de memoria todas las criadas.

En fin, una vida deliciosa de capital de provincia, que ignoraba todo lo que estaba pasando en Rusia, la guerra, la revolución, el hambre... ¡Quién hubiera podido quedarse entre aquellas gentes tan amables, que sabían hacer unos pasteles tan ricos!

Desde Gomel fuimos a Baronij, y cambió por completo la decoración. Baronij es una ciudad pequeña, de una sola calle, recorrida por los *ripers,* y unas callecitas transversales en cuesta que bajan hacia el río. La población estaba formada por campesinos, gente miserable, sobre la que destacaban diez o doce familias nobles propietarias de la tierra. Allí tenían ya una guerra viva. Los campesinos querían apoderarse de las tierras en vista de que había habido una revolución en Petrogrado, y los dueños se defendían a tiros. Teóricamente mandaba Kerenski, pero quienes campaban por sus respetos eran los campesinos más pobres, los más desharrapados, que aunque todavía no se llamaban bolcheviques eran bolcheviques auténticos. Las autoridades procuraban contenerlos. Se habían apoderado de varias fincas y hacían lo que les daba la gana. Menudeaban los asaltos y los atracos. Nosotros teníamos que ir de madrugada desde el parque Trek, donde trabajábamos, hasta nuestra casa, y pasábamos un miedo terrible. Yo entonces me hice con una bayoneta austríaca, que llevaba metida en el pantalón, por si acaso. Los últimos días nos acompañaba un policía.

La casa en que vivíamos era de una planta y tenía un patio grande, al que daban las ventanas de nuestras habitaciones. Hacía un calor terrible, pero no nos atrevíamos a tener las ventanas abiertas, y mientras las mujeres dormían los hombres nos quedábamos en vela jugando al póquer hasta el amanecer. Una madrugada la mujer de un artista excéntrico que vivía con nosotros vio una mano que se aferraba al alféizar de la ventana para saltar y gritó. Acudimos, yo con mi bayoneta en ristre, y vimos unos bultos que huían favorecidos por las sombras de la calle, totalmente a oscuras.

Aquello ya se parecía algo a lo que iba a ser la revolución.

8. Lo que hice yo en Moscú durante los diez días que conmovieron al mundo

A mí la toma del poder por los bolcheviques, los famosos diez días que conmovieron al mundo; me cogieron en Moscú vestido de corto, bailando en el tablado de un cabaret y bebiendo champaña a todo pasto.

Después de la *tournée* por Ucrania, y cuando vimos la mala jeta que tenían los campesinos en los últimos tiempos de Kerenski, decidimos refugiarnos en Moscú. Aquellas bestias de campesinos rusos eran capaces de todo. En una ciudad grande y civilizada —pensamos— no es posible que se cometan grandes atrocidades. Moscú, en septiembre y octubre de 1917, vivía alegre y confiado, sorteando con buen ánimo los sinsabores de la guerra y la revolución. El Gobierno de Kerenski lo permitía todo, y durante el verano se abrieron cadenas de cabarets y casas de juego, en los que rodaba el dinero alegremente. Los pobres hacían cola mientras tanto a la puerta de las panaderías, pero los rusos eran gente acostumbrada a estos contrastes.

Nos contrataron en el Yaz, que estaba entonces en todo su apogeo. A la famosa «sala de Napoleón», del Yaz, acudía todas las noches un gentío alegre que bebía y jugaba frenéticamente, sin pensar en el mañana. Allí conocí a varios oficiales de la misión militar francesa, que me llevaban a su cuartel para jugar al ajedrez. El comandante de la misión, que también se hizo muy amigo mío, era un francés típico, bueno y colérico, tan apasionado por el ajedrez que cuando me dejaba ganar me obsequiaba con grandes paquetes de azúcar, té, macarrones y pastas, cosas que ya escaseaban mucho en Rusia, y, en cambio, cuando perdía se encolerizaba y decía que yo le había hecho trampas. Me ganaba casi siempre, naturalmente.

Desde el Yaz pasamos al Jardín del Invierno, y luego a otro cabaret llamado Alpinskaia Rosa, cuyo director, Butler, murió de hambre meses después —yo le vi morir—, teniendo en el bolsillo una cuenta corriente en el banco de veinticinco mil rublos oro, que los bolcheviques no le dejaron sacar. En el hotel Savoy se abrió también un saloncito para tés-tangos, en el que yo estuve actuando como *danseur mondaine,* vestido irreprochablemente de frac. Frente al Metropol se inauguró otro salón de té-tango, en que también actuamos. Un público muy mezclado de negociantes, políticos, judíos y nuevos ricos llenaba aquellas salas, triunfando y gastando como si no hubiera habido tal revolución. Sólo a la madrugada, cuando, al volver hacia casa, nos paraban las patrullas de soldados o veíamos las colas a las puertas de las tiendas, advertíamos que aquello marchaba hacia un despeñadero.

A mediados de septiembre empezamos a oír hablar de otra revolución. Los clientes del cabaret esperaban de un momento a otro un golpe de estado, pero no por parte de los bolcheviques, a los que nadie concedía importancia, sino por parte de los zaristas. Se decía que el pueblo iba a derribar a Kerenski porque se había descubierto que era judío y tenía el designio de llevar a Rusia a la ruina. Parecía que quienes iban a pagar el pato, como siempre había ocurrido en Rusia, eran los pobres judíos. Por lo que pudiera tronar empezamos a proveernos de vituallas y a meterlas debajo de la cama. Con lo que nos regalaban los oficiales franceses y con lo que nosotros comprábamos teníamos para comer durante quince o veinte días.

Todavía tuvimos un momento en el que pudimos salvarnos de la hecatombe. Los trenes circulaban aún normalmente, pero los billetes estaban en manos de la reventa y adquirían precios fabulosos. Por mediación del intérprete del hotel Luxe conseguí cuatro billetes, con los que pensábamos salir de Rusia acompañados de los Gerard. Gerard se presentó a última hora diciéndome que tenía un contrato para que los cuatro actuásemos en Jarbin, con un sueldo fabuloso. Me dejé tentar y vendí los billetes a otro español, un catalán con pinta de judío llamado Ramírez, padre de las hermanas Ramírez, artistas también. Ramírez, que era un especulador formidable, revendió los billetes a la artista Nita Jo y su marido, un americano riquísimo, y se ganó muchos cientos de rublos en la reventa. Aquélla fue nuestra última coyuntura, y la desaprovechamos. Gerard me jugó una mala pasada. Me dijo después que los empresarios del Jarbin le contrataban a él solo, y que a Sole y a mí no nos tomaban. Sospeché que lo que había hecho era suplantarme, y así se lo dije; pero me juró por la salud de su hija que no me había engañado, y tuve que resignarme. Yo no soy supersticioso, pero en Moscú dejamos enterrada a la hija. Dios le haya perdonado.

Casi todos los españoles que quedaban en Rusia se marcharon por el transiberiano en el último tren que salió de Moscú, cuando ya estaban en el poder los bolcheviques. Veintiún días tardaron en verse fuera de Rusia. Allí nos quedamos, ya para siempre, las hermanas Ramírez y su padre, las hermanas *Andalucía*, la *Catalanita* y el bailarín Ojeda, todos españoles, todos artistas y todos sin un real. ¿Qué más nos daba? Con nosotros nadie podía meterse.

Nos ganábamos el pan honradamente. ¿Quién podía que-rernos mal?

Bailando por bulerías en el tabladillo de Alpinskaia Rosa estaba yo una noche de noviembre cuando vi llegar al por-tero con la cara descompuesta. Subió al tablado, mandó parar la orquesta y gritó:

—¡Ha estallado la revolución! ¡Sálvese quien pueda!

Por las calles de Moscú, bajo el fuego de los bolcheviques

Los clientes de Alpinskaia Rosa huyeron como conejos, y en un santiamén el saloncito quedó desierto. Hubo quien se tiró por una ventana. Tanto fue al pánico. No se oían más que gritos angustiados de «¡Que vienen! ¡Que vienen!», y lo curioso era que nadie sabía quiénes venían. Los tiros, eso sí, sonaban demasiado cerca. El cabaret tenía una puerta de comunicación con el hotel Savoy, y por ella escapamos los artistas, dejándonos allí nuestras músicas y nuestros tra-jes. Yo me encontré en medio de la calle vestido de corto, con chaquetilla de terciopelo y alamares. Un traje a propósito para una revolución. No tuve tiempo más que para echar-me un abrigo encima.

La lucha se desarrollaba en la Lubianka. Para orientarnos preguntamos a los fugitivos que venían de allí. Nos dijeron que de todos los barrios de Moscú habían empezado a afluir al centro grupos de obreros armados y soldados. Pero en la Lubianka, nos decían, cada ventana era una boca de fuego para los proletarios.

Ellos respondían acribillando las fachadas de las casas y rompiendo las puertas a culatazos. El resto de Moscú esta-ba tranquilo, según nos dijeron, y como la lucha parecía haberse localizado en la Lubianka echamos a correr hacia nuestra casa de la Novaia Basilkoska. No pudimos llegar. Los revolucionarios, al mismo tiempo que en la Lubianka, habían ido concentrándose en el parque Petrovski. También allí les habían salido al paso, y el fuego de fusilería era tan intenso al otro lado del puente como en las proximidades del Gran Teatro.

Pegándonos a las paredes llegamos hasta la Sadovaya, donde nos vimos cogidos entre dos fuegos, porque los combatientes de la Lubianka y de Petrovksi Park se habían ido corriendo hacia el centro, y el tiroteo, cada vez más próximo, amenazaba con cortarnos el camino por detrás y por delante. Destacándose del rumor, todavía distante, de la lucha, surgió en la calle desierta, que cruzábamos cautelosos, el estrépito creciente de una tropilla de hombres que entre las sombras avanzaban por medio del arroyo, formando una masa compacta y negruzca de la que se escapaban blasfemias, juramentos, risotadas y el obsesionante chas-chas de las cartucheras cargadas, los fusiles y los correajes sacudidos rítmicamente por el trote lento y pesado que llevaban. Nos incrustamos en las jambas de un portalón y, a favor de las sombras, pudimos quedar inadvertidos mientras pasaban. Una mirada distraída de cualquiera de aquellos hombres, al descubrirnos, habría bastado para que allí mismo, de la manera más natural del mundo, acabasen definitivamente nuestras congojas. Iban disparando sobre todo lo que veían, persona o cosa, sin dejar de correr. Donde ponían su atención metían una bala y seguían impasibles su marcha cargando y descargando sus fusiles como autómatas.

Se salvaba únicamente aquello que no veían. Así fue después, durante toda la revolución y la guerra civil. Cuando se perdieron a lo lejos y la calle volvió a quedar sumida en las sombras y el silencio nos miramos unos a otros inmóvi-

les, paralizados por el terror. Era media noche. La amplia
Sadovaya parecía el fondo de un barranco en cuya cima se
recortase la silueta de los tejados sobre un cielo claro y
lechoso. Una sola bombillita sobre la vasta calzada. ¿Qué
iba a ser de nosotros?

Era temerario atravesar las zonas de lucha y llegar hasta
casa. Recordé entonces que allí cerca, en el número 5 de la
Sadovaya, vivía Gerard, y en su casa nos refugiamos después
de mucho porfiar a la puerta antes de que se decidiesen a
abrirnos. Con Gerard estaban el bailarín Pepe Ojeda y la
Catalanita, abrazados y llorando de miedo. Atrancamos
las puertas y las ventanas y nos dispusimos a pasar la noche
en vela, con la esperanza de que al amanecer terminase la
lucha en las calles. Mordisqueamos con hambre nerviosa un
trozo de cordero muy salado que Gerard tenía preparado
para su cena y allí estuvimos hora tras hora, alargando las
orejas cada vez que en la calzada sonaba algún estrépito.
Había pausas largas de silencio. Las aprovechábamos para
entreabrir la ventana y atisbar lo que pasaba en la calle.
Nada. Un resplandor rojizo cn el cielo bajo y nuboso por la
parte de la Lubianka y aquel bullebulle distante y sordo
del que se destacaban limpios los golpes macizos de los disparos. Alguna vez el pavimento de la calzada retumbaba
herido por los cascos de los caballos y las llantas de acero
de una pieza de artillería.

Al amanecer los ruidos alarmantes fueron espaciándose
cada vez más, y a las siete de la mañana vimos a través de
la ventana escarchada un Moscú silencioso y desierto. No
había un alma en las calles ni un rumor en toda la ciudad.
«Todo debe de haber terminado —pensamos—. Vámonos
a casa.» Gerard, Ojeda y la *Catalanita* tenían un miedo
cerval a quedarse en aquel barrio, y se vinieron con nosotros a nuestra casa de Novaia Basilkoska. Echamos a andar

de dos en dos encogiditos de frío, procurando achicarnos. Apenas habíamos doblado la esquina de la Sadovaya sonó una descarga cerrada a poca distancia. Echamos por medio del arroyo a carrera abierta, tropezando, tropezando y cayendo en aquel maldito empedrado de Moscú, que hacía saltárseles las lágrimas a las pobres mujeres que lo pisaban con sus taconcitos altos. En la siguiente bocacalle nos cerró el paso el golpe seco de otra descarga. Atontolinados como una bandada de gorriones corrimos de un lado para otro buscando inútilmente por dónde escapar de los tiros. A la altura del Alkazar vimos venir una patrulla de hombres armados con fusiles, y como si nos hubiesen disparado con cerbatana entramos de un golpe en un café instalado en la planta baja del cabaret, que providencialmente sólo tenía entornadas las puertas. Lo mismo que nosotros, habían buscado refugio en aquel café otros muchos transeúntes a los que el tiroteo había sorprendido por aquellos parajes. Advertimos que la lucha se generalizaba a pocos metros de allí, y atrancamos las puertas. El fuego era terrible. Más de cuarenta balazos penetraron por las ventanas del café. Los que allí nos habíamos refugiado tuvimos que replegarnos hasta la cocina huyendo de las balas.

Y así otra vez desde las ocho de la mañana hasta mediodía.

A esa hora se despejó la calle. Pasó una ambulancia de la misión francesa, que recogió a los que habían caído, muertos y heridos. A uno de éstos, que cayó en medio del arroyo, le estuvimos viendo por una rendijita arrastrarse lentamente hasta un portal con una pierna chorreando sangre. Tardó lo menos media hora en salvar aquellos diez metros. Por donde pasaba iba dejando un reguerito rojo. Acurrucado en el umbral, le vimos descalzarse lentamente y tocarse y lamerse como un perrillo la pata herida, mientras las balas silbaban por encima de su cabeza, y él permanecía indiferente a todo lo que no fuese el dolor físico de su remo partido. Apenas terminó la lucha nos echaron a viva fuerza del café. Huyendo de la Teverskaya, donde seguía el tiroteo, avanzamos por una calle paralela. Todos los portales estaban cerrados, y cuando veíamos a alguien en una ventana nos encogíamos y cerrábamos los ojos, esperando que tirase contra nosotros. Vimos en el trayecto muchos grupos de obreros con fusiles que iban disparando a diestro y siniestro. Vimos también una larga fila de automóviles en los que los soldados iban arrodillados sobre los asientos, con los fusiles echados a la cara y apuntando hacia las ventanas, desde donde los contrarrevolucionarios disparaban sobre ellos a mansalva. Los soldados llevaban un lazo rojo en la botonera, hacia el lado izquierdo, y ésta era la única señal que distinguía a los de un bando de los del otro. Los autos y las patrullas y unos camiones cargados con racimos de combatientes iban invariablemente en dirección al Kremlin, donde se desarrollaba la gran batalla.

Una partida empeñada

· —Trío de ases.
— Escalera.
— Póquer de sietes.

La partida era durísima. Nueve días duró. Los mismos nueve días que duró la otra partida, la que tenían empeñada a tiro limpio en las calles de Moscú revolucionarios y contrarrevolucionarios.

Cuando aquella mañana nos vimos, al fin, en casa sanos y salvos, echamos mano a las vituallas que previsoramente había ido almacenando debajo de la cama, saqué la barajilla y nos pusimos a jugar al póquer. Así nueve días.

Nueve terribles días, en los que no dejamos de oír el fuego de fusilería, de ametralladora y de cañón por los cuatro costados de Moscú. Los bolcheviques habían emplazado unas piezas en el parque Petrovski, a la espalda de nuestra casa, y disparaban por elevación contra el Kremlin, que estaba delante. Los cañonazos zumbaban por encima de nosotros mientras pacíficamente sentados alrededor de una mesa nos jugábamos las pestañas al *póquer*. Hacíamos un juego muy alegrito. ¡Quién no se atrevía a echarse un farol, si en el tiempo que mediase entre el envido y el quiero uno de aquellos obuses que iban contra el Kremlin podía equivocarse y levantar la partida sin que se diesen las vueltas reglamentarias! El póquer es un gran juego. Les aseguro a ustedes que cuando uno está ligando se olvida hasta de que tiene enfrente disparando por elevación a unos bolcheviques que han aprendido a ser artilleros media hora antes. La dueña de la pensión andaba gimoteando de un lado para otro porque su marido, que llevaba un capote de soldado, no había vuelto desde la tarde anterior. De vez en cuando llegaba alguien de la calle contando escenas espantosas. Se había desatado una furia loca en las calles, y todo el que tenía un fusil lo disparaba a ciegas, sin saber contra quién ni por qué. A los soldados franceses, que salieron con camillas y automóviles para recoger a los heridos, les hicieron varios muertos, y tuvieron que retirarse. El pavimento estaba levantado en muchas calles para hacer barricadas. A los cinco días de lucha se presentó el dueño de la casa con las ropas hechas jirones y manchadas de sangre, las mejillas hundidas y los ojos extraviados. Contaba episodios pavorosos. Había sido arrastrado por una ola de combatientes que le puso un fusil en las manos y le obligó a estar dos días disparando en una barricada.

Se había salvado tirándose en un montón de cadáveres, entre los que pasó varias horas inmóvil, con la cara pegada a la fría mejilla de un bolchevique despanzurrado, que, con los ojos de cristal muy abiertos, le miraba turbiamente como si le reprochase: «Tú no eres de los nuestros. ¿Qué haces aquí?» El pobre hombre contaba que mientras permaneció allí estuvo en un verdadero delirio, susurrando incoherencias a la oreja del muerto y pidiéndole en voz baja que fuese bueno y no le delatase. Las bocas de los fusiles, entretanto, les enfilaban desde las barricadas.

Yo no interrumpía la partida de póquer más que para salir en busca de pan. Salí todas las mañanas durante aquellos nueve días, aunque la verdad es que sólo me atrevía a ir hasta la tahona de la esquina. La tahona se abría a las nueve, y no daban más que un panecillo por persona. Había que estar en la cola desde las tres de la madrugada, y algunas veces se iba uno sin él. Lo peor de todo era que a veces pasaban petardeando la calle unos camiones cargados de combatientes, que disparaban a granel contra la pobre gente que estaba en la cola: viejos, niños y mujeres, y algunas veces vi caer al que estaba delante de mí y al que estaba detrás, mientras yo me palpaba el cuerpo extrañado de haberme quedado en pie. Y, en definitiva, un poco contento, porque había ganado un puesto en la cola y tenía una probabilidad más de alcanzar el panecillo.

9. ¡Han triunfado los bolcheviques!

Fui a la cola del pan los nueve días que duró la batalla en las calles de Moscú. Allí me enteraba por los colistas que llegaban de otros barrios de lo que estaba pasando. Los campesinos no venían ya a los mercados, las ambulancias francesas habían tenido que retirarse al segundo día de lucha y en las calles permanecían los cadáveres insepultos. Un grupo de revolucionarios había querido meterse en los cuarteles franceses y apoderarse de una batería de cañones del setenta y cinco, pero al primer bolchevique que intentó pasar lo mató el centinela francés de un balazo. Los revolucionarios querían arrastrar consigo a los soldados franceses, y les excitaban desde fuera para que degollasen a sus oficiales y les entregasen los cañones. Los franceses reforzaron las guardias y se atrincheraron, pero en el patio del cuartel se trabó una colisión entre ellos mismos, pues ya había varios soldados y algún oficial que simpatizaban con los bolcheviques. El comandante francés metió en cintura a su gente e hizo saber al Comité revolucionario que si volvían a atacarles, no sólo no entregaría los cañones, sino que los utilizaría para arrasar Moscú. Mientras tanto seguía la lucha feroz en las calles. La escuela de Cadetes, que estaba en el bulevar, resistía a la desesperada desde hacía cuaren-

ta y ocho horas el asedio de enormes masas de revolucionarios. Por todas partes veíanse barricadas levantadas con
las piedras del pavimento. Cuantos quioscos y carteleras
había en Moscú fueron derribados para utilizarlos como
parapetos. Cerca de la Teverskaya, alrededor de una estatua que estaba al lado del palacio del Gobierno, cuatro
cañones apuntando a los cuatro puntos cardinales barrían
con su metralla el centro de la ciudad. Estos cañones los
emplazaron allí los guardias blancos en los primeros
momentos de la lucha, pero luego pasaron a poder de los
rojos, que sin moverlos del sitio donde estaban los utiliza-
ron para sembrar el pánico y tener a raya encerrados en las
casas a los contrarrevolucionarios, que eran todos, absolutamente todos los habitantes de aquel barrio rico, lleno de
grandes bancos, comercios lujosos, edificios oficiales y palacios aristocráticos.

La casa de Nita Jo fue uno de los lugares estratégicos uti-
lizados por los revolucionarios. Estaba emplazada frente a
una iglesia, desde cuyas torres un grupo de contrarrevolucionarios estuvo disparando a mansalva contra los camiones cargados de soldados rojos y proletarios armados. Los contrarrevolucionarios, que debían de ser militares, organizaron la
defensa, se parapetaron estratégicamente y tumbaron a cuantos bolcheviques intentaron una vez y otra asaltar la iglesia.
A todo esto la nave del templo estaba llena de fieles, que llo-
raban y rezaban confortados por los sacerdotes. Los bolcheviques tomaron las casas próximas a la iglesia, entre ellas la
de Nita Jo, que era la que mejor enfilaba las torres de la iglesia, y sitiaron a los contrarrevolucionarios. El fuego, muy
intenso por ambas partes, duró varias horas.

Hubo un momento en que unos y otros dejaron de disparar, y los fieles intentaron una salida. Se abrió de par en par
el portalón de la iglesia y aparecieron en el atrio apiñados

como borregos alrededor de los popes, que avanzaron revestidos y llevando procesionalmente, con sus manos en alto, las sagradas imágenes y las reliquias. La masa borrosa de los fieles, unos con cirios encendidos, otros con los brazos levantados, otros arrastrándose de rodillas, evolucionó torpe y estremecida en pos de los sacerdotes. Una descarga cerrada paró en seco el avance de aquella masa blanda de humanidad. Un icono bizantino, un cuadrito dorado de la Virgen que llevaba muy levantado sobre su cabeza un pope de grandes y blancas barbas saltó hecho añicos al arrancárselo de las manos un certero balazo. Varios infelices se abatieron sin un gemido sobre las losas del atrio. Bajo un diluvio de balas tuvieron que replegarse y buscar refugio en el templo otra vez. Los contrarrevolucionarios, parapetados en las cúpulas de la iglesia, atacaron entonces a la desesperada. Sabían ya que no les quedaba otra esperanza que la de vender caras sus vidas. Y caras las vendieron. Mientras tuvieron municiones estuvieron tirando patas arriba a cuantos se atrevían a quedarse al descubierto. Del interior del templo se alzaba entretanto el patético rumor de los lloros, las preces y los gritos de terror de los que ni siquiera tenían ánimos para morir matando y esperaban gimiendo como corderos a que les llegase su hora. Les llegó inexorablemente.

Cuando, al fin, se apagaron los fuegos de los defensores de la iglesia, los rojos entraron en ella y los asesinaron uno por uno.

Los vencedores

Una semana, toda una semana estuvieron los cañones, las ametralladoras y los fusiles disparando sobre Moscú día y noche. La gente, encerrada en sus casas, sufría hambre y miedo, esperando siempre que aquel machaqueo sordo de las explosiones inacabables se resolviera en una gran traca final, en un verdadero cataclismo, en algo apocalíptico que de un solo golpe acabase con Moscú y con su millón de habitantes. Es curioso: a los siete días de estar oyendo los cañonazos ya no se tiene miedo a los cañones. Se acostumbra uno a ellos y se oyen sus estampidos como quien oye llover, pero se sigue teniendo miedo sin saber a qué, a algo mucho más grande, mucho más terrible que eso tan sencillo que le ha pasado al vecino de enfrente. La futesa de que un casco de obús, perforando la pared de su alcoba, le haya despanzurrado. Eso, a fuerza de pensar en ello, pierde su importancia, y el miedo que uno tiene es a otra cosa que yo no sé decir. Pero que existe. A los siete días las pausas entre los estampidos fueron ensanchándose. Sólo se oía ya algún disparo suelto muy de tarde en tarde. La gente seguía encerrada en sus casas preguntándose con angustia: «¿Qué habrá pasado?». Hubo un día entero en el que no se oyó un solo disparo ni se vio un alma por las calles. Moscú parecía deshabitado, pero detrás de las ventanas, atisbando por las rendijas, un millón de seres humanos luchaba entre la curiosidad y el miedo.

Cuando yo me atreví a salir, las calles desiertas tenían aún cara de pánico. Quise ir hacia el Kremlin. En la Teverskaya empezaban a formarse grupos de curiosos al amparo de los portales entreabiertos. Asomaban caras curiosas y espantadas que interrogaban a los escasos transeúntes: «¿Qué pasa? ¿Quién ha vencido?».

No tardamos mucho en saberlo. En lo alto de la Teverskaya apareció un piquete de hombres armados que avanzaban caminando despacio por el centro de la calle con los fusiles en bandolera, los capotes destrozados y manchados de sangre, las barbas crecidas, la pelambrera revuelta, llenos de barro hasta la cintura, descalzos unos, destocados otros, desgarrado el cuello de la camisa los más. Toda la calle para ellos. Eran los vencedores. Eran los rojos.

Aquella aparición produjo un nuevo espanto. ¡Los rojos! ¡Habían triunfado los rojos! Al verlos venir, los primeros curiosos echaron a correr como conejos, y en huida iban dando la terrible noticia a los que asomaban las narices a los portales: «¡Han triunfado los rojos!». Nadie lo quería creer. El pueblo de Moscú no pensó nunca que los rojos pudieran triunfar. Puertas y ventanas volvían a cerrarse herméticamente.

Y allí, dueños del campo, plantados en el arroyo, con las piernas muy abiertas, se quedaban los rojos con el fusil a la espalda, el cigarrillo entre los labios y las caras ferozmente risueñas y triunfales. El piquete rojo estuvo un gran rato deliberando en el cruce de varias calles. Al verles charlar y fumar sosegadamente, los curiosos fueron poblando las aceras y se formaron grupos que, a prudente distancia, dirigían miradas rencorosas a los vencedores. Cuando ya los grupos eran considerables, los hombres del piquete echaron mano a los fusiles, tiraron el cigarrillo y se metieron por las aceras, barriéndolas a culatazos. Nadie se esperaba aquello. Algunos, sorprendidos, protestaron. Al que protestó le ensartaron con sus bayonetas, lo tiraron como un pelele contra el suelo y no volvieron a mirarle. Los que iban por el centro de la calle disparaban al buen tuntún contra las ventanas. Se veía claramente que tenían designio de provocar a la gente. Aquellos paseos por Moscú de los guardias rojos limpiaron la ciudad de contrarrevolucionarios en dos días. Ya nadie se atrevió jamás a ponérseles delante. Apenas aparecía el piquete en una bocacalle, todo el mundo huía; llamar la atención de un guardia rojo era concitar la muerte. Entonces vi por primera vez a los marineros; eran los peores, los más sanguinarios; a la cabeza de aquellas patrullas iba siempre un marinero, que era indefectiblemente el que primero se echaba el fusil a la cara; los otros, los obreros de Moscú y los soldados, tiraban después.

Cuando vi aquello escapé por pies y me volví a casa. Al día siguiente pude llegar sin peligro hasta los alrededores del Kremlin. Las calles estaban tomadas por los guardias rojos, pero ya no agredían a los transeúntes, a pesar de lo cual, dábamos unos grandes rodeos para esquivarlos. Todas las casas de la Lubianka estaban agujereadas por la metralla. No se veían más que camiones con soldados rojos yendo de un lado para otro. Las ambulancias francesas habían vuelto a salir y llevaban ya veinticuatro horas recogiendo cadáveres; los metían amontonados en los camiones y los llevaban al Moscova, donde los tiraban con una piedra atada al cuello. Alrededor del Kremlin había docenas de cadáveres; la lucha debió de ser encarnizadísima. Vi pasar unos camiones cargados con los cadáveres de los bolcheviques fusilados en los primeros momentos de la revolución por los guardias blancos cuando se apoderaron del Kremlin; al rendirse los bolcheviques, los guardias blancos los habían encerrado en un patio, y con tres o cuatro ametralladoras estuvieron haciendo fuego sobre ellos, hasta que no quedó uno en pie.

Quise ir a la barriada de la estación, donde también se había peleado de firme; pero no me dejaron pasar por la Puerta Roja. Los bolcheviques tenían tomadas las entradas de la barriada y no dejaban pasar a nadie para que no se supiese lo que estaban haciendo: un escarmiento, una carnicería espantosa, según me dijeron.

Los curiosos iban poblando de nuevo las calles. Los guardias rojos seguían custodiando las encrucijadas. Alguna vez sonaban unos tiros y los transeúntes echaban a correr en todas direcciones. Pasé por delante de la escuela de Cadetes, a la que los bolcheviques prendieron fuego para desalojar a los guardias blancos. Aún humeaban sus muros acribillados por los cañonazos.

En el parque Petrovski pude ver fuertes destacamentos de bolcheviques armados. Habían talado muchos árboles, y sobre los muñones de los troncos los guardias rojos ponían una vela y se pasaban la noche jugando a las cartas. Silbaba una bala. Se levantaba la partida, daban un soplo a la vela, requerían el fusil, le descorrían el cerrojo y ¡pobre del que en aquel momento cayese por los alrededores!

Una nueva vida ha comenzado

Y nos encontramos de golpe y porrazo viviendo en pleno régimen soviético. En cada casa se reunieron los inquilinos y formaron un comité. Los bolcheviques iban, casa por casa, diciendo a los vecinos lo que habían de hacer. El comité de vecinos se reunía y elegía a uno de ellos comisario de la vivienda. De la noche a la mañana pasamos de un mundo a otro. La casa era nuestra, de los inquilinos; ya no había propietarios. Se acabó el casero. Yo no me lo creí del todo; pero entre muchos vecinos aquello produjo un gran revuelo. Cada cual se adjudicó las habitaciones que pudo, y aunque nadie las tenía todas consigo, hubo algunos que hasta tomaron el aire de auténticos propietarios, siquiera fuese de una alcoba.

La propiedad de la finca que se nos venía a las manos nos trajo, de momento, bastantes preocupaciones. Hubiera sido preferible seguir pagando al casero. El comisario de la vivienda, siguiendo las instrucciones de los bolcheviques, hizo una lista de los inquilinos y determinó cuáles eran nuestras obligaciones. La primera y principal era la de montar la guardia contra los ladrones. Moscú estaba aquellos días lleno de gente salida del presidio, con un fusil en las manos, y merced a la impunidad asaltaba las casas, asesinaba a quienes se resistían y robaba cuanto se les antojaba. Todos los hombres útiles de la vivienda fueron constreñidos por el comisario para montar, arma al brazo, la guardia contra los asaltos.

La guardia se hacía por turno, relevándose cada dos horas. Teníamos la orden terminante de rechazar, por las buenas o por las malas, a todo grupo armado que intentase penetrar en la casa, ya se tratase de paisanos o de militares; lo mismo podían ser ladrones unos que otros. Nuestra obligación era, llegado el caso, avisar al comisario de la vivienda, tocando para ello un pito que nos dieron; pero si mientras el comisario bajaba a identificar a los de la patrulla, éstos no atendían a razones y se lanzaban al asalto, teníamos que luchar con ellos y defender la entrada a la casa hasta que viniesen en nuestro auxilio los demás vecinos armados.

A mí me tocaba la guardia de once a una de la madrugada. Me ponían un camastro en el portal y allí me pasaba mis dos horas, tiritando de frío y de miedo, con una palanqueta al alcance de la mano y una navajita en el bolsillo por todo armamento. Cada vez que detrás de la puerta, cerrada y atrancada, sentía los pasos de una patrulla, cogía la palanqueta y me ponía en guardia. La patrulla pasaba de largo, afortunadamente, pero mientras se oía el rumor de sus pasos, yo me estaba muy quietecito, agazapado, con el hierro en ristre y el silbato en los labios, procurando imaginar merced a qué estrategia y a qué prodigios de valor me sería posible contener con mi palanqueta y mi navajilla de pata de cabra a diez o doce marineros bolcheviques armados de fusiles y bayonetas. En el portal a oscuras, enarcando el lomo como un gato y saltando como un mono, ensayaba una y mil veces la escena que tendría que representar en el momento en que una de las patrullas rompiese la puerta de un culatazo, y, la verdad, por muchas ilusiones que me hiciera, por muchos golpes mortales que imaginara, no veía la posibilidad de estar vivo para cuando el comisario se hubiese puesto los pantalones y hubiese bajado en mi auxilio.

Gerard cayó enfermo y yo tuve que hacer la guardia por él, doblando. El comisario de la vivienda daba a los inquilinos los vales para recoger el pan en las tahonas; pero el que no había hecho la guardia se quedaba sin carta de pan. Ésta fue nuestra vida en las primeras semanas de régimen bolchevique. Cuatro horas haciendo de héroe en el portal; otras cuatro de plantón en la cola del pan; otras cuatro para pelear con los vecinos en las reuniones diarias del sóviet de los inquilinos, y todas las horas del día y de la noche para pasar miedo, un miedo negro que no le dejaba a uno vivir. Indudablemente, era más cómodo pagar al casero.

10. La caza del hombre en las calles de Moscú

Los bolcheviques se creyeron que lo iban a arreglar todo a su gusto, de golpe y porrazo. Querían meter las narices en todas partes y se pusieron a trabajar con tan buena fe y tanto entusiasmo que, aunque no se quisiera, se les tomaba simpatía. Trabajaban día y noche patrullando por las calles con el fusil a la espalda o en aquellas oficinas desmanteladas, en las que garrapateaban bonos, salvoconductos, órdenes de requisa, autorizaciones y prohibiciones, hasta que caían rendidos de fatiga, extenuados, con los ojos desorbitados por la fiebre y el sueño, como si fuesen ojos de cristal. Se quedaban dormidos en medio de la calle, apoyándose en el fusil con la bayoneta calada, o sobre los pupitres en que trabajaban, con la turbia cabezota rodada sobre los papelotes, los trozos de pan negro mordisqueado y los charquitos de té donde abrevaban las moscas. ¡Daba pena verlos! Pero no se podía uno enternecer demasiado. Cuando después de dar unas cabezadas los ponían en planta otra vez, tenían un malhumor y una ferocidad que espantaban a la gente pobre que había de tratar con ellos. Irritables, violentos, desesperados, le descerrajaban a uno un tiro o lo mandaban a la cárcel por menos de nada. Así, a trastazos, somnolientos, llenos de ira y de miedo —muchos tenían miedo, se les notaba—, querían inútilmente poner orden en las cosas y resolver de plano los innumerables pleitos que la población hambrienta, hostil y desesperada les planteaba a cada instante. Entre ellos mismos no se entendían; lo que prohibían en un sitio lo autorizaban en otro; cada bolchevique ponía una ley, se aceptaba y se procuraba cumplirla; pero detrás de aquel bolchevique venía otro que, fusil en mano, exigía todo lo contrario. Al principio, procurábamos amoldarnos y obedecer; hacíamos escrupulosamente cuanto mandaban las patrullas que iban, casa por casa, dictando su voluntad; pero empezamos pronto a darnos cuenta de que lo más prudente era decir que sí a todo, esquivar aquellos locos que reventaban de fatiga para salirse adelante con la suya, sin saber a ciencia cierta lo que querían, y que cada cual se bandease como pudiera. No valía nada la sumisión. Era inútil ir a pordiosear a los comisarios, que no sabían por dónde se andaban. Y, a fin de cuentas, lo mismo le daban a uno un tiro en la cabeza por obedecer a los bolcheviques que por no obedecerles.

Cuando se había hecho la guardia en la vivienda, el comisario del sóviet de inquilinos daba el bono de pan; cinco panecillos por persona; había que estar en la cola durante seis u ocho horas; el que se apartaba un momento, fuese para lo que fuese, perdía el turno. Yo estuve cinco días yendo a la cola y no conseguí un solo panecillo; se acababan antes de que me llegase la vez, cerraban la tahona y a esperar mejor fortuna al día siguiente. Poco tiempo después, el comisario de la vivienda, además de los bonos del pan, empezó a darnos bonos de comestibles para las cooperativas. Los bolcheviques decían que las iba a haber de un momento a otro, y mientras tanto, la gente se moría de hambre con los bonos en la mano. Comestibles sí quedaban aún en los antiguos almacenes; pero estaban requisados, y a la puerta de cada almacén había unos guardias rojos que tiraban sin duelo contra los desesperados que intentaban el asalto. Los bolcheviques hacían a toda prisa inventarios, requisas, transportes e instalaciones de cooperativas, y la gente se moría de hambre, a pesar de aquellos buenos propósitos. Se hubieran muerto de inanición todos los habitantes de Moscú si no hubiera sido por la especulación. ¡La especulación! Nadie que no haya estado en Rusia durante la revolución sabe lo que era aquello. La cosa más terrible del mundo. Un pueblo entre la espada y la pared: o se dejaba morir de hambre, esperando a que los bolcheviques tuviesen organizadas sus cooperativas, o se hacía matar por contrarrevolucionario. Unos preferían morir poco a poco, otros salían a buscar la muerte entregándose al comercio clandestino. Y tanto unos como otros la encontraban inexorablemente.

Pena de muerte al hambriento

Se nos acabaron las provisiones que habíamos ido almacenando debajo de la cama y llevábamos ya muchos días de hambre cuando me dijo Sole:

—Es inútil que pierdas las horas muertas en las colas de las tahonas y las cooperativas. Los bolcheviques no nos darán nunca nada, y sus bonos no sirven para maldita la cosa.

—Pues tú dirás lo que vamos a comer ahora.

—No seas cándido, Juan —me contestó—; en Moscú hay de todo, y teniendo dinero se puede comer tan ricamente como en París. Déjate de comisarios y de cooperativas. Vamos a sacrificar nuestros ahorros y a buscar algo sólido para comer, algo que se pegue al riñón: carne, tocino, mantequilla...

Me pareció que la pobre deliraba de hambre.

—Sí, sí, delirio –me contestó—. Yo sé de unos judíos que tienen aquí cerca un almacén clandestino, en el que hay de todo. ¿Quieres que me ponga en relación con ellos?

Las gestiones fueron dificilísimas, porque los judíos, que son siempre muy recelosos, tomaban enormes precauciones para practicar el comercio clandestino que los bolcheviques castigaban severísimamente. Fuimos recomendados a un judío que vivía en una casona de los alrededores del Yaz. Cuando me presenté diciéndole que quería comprarle algo que comer se quedó extrañadísimo. ¡Cómo! ¡Si él mismo no tenía que llevarse a la boca! ¡Si los suyos se morían de hambre! Me dijo, finalmente, que le daba pena mi situación y que se interesaría por mí. «Vuelve mañana y veré si encuentro algo para mí y para ti», terminó diciéndome.

Al día siguiente me llevó dando muchas vueltas por la casona a unos sótanos, donde encontramos a otro judío, con el que estuvo discutiendo y regateando. Como si le arrancásemos a su propio hijo le arrancamos un pollo y unos paquetes de alubias. «Toma, llévatelo —decía desesperadamente—; mi buen corazón acabará por dejarme a mí también sin tener que comer.» Y se me cansó el brazo de darle rublos antes de que se le pasase la congoja que le producía el desprenderse de su pollo. Me despidió diciéndome que era un hombre caritativo que me ayudaba en vista de mi gran necesidad y que si encontraba otros hombres tan necesitados como yo, se los mandase, que él se sacrificaría gustoso protegiéndolos.

Volví otras muchas veces; en aquella casona había de todo: alubias, arroz, lonchas de tocino, huevos. Las cooperativas bolcheviques seguían vacías y la gente permanecía hambrienta en las colas, mientras en aquellos almacenes clandestinos de los judíos había víveres bastantes para mantener a un ejército sitiado.

La irritación de los comisarios bolcheviques contra los especuladores era cada día mayor. Las penas contra el comercio clandestino fueron agravándose y no tardó en llegarse al punto en que se fusilaba a un hombre por haberle cogido comprando o vendiendo una cesta de huevos. Todo era inútil. Mientras más duros eran los castigos contra los especuladores, más caro cobraban.

Yo fui dejándome mis ahorros en manos de los judíos de Yaz, pero, ¡ay!, mis rublos se acabaron antes que sus ricas lonchas de tocino y sus tiernas alubias. Lo único que se podía comprar a un precio razonable eran las verduras, porque los campesinos seguían trayéndolas a Moscú; pero más tarde también les espantaron los bolcheviques con sus manías. Y nos quedamos ya sin nada que llevarnos a la boca.

Fue un invierno durísimo de hambre y de frío. Sole encontró un depósito clandestino de petróleo, también de unos judíos, del cual se aprovisionaba, pero tenía que atravesar todo Moscú con una botella de cinco litros escondida, pues cuando los guardias rojos veían petróleo se tiraban sobre él como fieras. Al acabarse los rublos y el petróleo, los inquilinos, para no morirse de frío, empezaron a quemar cuanto había de madera en los edificios. Arrancaban las puertas, los pisos, las barandillas y los peldaños de las escaleras, los hacían astillas y los metían en las estufas. Si aquello hubiera seguido, en primavera no hubiera quedado en Moscú más que las paredes. Los comisarios de las viviendas tuvieron que hacerse responsables de las maderas de cada inmueble, y se establecieron penas severísimas para el que quemase algo de la casa.

Habíamos llegado a un régimen tal que la pena de muerte contra el que tenía hambre o frío parecía naturalísima.

El *azote de Moscú: los marineros*

A los seis días de la gran batalla se restableció en Moscú el servicio de tranvías; pero poco después volvió a caer ya para siempre. Automóviles no circulaban más que los de los comisarios bolcheviques. Los teatros y los circos fueron abriéndose poco a poco, porque con revolución o sin ella, con hambre o con frío, las artistas tenían que vivir. Los cabarets fueron prohibidos a rajatabla: a los pobres artistas de cabaret la revolución nos condenaba a morir de hambre. Los comisarios no querían oír hablar de nosotros. Mientras más pronto nos muriéramos, mejor, según me dijo uno. Yo, que no estaba resignado a darle gusto, guardé en el fondo del baúl las músicas, las castañuelas y los trajes de luces, enfundé la guitarra y me eché a la calle a buscarme la vida con unas alpargatas y una barba de siete días, dispuesto a ser más proletario que Lenin. Me dejaban andar por todas partes; pero las patrullas me pedían constantemente la documentación, como a todos los transeúntes.

Fui al Yaz, el cabaret donde habíamos trabajado con tanto éxito antes de la revolución, y me lo encontré ocupado por los marineros que lo habían convertido en su cuartel general. Mala gente los marineros; sus hazañas tenían aterrorizada a la población de Moscú. En la esquina del Yaz vi yo a una patrulla de marineros dar el alto a un automóvil que pasaba, pedir los documentos a los que iban en él, y después de echarles una rápida ojeada hacerles bajar, y allí mismo, sin una palabra de explicación, matarlos a tiros uno por uno.

Otra noche volvíamos de pedir trabajo en el circo, acompañados por un artista excéntrico, Franz Pichel, y vimos cómo a una distancia de cien metros escasos los marineros daban muerte a un hombre y se iban tan tranquilos sin volver atrás la cabeza. Cuando llegamos junto al caído, como no nos atrevíamos siquiera a agacharnos, le dimos con el pie para ver si alentaba aún. No se movió. El chorro de sangre que le salía por la herida se había congelado instantáneamente sobre la nieve. Era un hombre joven, de facciones distinguidas; debía de ser un oficial fugitivo, porque debajo de una zamarra astrosa que le cubría llevaba un traje de corte elegante, e iba calzado con unas botas altas nuevecitas. Franz Pichel y yo nos miramos y nos entendimos: una misma idea había cruzado por nuestra mente. ¿Y si le quitásemos las botas? No nos atrevimos. Todavía éramos unos novatos en aquello de la revolución y hacíamos muchos dengues. Lo malo fue que cuando nos dejamos de prejuicios no había ya en toda Rusia muertos con botas como aquéllas.

Íbamos otra tarde por la Sadovaya, cuando sonaron varios disparos, y en la acera de enfrente vimos caer a varios transeúntes. Los marineros, con los fusiles echados a la cara, tiraban a bulto sobre la muchedumbre. Nos metimos huyendo en un café que por allí había, pero detrás de nosotros apareció en el café la patrulla de marineros. Tomaron las puertas y fueron, mesa por mesa, cacheando a cuantos allí estábamos. Al que le encontraban un arma le daban con ella. Sentado a mi lado, en el diván, estaba un tipo raro que se resistió a ser cacheado. A viva fuerza consiguieron registrarle y le encontraron escondido, en la pretina del pantalón, un cuchillo grande; el jefe de la patrulla se fue para él, metiéndoselo por los ojos y llamándole hijo de perra. Creímos que sólo trataba de asustarle. ¡Sí, sí! Echó el brazo hacia atrás y le tiró un viaje en el bajo vientre que le hizo desplomarse como un pelele entre los dos marineros que le sujetaban por los brazos. A un metro de mí estaba. Cuando lo soltaron dio con la cara en mi bota. Yo creí morir de miedo. En el bolsillo del pantalón llevaba mi navajilla con mango de pata de cabra, mi compañera inseparable.

Sole sabía que yo la llevaba, y la vi palidecer y quedárseme mirando con los ojos espantados como una loca, cuando los marineros se encararon conmigo. Los ojos de Sole en aquellos instantes no se me olvidarán nunca. Pero yo había logrado escamotear la navajilla y dejarla caer disimuladamente por detrás del diván. Si no la veían estaba salvado. No la vieron. A tan poca cosa debo la vida. Todo el tiempo que los marineros estuvieron cacheándome permaneció Sole inmóvil, como si fuera de cera. Apenas me volvieron la espalda cayó redonda al suelo.

Por meterse a redentor

Se nos había hecho tarde y caminábamos aprisa por las calles desiertas, deseando que ni las estrellas nos viesen. Desde que abandonamos las calles céntricas no habíamos vuelto a ver un alma. Y aún nos quedaba un largo trecho antes de que llegásemos a nuestra casa de Novaia Basilkoska.

—No debíamos haber salido tan tarde —decía Sole—; en estos descampados solitarios nos pueden matar como a unos perros sin que se entere nadie.

Al final de la Teverskaya sentimos unos pasos fuertes y rápidos a nuestra espalda. Nos dieron alcance y pasaron de largo. Reconocimos por los capotes que eran dos oficiales franceses de la misión militar que aún estaba en Moscú.

—Deben ir a su cuartel; vámonos junto a ellos —propuso Sole.

Procuramos alcanzarles. Podían ser conocidos nuestros, y, sobre todo, a las dos de la madrugada, en una calle solitaria de Moscú, no era nada agradable encontrarse solo. Pero ellos debían llevar también cierto miedo, porque apretaban de firme, dando grandes zancadas, y a la pobre de Sole le era imposible seguirles.

Veinte o treinta metros nos llevaban de ventaja cuando llegaron a la entrada del puente. En aquel instante, entre ellos y nosotros se interpuso una sombra. Era el jefe de una patrulla de quince o veinte hombres que estaban allí al acecho.

Los franceses no los vieron salir. El jefe de la patrulla les dio el alto.

—*Stoit*.

Iban los franceses con el cuello de los gabanes subido hasta las orejas y no debieron oírle. Sonó la voz de alto por segunda vez:

—*Stoit*.

No hacían caso. El jefe de la patrulla volvió a sus hombres y les mandó disparar. Vi que los mataban, y, rápido como un rayo, sin pararme a pensarlo, solté el brazo de Sole y en dos saltos les alcancé y les sujeté.

—*Qu'est ce que vous faites, nom de Dieu?*

Se quedaron de una pieza. No habían oído la voz de «alto». Se fueron a los de la patrulla y mostraron sus carnets de oficiales franceses. Mientras daban sus excusas al jefe, uno de la patrulla que llevaba colgada del cuello una enorme pistola ametralladora evolucionaba para encañonarles bien, y a cada instante preguntaba:

—¿Tiro ya?

—Espera —le decía lacónicamente el jefe.

Cuando hubo examinado la documentación de los franceses, se volvió hacia mí jugueteando con el revólver que tenía en la mano y me dijo:

—¿Y tú quién eres? ¿Quién te mete a ti, hijo de perra, en lo que no te importa?

Y mientras hablaba así con las mandíbulas apretadas se divertía dándome con la culata del revólver en los dientes.

—Di, cochino judío, ¿quién te ha mandado meterte por medio?

Los labios reventados y las encías saltadas me chorreaban sangre. Encogido, encogido, con los ojos cerrados y las manos crispadas, esperaba de un momento a otro el balazo que acabase con mi triste vida. Los oficiales franceses, a los que yo acababa de salvar, intercedieron por mí, pero el jefe de la patrulla les contestó con un bufido. Aunque no se atrevían abiertamente con ellos, no les tenían ninguna simpatía y buscaban la manera de cargárselos justificadamente. A todo esto, el tío aquel de la ametralladora colgada al cuello no hacía más que dar vueltas a nuestro alrededor y enfocarnos, preguntando:

—¿Qué? ¿Tiro ya?

Fue providencial que en aquel instante apareciese un automóvil con los faros apagados que intentó atravesar el puente. Los de la patrulla echaron a correr tras él. El jefe tocó el silbato por dos veces. El auto no se detuvo. Aún no había entrado en el puente cuando sonó la descarga que tenía preparada para nosotros, y el auto, después de hacer un zigzag, se quedó inmóvil junto al pretil. El chófer y el viajero estaban muertos. Eran bolcheviques.

—¡Ea, largo de aquí! —nos gritó el jefe de la patrulla al darse cuenta de que estábamos enterándonos de la faena que habían hecho.

—¡Vivo! ¡Largo! —repitió frenético disparándome el revolver en los pies.

A carrera abierta cruzamos el puente; cada instante esperábamos oír la descarga a nuestra espalda. «Nos han hecho correr para divertirse cazándonos», pensamos.

Al fin, nos vimos al otro lado del río, fuera ya del alcance de los fusiles, y nos paramos jadeantes, con el corazón como una campana. Los oficiales franceses me abrazaron.

Les había salvado la vida. Yo me puse muy orgulloso y muy contento. Pero la verdad es que si me paro a pensarlo, si hubiera tenido tiempo de reflexionar, no me meto por medio. Ahora lo confieso. Lo de menos era haber salido con los morros hinchados y un diente saltado como salí. Aquel tío de la ametralladora colgada del pescuezo que preguntaba a cada instante: «¿Tiro ya?», era el que me volvía loco cada vez que me acordaba de él.

11. El mejor bolchevique que había en Rusia

El cuartel general de la misión francesa estaba muy cerca de nuestra casa, en un parque de las afueras de Moscú. Había en aquel parque otros dos o tres cuarteles, cuyas tropas se unieron a los bolcheviques en los primeros momentos de la revolución; de allí fue de donde sacaron los comunistas los cañones del setenta y cinco con que estuvieron bombardeando el Kremlin, pero no sabían tirar con ellos y los cañonazos daban en todas partes menos en el Kremlin, por lo que una comisión de bolcheviques fue al cuartel francés a pedir al comandante M. de Molière, que les enseñasen a tirar; como se negara intentaron varias veces sublevarle las tropas, contando con que entre los soldados y los oficiales franceses había algunos que simpatizaban con el comunismo. No lo consiguieron. Sólo lograron que cuando, meses después, se retiraran de Rusia los franceses, desertasen algunos oficiales y soldados que se pusieron al servicio de la revolución. Entre los desertores había dos oficiales a los que yo conocí personalmente; su historia vale la pena contarla.

Al servicio de la revolución

Uno de los oficiales franceses se llamaba Josef y el otro, René. No diré sus apellidos porque les juré no decirlos nunca. Josef era un oficial estimabilísimo, hijo de una familia de la clase media francesa, que tenía un pequeño comercio, una sombrerería en la *banlieue* de París. Comunista convencido, abandonó su patria, su familia, su carrera y sus comodidades burguesas para ponerse al servicio de la revolución con un verdadero espíritu de sacrificio y renunciación. Era un santo. Al pasarse a los bolcheviques, como había pertenecido al Cuerpo de Administración Militar, trabajó con un entusiasmo y una honradez sin límites en organizar los servicios de abastecimiento del ejército rojo y de la población civil. El otro oficial desertor, René, era ingeniero, y en aquellos primeros días de la revolución prestó grandes servicios a los bolcheviques, adiestrándoles en el manejo y reparación de tanques, cañones y automóviles. Puede decirse que hubo un tiempo en que fue el único mecánico del ejército rojo. Gracias a él pudieron utilizar los bolcheviques muchos de los tanques, cañones y automóviles que los blancos dejaron inutilizados. A poco de haber desertado les perdí de vista. No volví a saber nada de ellos, hasta que años después los encontré casualmente en Odesa.

El comunista más honrado

Allá por el año 1921, estando en Odesa, bajo aquel azote del hambre que hacía abatirse silenciosamente a millares de seres, me dijeron un día:

—¿Por qué no vas a pedir auxilio al comisario de abastecimientos?

Me encogí de hombros. ¿Para qué? Ya sabía por dolorosa experiencia para qué servían las autoridades soviéticas al pueblo hambriento.

—Ve a hablarle —me insistieron—. El comisario de abastecimientos es bueno; no se parece a los otros; atiende a todo el mundo; se quita el pan de la boca para dárselo a los necesitados.

Fui, aunque sin ninguna convicción. El comisario que me encontré detrás de aquella mesa era Josef, el oficial francés desertor.

Me recibió con mucho cariño e hizo por mí cuanto podía. Reanudamos nuestra amistad y me llevó a su casa. Vivía con su mujer y su hijo en la mayor pobreza, soportando estoicamente las mismas calamidades que soportábamos todos, incluso el hambre. Disponía sólo de una cama, una mesa y dos sillas, y su habitación no tenía un metro cúbico de aire más del que le correspondía, según la reglamentación soviética; su pobre mujer iba a la fuente por agua como una campesina y volvía agobiada por el peso de los odres.

Quienes sepan lo que era un comisario político de abastecimiento en Rusia y no ignoren el poder casi omnímodo que tenía en sus manos, no se explicará nunca el estado de miseria en que vivía aquel hombre. Manejaba a su libre albedrío, dictatorialmente, cuantos víveres había en Odesa; podía hacer con los productos de las requisas lo que le diese le gana, sin tener que dar cuenta a nadie jamás. Había mucha gente en Odesa con valuta extranjera y brillantes que hubieran dado millones por un saco de harina o unos kilos de carne a un comisario que se dejase sobornar. Y, sin embargo, pasaba hambre.

Vivía estrictamente con arreglo a las normas soviéticas, como el último de los campesinos. Cuando se le rompían las botas andaba con los dedos de los pies al aire, hasta que le llegaba el turno de que le diesen otras en la cooperativa bolchevique, a pesar de que tenía facultades para requisar si quería todos los pares de botas que había en Odesa. Sus mismos compañeros, los comisarios bolcheviques, le censuraban aquel exagerado puritanismo.

—Tu conducta es necia —le decían—; nosotros nos debemos a la revolución y tenemos que hacer algo más importante que ahorrar. ¿Qué beneficio reportarás a la obra del proletariado dejándote morir de frío y de hambre?

—Yo no he venido a Rusia para robar —contestaba Josef invariablemente—; si hubiera querido aprovecharme de mi condición social para vivir mejor, me hubiese quedado al servicio del régimen burgués. He renegado de mi patria y de mi familia para trabajar honradamente por el triunfo de mis ideales revolucionarios. Si vosotros robáis al pueblo, agradecedme que no os denuncie.

No podían con él. Aunque se muriese de hambre era incapaz de alargar la mano a un panecillo que no le correspondiese. Cuando, ya al final, fui a decirle en secreto que tenía una posibilidad de escapar de aquel infierno y me ofrecí para llevar recuerdos suyos a su familia de París, me contestó lacónicamente:

—No les cuentes nada. Diles sólo que vivo feliz sirviendo a mis ideales.

Era el comunista más puro que había entre ciento treinta millones de rusos. Francés.

«Aunque me fusilen»

Entretenía yo el hambre divagando por los muelles de Odesa una mañanita del verano de 1921, cuando me llamó la atención un hombre que dormía a pierna suelta en un banco del malecón, boca arriba, con la cabeza colgando, la rubia y rizada pelambrera alborotada, brazos y piernas liados en unas arpilleras sujetas con cuerdas. «¡Esta cara la conozco yo!», pensé. Me acerqué, doblé la cabeza para verle el rostro en su posición normal y me entró una gran alegría.

—¡René!

Le sacudí cariñosamente.

—¡René! ¿No me recuerda?

Se incorporó de un brinco, se agazapó y se me quedó mirando estúpidamente, con una mirada turbia y pesada. Cuando me reconoció gruñó malhumorado:

—No me llames René. Aquí uso otro nombre. No me conoce nadie.

Me esforcé en infundirle confianza. Nos sentamos en el malecón, cara al mar; saqué unas briznas de majorca y liamos unos cigarrillos. Mientras los fumábamos le fui contando la triste historia de mis andanzas. Poco a poco fue humanizándose.

—¿Y usted, René? ¿Qué hace por aquí? No parece que le vaya muy bien —insinué.

—Quiero marcharme —contestó con voz apagada.

—Todos quisiéramos marcharnos —repliqué—, pero ¿cómo?

Se exaltó. Me agarró del brazo, y clavándome los dedos como garras, dijo apretando las mandíbulas:

—Como sea. Tirándome al mar de cabeza, si es preciso. Estoy dispuesto a irme y me iré. Tres meses llevo aquí, en los muelles de Odesa, acechando el instante de poderme marchar. No tengo más obsesión que ésta: irme. Volver a Francia, a mi patria.

—Pero usted, René, es desertor. ¿No le castigarán en Francia?

—Sí; mi nombre está pregonado en todas las fronteras.

—¿Y entonces?

—En cuanto salga del territorio soviético me echarán el guante.

—Es que si le cogen le fusilan.

—¿Y qué? ¡Aunque me fusilen! Me da igual. Que me fusilen, si quieren. Yo lo que anhelo es salir de esta cochambre como sea. Me asfixio bajo esto que llaman dictadura del proletariado; me muero de asco y de tristeza. ¡Volver a Francia, y luego morir, si es inevitable! Todo menos seguir en este gigantesco presidio de ciento treinta millones de seres.

Se ponía frenético. Tuve que calmarlo.

—Usted, René —le dije—, podía haberse situado bien. En los primeros tiempos era usted indispensable para los bolcheviques; hizo usted mucho por la revolución.

—¡Mal me han pagado esos perros! Son una tropa de salvajes con los que no es posible la convivencia a ningún europeo. Una horda de criminales que se está cebando en este pobre pueblo inculto y hambriento.

Se calló de repente y me miró receloso, con el ceño fruncido.

—¿Qué? ¿Eres tú también confidente de la Checa? ¡Ve, hombre, a denunciarme! Ve a vender al comisario de la Checa la noticia de que el francés René es un contrarrevolucionario peligroso. Te lo pagarán bien, y así podrás aplacar el hambre durante unos días. Ve a denunciarme. ¡Si no me importa!

Estaba loco. Tenía tal odio a los bolcheviques que le miré con lástima, como se mira a los enfermos incurables, a los que, tarde o temprano, han de morir por una sentencia inexorable. Tenía el terrible cáncer del odio al comunismo, un cáncer que llevaba fatalmente a la muerte. Me despedí de él con pena. Moriría pronto. La Checa no perdonaba. Lo extraño era que pensando así estuviese vivo todavía.

Semanas después me enteré de que había conseguido salirse con la suya. Logró saltar a un barco extranjero cuando soltaba amarras, y los guardias rojos, una vez levantada la plancha, se habían retirado. Para conseguirlo se tiró al agua desde el muelle y ganó a nado el costado del buque mientras éste hacía la maniobra. Era ésta una escapatoria que intentaban muchos desesperados. Casi ninguno lo lograba. Los centinelas bolcheviques, apostados en el muelle, disparaban contra los que intentaban llegar a nado a los buques extranjeros y los cazaban igual que a los patos.

Cómo se acaba con los anarquistas

Desde el primer momento de la revolución se vio que los bolcheviques estaban dispuestos a hacerse los amos. Aunque en los comienzos los obreros, los campesinos y los mendigos, todos los pobres, creyeron que iban a mandar de verdad y que eran ellos los que en realidad gobernarían, los bolcheviques empezaron a demostrarles palpablemente que quienes mandaban eran ellos, y sólo ellos, los del partido. Los bolcheviques fueron descartando a quienes no eran los suyos, por muy obreros y proletarios que fuesen. Cuando estalló la revolución, estaban luchando en Rusia once partidos políticos. Yo no los conocía bien ni sabía a ciencia cierta lo que quería cada uno. Tres de aquellos partidos fueron los que hicieron la revolución. Uno, el de los anarquistas, era el más fuerte; más fuerte aún que el de los bolcheviques; en las primeras semanas, los anarquistas podían tanto o más que ellos. Empezaron a pelearse. Entonces, estando nosotros en Moscú todavía, surgió la lucha. Fue cosa vista y no vista. Todos los jefes anarquistas se habían reunido un día en una casa grande que había en la esquina de la Teverskaya para deliberar. Según dijeron, estaban tratando de la manera de eliminar a los bolcheviques. Éstos, que se dieron cuenta, «madrugaron», como dicen los chulos. Arrastraron cuatro cañones, que colocaron sigilosamente alrededor de la casa donde estaba reunido el estado mayor de los anarquistas y empezaron a bombardearla por los cuatro costados, sin avisos ni contemplaciones. Fue algo así como lo que hicieron en Sevilla con aquella taberna de Camelia, donde se reunían los anarquistas sevillanos, pero con la diferencia de que la casa de la Teverskaya no había sido evacuada, sino que estaba llenita como un hormiguero.

Cuando la casa se desplomaba, traspasada por los cañonazos, los pobres anarquistas que no habían perecido salieron huyendo como ratas, pero los bolcheviques, apostados en los alrededores, los fueron cazando a tiros. Se acabó el anarquismo. No quedaron ni los rabos.

El hombre misterioso de Minsk

Por aquella época venía un hombre misterioso de Minsk. Este hombre raro tenía una autorización especial que le permitía ir y venir de Minsk a Moscú, saltándose a la torera todas las restricciones y dificultades que ponían para el paso de la frontera los bolcheviques y los alemanes. Se dedicaba a sacar gente de Rusia y llevarla detrás de las líneas alemanas. Los alemanes habían invadido muchas provincias rusas y tenían entonces puesta la frontera mucho más acá de Minsk, que aun siendo una ciudad rusa estaba en poder de Alemania. A lo largo de la frontera los alemanes habían colocado una barrera de alambradas de espino para impedir que los rusos que huían en manadas del bolchevismo se les metieran en su territorio.

El hombre aquel que iba y venía de Minsk a Moscú tenía tal influencia que a quienes él llevaba les dejaban salir los bolcheviques y entrar los alemanes; ejercía libremente este tráfico, que debía de ser muy lucrativo, porque en sus expediciones llevaba a muchos personajes rusos, a los que ponía a salvo del comunismo dejándoles en territorio alemán. Se titulaba agente artístico, y los burgueses ricos que sacaba de Rusia llevaban sus papeles en regla, demostrando que eran artistas de su compañía. Nos pusimos de acuerdo con él, y, mediante un buen puñado de rublos, se comprometió a sacarnos de las garras del bolchevismo y a dejarnos sanos y salvos en Minsk, bajo la protección del ejército alemán de ocupación. Con nosotros decidieron venirse las hermanas Ramírez y su padre, los únicos artistas españoles que quedaban en Rusia. En la misma estación de Moscú nos dimos cuenta de que el hombre misterioso de Minsk había montado su negocio por todo lo alto; tenía en la estación empleados propios que nos acomodaban en los vagones, nos facilitaban los documentos necesarios, nos decían lo que teníamos que contestar a las preguntas de los guardias rojos y en todo momento estaban al quite. Creo que el hombre de Minsk tenía sobornados a todos los bolcheviques. Íbamos aquel día bajo su protección quince o veinte personas; al mes, organizaba dos o tres expediciones de éstas, sin que los bolcheviques le molestasen lo más mínimo.

Cuando ya el tren estaba en marcha nos comunicaron que los bolcheviques no dejarían pasar a cada uno más de quinientos rublos. El pánico fue espantoso; todos llevaban mucho más; algunos, cantidades enormes. Nuestro compatriota Ramírez se desmayó; llevaba cosidos al forro de su gabán varios miles de rublos, que eran toda su fortuna. De miedo le entró una calentura que a poco se muere. El pobre murió poco después en Polonia.

Cerca de Minsk, en una estación fronteriza, los bolcheviques hicieron la revisión. Cada cual escondió el dinero donde se le ocurrió. Yo lo llevaba en la máquina de un reloj despertador. Todo fue superfluo, porque el hombre misterioso nos anunció que dando una cantidad de dinero a prorrateo entre todos conseguiríamos que los bolcheviques no abriesen siquiera las maletas. Y así fue.

12. Los militares se divierten

Cordón sanitario

Entre la Rusia de los bolcheviques y el territorio ruso invadido por el ejército alemán había una zona neutra que tuvimos que atravesar a pie. Aquel terreno, removido por los
obuses, estaba sembrado de residuos de guerra, carros destrozados, balas sin explotar, trozos de cureña y montones
informes de alambre de espino. Había allí un pueblo en el
que no quedaba una casa sana. El vecindario de aquel pueblo arrasado y unos millares de fugitivos de toda Rusia que
se habían concentrado en aquella hoyanca con la ilusión de
que los alemanes les dejasen pasar, estaban acampados en
tiendas cónicas y en tenderetes miserables, fabricados con
telas de saca, alfombras y cortinas. El agua y la nieve azo-
taban a aquella pobre gente, que dormía sobre la tierra
tosiendo desgarradoramente, mientras sus pobres menajes
se deshacían en el barro. Junto a este trágico campamento
pasaba la línea de las alambradas alemanas, y cada diez
pasos un centinela, arma al brazo, rechazaba las súplicas de
los fugitivos, a los que se apartaba a culatazos, como si
fuesen apestados. Alguna vez un desesperado que veía morir
a su mujer, su madre o sus hijos, comidos por la fiebre en

aquella ciénaga, intentaba saltar la alambrada. Entonces, los centinelas alemanes lo tumbaban de un tiro.

A nosotros, merced al hombre misterioso de Minsk, nos franquearon el paso y pudimos llegar a la estación, que también estaba protegida con alambre de espino, y coger el primer tren que salía para Minsk, fuera ya del poder de los bolcheviques y bajo la protección del ejército de ocupación alemán. Allí quedaban, consumidos por la fiebre y tratados a culatazos por los centinelas alemanes que mantenían implacablemente el cordón sanitario, aquellos millares de rusos fugitivos que no se resignaban a vivir bajo el poder tiránico de los sóviets.

Los judíos de Minsk

Minsk es casi todo judío. Las tres cuartas partes de la población lo son. A pesar de la guerra, la revolución y la ocupación alemana, era una ciudad rica, y el dinero corría que era un gusto; siempre que en Rusia había calamidades de éstas, el judío, si no lo arrastraban, como solía suceder, salía ganando; sabía aprovecharse de todo: de las guerras, de las revoluciones, de las invasiones enemigas...

Fuimos a hospedarnos en casa de una judía que no era mala persona, pero sí muy intransigente en las cosas de su religión; baste decir que un día se puso furiosa porque Sole cogió una sopera suya para hacer nuestra comida; nos insultó, estrelló la sopera contra el suelo y nos obligó a comprarle una nueva. Todo porque habíamos hecho caldo de cristianos en su judía sopera. Esta mujer tenía un hijo que había ganado mucho dinero con la especulación, al que le traían sin cuidado los aspavientos religiosos de su madre; era un punto que se iba todas las noches a los cabarets a derrochar y emborracharse con los oficiales alemanes, como había por entonces en Minsk muchos jóvenes judíos a los que les gustaba divertirse, pero que no podían olvidarse de su raza, y aun metidos en juerga tenían detalles judíos muy divertidos; por ejemplo, se llevaban a los cabarets el vino que habían de beberse y preferían pagar un tanto —cinco rublos— por derechos de descorche antes de comprar el vino a los precios que tenía en el cabaret. Era gracioso verlos salir de casa muy serios, llevando en los bolsillos y en los brazos las botellas que iban a utilizar para «meterse en juerga».

En los primeros tiempos no encontramos trabajo. Tuvimos que ofrecernos para bailar en un cabaret, el Winter Garden, por lo que quisieron darnos. Pero dos semanas más tarde éramos los amos del cabaret y de Minsk. ¡Vaya éxito! Tres meses estuvimos allí, y cada noche gustaba más nuestro trabajo; aquellos judíos y aquellos oficiales del ejército alemán de ocupación que llenaban el cabaret estaban locos con nosotros. Celebramos nuestro beneficio con una función brillantísima, en la que recaudamos cuatro mil quinientos rublos; la empresa, agradecida, nos regaló un ramo de flores más alto que nosotros. En aquellos días hice amistad con muchos oficiales alemanes; por entonces nos ofrecieron un contrato en el famoso Scala, de Berlín, que hubiera sido nuestra salvación, pero era nuestro sino que habíamos de pasar por todas las calamidades de la triste Rusia y renunciamos, pensando que nos tendría más cuenta irnos al sur, a Ucrania, donde no había bolcheviques; la vida era barata y se habían refugiado allí los aristócratas y todas las gentes de dinero. Alemania, en cambio, cada vez estaba peor, y a consecuencia del bloqueo la comida escaseaba. Total, que nos equivocamos una vez más. En Minsk no se vivía mal bajo la dominación alemana, aunque los rusos protestaban mucho porque los trataban mal, no como hombres, sino como ganado. La vida era barata; los precios de los artículos los fijaba la comandancia alemana, que ejercía una vigilancia estrechísima en los mercados; los vendedores judíos, en cuanto veían a un soldado alemán huían como gamos; la carne tenía que estar sellada por la comandancia; los géneros en malas condiciones eran decomisados; los precios de tasa rigurosamente exigidos. A los rusos y a los judíos aquella tiranía de los militares alemanes se les hacía insufrible y la población de Minsk empezó a irritarse contra ellos. Acabó de colmar la indignación una orden de la comandancia que obligaba a pasar la revista sanitaria a todas las mujeres, decentes o no, que cogían en las calles; esto fue consecuencia de la aparición en Minsk de una banda de polacas fugitivas de otras ciudades que infectaron a las tropas alemanas con sus males venéreos.

Mi amigo el príncipe

En una tertulia de oficiales alemanes conocí al príncipe Wladimiro Obolienski, oficial del ejército del zar, multimillonario, aristócrata por los cuatro costados, gran tipo, bebedor, enamorado, juerguista, y, sobre todo, generoso. Tiraba el dinero a manos llenas y andaba por el mundo como uno de esos príncipes de leyenda que todo lo pueden y que no conocen más ley que su voluntad. Iba siempre rodeado de una cohorte de oficiales del ejército imperial que se hicieron famosos en Minsk.

El príncipe se hizo muy amigo mío, íntimo casi. No se crea que era sólo una amistad de cabaret y de juerga, no. Me llevaba a su casa y charlaba horas enteras conmigo como un camarada. Presumía de tener una gran amistad con el rey de España, y un día me dio una carta para él, diciéndome:

—Cuando vuelvas a tu patria, las puertas de palacio se te abrirán con esta carta y Alfonso, mi amigo Alfonso, te recibirá.

No pude comprobar si era verdad, porque en Rusia tuve que romper la carta, ante el temor de que me la encontraran los bolcheviques, y por el solo hecho de llevarla me fusilaran. Pero algo debía haber de verdad en cuanto decía mi amigo, el príncipe, porque yo mismo vi con mis propios ojos las condecoraciones que tenía, entre ellas alguna española valiosísima. Una carta con la firma del príncipe que tuve ocasión de utilizar me abrió, efectivamente, las puertas de varias embajadas. ¿Qué habría sido de él? La última vez que lo vi fue en Rusia, en un trance bastante apurado, en el que le pusieron los bolcheviques. Ya lo contaré.

Los militares se divierten

En el Winter Garden celebrábamos grandes juergas con los oficiales alemanes. Nos reuníamos en un reservado, en el que corría el champaña como agua a expensas de mi amigo el príncipe. A estas juergas iba también un tipo extraordinario, el barón Stiglitz, borracho siempre, con una voz aguardentosa que asustaba, pero buena persona en el fondo; era un tipo estrafalario, al que le daba por favorecer a los bolcheviques. A otro que no hubiese sido él le habrían fusilado. Pero debía de tener grandes aldabas en Berlín, porque nadie le molestaba nunca, hiciese lo que hiciese. Una noche, la juerga fue tan imponente que escandalizamos a todo Minsk. El príncipe había estado en su reservado invitando a comer y beber sin tasa a todos los artistas y a todos los clientes. Ya de madrugada, los militares, borrachos, empezaron a inventar disparates. Cogieron las botellas vacías, las colocaron en un patio y se entretuvieron tirando al blanco sobre ellas con sus pistolas; cuando se les acabó esta diversión empezaron a tirar cosas por las ventanas, con gran escándalo de los vecinos y los transeúntes. Yo, que tenía un tonel de vodka en la barriga, me senté tranquilamente en una silla, echado de bruces sobre el espaldar para que mi amigo, el príncipe, tirase al blanco sobre mí; tenía puesto un sombrero hongo, y el príncipe, a través de su borrachera, tenía que apuntar cuidadosamente para atravesar de un balazo la copa del hongo sin atravesarme a mí los sesos, porque «¡Para eso era mi amigo!», como nos decíamos abrazándonos, cogorzas perdidos los dos.

Salimos a la calle a pleno día; los pacíficos transeúntes que iban a sus labores salían corriendo al ver aquella tropa de militares borrachos que iban disparando sus pistolas a diestro y siniestro. Encontramos un coche de punto y en él nos metimos todos; dos de los oficiales se montaron en el pobre caballejo; cinco o seis iban amontonados en el interior, y los demás, hasta doce, en el pescante, en el techo, en las varas. El pobre cochero caminaba por la acera, detrás de su vehículo, maldiciéndolos y mesándose las barbas. Yo iba metido en el inmenso capote de un comandante alemán, y cada vez que nos parábamos me arrancaba por bulerías. Así, hasta que volcamos, como era natural.

¡Las cosas del vino! En todas partes las juergas son iguales y los juerguistas hacen las mismas estupideces. No sé si porque eran más fuertes o por qué, el caso es que los alemanes han sido siempre los juerguistas peores, los que más barbaridades hacían, los que no se rendían nunca.

Otra vez en Rusia

Protegidos por la comandancia alemana salimos de Minsk en dirección a Kiev, que a nosotros nos parecía más seguro que Alemania. En Kiev no había todavía bolcheviques y se decía que no llegarían nunca. El mayor alemán, al despedirme de él, me obsequió con varios paquetes de macarrones, té, chocolate y una botella de coñac. Hicimos el viaje muy bien, y gracias a la recomendación de la comandancia nos ahorramos todas las molestias y todas las patadas que los soldados alemanes daban a los rusos. En la frontera rusa ponían muchas dificultades. Yo, viendo que echaban atrás a muchos de los viajeros, metí un billete de cincuenta rublos entre las hojas del pasaporte y se lo alargué como el que no quiere la cosa al policía. Fue mano de santo; pasamos los primeros y sin ninguna dificultad.

Kiev, cuando llegamos de nuevo, era la ciudad más animada y alegre del mundo: toda la gente de dinero de Rusia se había refugiado en Kiev huyendo de los bolcheviques, y no había medio de encontrar alojamiento. Las calles hervían de gente bien vestida, los mercados estaban abarrotados, los restaurantes elegantes rebosaban, los cafés y las pastelerías se veían concurridísimos y en cada esquina funcionaba una casa de juego. Circulaba abundante el dinero ucraniano, pero subsistía el curso clandestino de los rublos del zar. La vida era barata y ni remotamente se pensaba en los bolcheviques.

En el cabaret Apolo, donde fuimos a trabajar, nos encontramos, sin embargo, con una novedad soviética. No había ya empresario: una sociedad o sóviet local de camareros explotaba el negocio y cobrábamos a prorrata. Como todos los hoteles y pensiones estaban ocupados por los fugitivos ricos que pujaban los precios, tuvimos que quedarnos a dormir en el mismo camerino del Apolo. Reinaba tal desconcierto y tal desbarajuste que Kiev daba una impresión extraña de ciudad en la que todos se hubiesen vuelto locos; de unas cosas sobraba; de otras, se carecía; por una parte, parecía que todos eran millonarios; por otra, se descubría una gran miseria. A lo mejor podía uno beber hasta hartarse el mejor champaña de Francia, y luego no encontraba ni a precio de oro un panecillo con que desayunarse. En cada esquina había una cola de hambrientos y una chirlata en la que se cruzaban miles y miles de rublos en las apuestas.

En aquellos días me encontré en Kiev con dos payasos españoles, los hermanos Fernández, que las estaban pasando negras. Les ayudé como pude, prestándoles algún dinero y partiendo con ellos las provisiones que me había regalado el mayor alemán en Minsk, pero los pobres iban de mal en peor. Uno de ellos, que tenía a su mujer en Alemania, quería a todo trance marcharse de Rusia, pero no lo conseguía, por más que porfiaba. Después de muchas intentonas fallidas discurrió una estratagema que le permitiera salir, digna de la imaginación de un payaso.

Se metió en un gran cajón de madera e hizo que le facturásemos como mercancía; entre su hermano y yo preparamos cuidadosamente la expedición; le pusimos en el cajón agua y comida para tres o cuatro días, le abrimos unos disimulados respiraderos, le pintamos en los costados y en la tapa muchas veces el letrero de «frágil» y le llevamos a la estación donde le cargaron en un vagón de mercancías. No pudimos impedir que le diesen unos trastazos que debieron de dejarle molido ni que le echasen encima unos bultos enormes y unas lonas, bajo las que debió de estar a punto de asfixiarse. Dos días estuvo el vagón cargado con nuestro compatriota Fernández en una vía muerta de la estación de Kiev. Disimuladamente, su hermano y yo íbamos a darle golpecitos en el cajón para saber si estaba vivo todavía.

Al tercer día, cuando fuimos a la estación, dispuestos a sacarle, nos encontramos con que el vagón había sido enganchado en un tren e iba camino de la frontera. ¿Llegaría vivo a su destino? Aún no he podido saberlo.

Después de actuar durante una temporada en el Apolo, de Kiev, salimos a hacer una *tournée* por Ucrania y recorrimos Jarkov, Gomel, Rostov y Kremenchuk. En toda Ucrania nadie creía aún en los bolcheviques, pero se notaba un creciente malestar y se decía que pronto estallarían revueltas, porque había hambre en el campo. Las noticias que llegaban del norte hablando del Gobierno bolchevique no interesaban a nadie. Se creía que todo aquello de los sóviets eran cosas de los obreros de las fábricas de Moscú y Petrogrado que no tardarían en acabar más o menos violentamente. Los ucranianos se reían de los bolcheviques; pero, a pesar de todo, se notaba que el Gobierno de Ucrania iba concentrando sus tropas alrededor de Kiev. Entonces empezó a sonar el nombre de Petliura, que era el jefe de las tropas ucranianas.

Mientras tanto, nosotros estábamos tranquilamente en Kremenchuk, adonde no llegaba ninguna de aquellas perturbaciones. En Kremenchuk se vivía aún en pleno régimen zarista, con una absoluta separación entre las clases sociales, como en tiempos del zar; no era como en Kiev, donde, a pesar de ser todos enemigos de los bolcheviques, la revolución había transformado por completo la vida. En Kremenchuk, el jefe de policía era todavía un militar, y aún se le llamaba *grasnachasni*; había muchos círculos privados y casas como palacios medievales. Era aquélla una población grande y noble, pero muy aldeana; en las calles escaseaban las farolas del alumbrado público y la plaza mayor estaba toscamente empedrada con cantos rodados. Había seis u ocho grandes fábricas de tabaco y muchas explotaciones agrícolas que permitían a los terratenientes y a los industriales jugar fuerte al *baccarat* y al *chemin de fer* en sus casinos. Los periódicos llegaban con muchas fechas de retraso y todo lo que contaban parecía que era de otro mundo. No había allí más preocupación que la de la mala gente, las bandas de desocupados, algarines y agitadores que, como consecuencia de las conmociones de Rusia, caían por allí. El viejo *grasnachasni* estaba furioso y sus polizontes tundían a palos a todos los forasteros sospechosos.

Una noche nos robaron el baúl mientras trabajábamos. Era nuestra ruina, porque en él teníamos guardados todos nuestros ahorros, unos nueve mil rublos. El jefe de policía, cuando presentamos la denuncia, se irritó y nos prometió que se encontraría el baúl, costase lo que costase. Costó, el que le diesen cien palos a cada uno de los infelices que los polizontes cogieron por sospechosos, que fueron muchos. ¡Qué manera de zurrar! Al fin, apareció el baúl, pero no el dinero, a pesar de las palizas que les dieron a los ladrones; formaban una banda, en la que había una mujer guapísima, que durante los interrogatorios se colgaba del cuello de los polizontes y los abrazaba y los besaba para que no le pegasen. Intentó hacer lo mismo con el viejo *grasnachasni,* pero cada vez que ella se le acercaba insinuante le soltaba él una bofetada que la tumbaba. A mí todo aquello me daba náuseas, e intercedía para que no les atormentasen más. Recuperé mis músicas, mis trajes y mis coloretes, pero me quedé sin un céntimo.

Llegó entonces a Kremenchuk una noticia pavorosa que nadie quiso creer. Kiev había caído en manos de los bolcheviques Se produjo la alarma consiguiente, y como es natural, nos quedamos sin trabajo. Los camaradas me ayudaron y conseguí reunir el dinero suficiente para irnos a Gomel, que ya conocía, donde habíamos sido contratados. El viaje lo hicimos en barco por el Dniéper, pues, según nos aseguraron, los bolcheviques tenían cortadas las comunicaciones por tierra. Se tardaba una noche. Recuerdo que era ya entrado el otoño; hacía frío y los pasajeros procuraban quitárselo cantando, bailando y bebiendo vodka. Toda la madrugada nos la pasamos contemplando, a la luz de la luna, el estuario del Dniéper, por el que se deslizaba suavemente aquel barquito, en cuya popa sonaba entre risas, burlas y canciones un acordeón que iba desgranando las melodías populares rusas, mientras allá, a lo lejos, brillaban indecisas las lucecitas de los campamentos donde vivaqueaba el naciente ejército rojo.

13. La derrota de los príncipes

Los bolcheviques apretaban el cerco. Parecía mentira que aquellas patrullas de locos salidos de las fábricas de Moscú y Petrogrado llegasen con sus extravagancias revolucionarias hasta el corazón de la Rusia tradicional, las quietas y burguesas provincias del sur, tan apegadas a lo viejo y tan amantes de las grandezas imperiales, pero la verdad era que cada vez teníamos más cerca a los destacamentos bolcheviques. Kremenchuk, a poco de salir nosotros, cayó en poder de los rojos. Kiev mismo había sucumbido. Ya no sabíamos dónde meternos huyendo de los bolcheviques, no porque yo tuviese unas ideas políticas distintas de las de ellos, que nunca he tenido ninguna idea política, sino porque los bolcheviques, buenos o malos, sostenían que los artistas de cabaret no teníamos derecho a la vida y deseaban que nos muriésemos cuanto antes.

Nos fuimos a Gomel, último refugio de las comodidades y el bienestar de la vieja vida burguesa. Pensábamos encontrar allí todavía los cafés lujosos, las pastelerías con grandes pasteles de nata a diez copecks, los gallardos oficiales que gastaban sin tasa en los cabarets y las canciones sentimentales de la gorda Anoma. Aparentemente, todo seguía igual, pero en el fondo se advertía ya el desquiciamiento de la revolución. Nos contrataron en el Splendide, un cabaret muy lujoso, a cuya explotación se había dedicado un antiguo oficial de muy buena familia, que por la revolución había tenido que abandonar la carrera y meterse a empresario de cabaret. Tuvimos éxito y disfrutamos todo lo posible de las buenas cosas de la burguesía, ¡ay!, por última vez. Ya nunca más probaríamos los pastelillos de nata, ni nos obsequiarían con ramos de flores, ni nos invitarían a champaña. Los bolcheviques venían.

Una tarde estaba charlando con Sole, cuando se nos acercó un individuo que nos preguntó en castellano:

—¿Son ustedes españoles?

—Sí, señor —le contestamos—. ¿Y usted?

—También; madrileño por los cuatro costados.

—¡Ole! —dijo Sole, que hacía un siglo que no veía a nadie que fuese como Dios manda.

—¿Y usted que hace aquí?

—Soy artista de circo. El *clown* Zerep.

—¿Es usted español y se llama Zerep?

—Sí, señor; Zerep es mi apellido escrito al revés. Me llamo Antonio, Antonio Pérez, para servir a Dios y a usted, y trabajo en el circo en compañía de otro *clown* italiano llamado Armando.

Nos pusimos muy contentos, comimos juntos, hablamos de Madrid, bebimos un poquito y nos hicimos muy amigos. Zerep era un buen camarada, muy simpático, y siempre de un humor admirable. De Madrid, vamos. Su compañero, el italiano Armando, era un poco frío, pero no mala persona.

Juntos vivimos en Gomel, arregostados todos a la buena vida burguesa que se acababa. El negocio del cabaret empezó a ir mal; los bolcheviques estaban cada vez más cerca y los buenos clientes huían. Ya no quedaban allí más que algunos oficiales desesperados y sin dinero, que estaban

decididos a hacerles cara a los destacamentos bolcheviques.
Hasta última hora estuvo yendo al cabaret un príncipe del
Cáucaso, que...

Los príncipes se van

Parecía que se iba a tragar el mundo. Era un tipo grande,
fuerte, sanguíneo, que comía por diez y bebía por veinte. Él
solo mantenía la animación del cabaret, arrastraba a los
demás clientes, convidaba a los artistas, se emborrachaba,
bailaba, se divertía, hacía más gasto que todos los parroquianos juntos. No se sabía exactamente quién era, de dónde
había venido ni para qué. Se sabía tan sólo que era rico y que
derrochaba el dinero a manos llenas. Era violento e incan-
sable; nadie podía aguantarle; sólo yo resistía horas y horas
a su lado, hasta dejarlo durmiendo. Conmigo estaba encan-
tado, porque le seguía la corriente, y en medio de las borra-
cheras me decía:

—A ti te quiero bien, españolito. Todos ésos son unos
judíos tristes que no saben beber ni estar como los hombres.
Les vamos a cortar las orejas.

Y se ponía a insultar y desafiar a todo el mundo, sin que
saliera nunca ningún flamenco que se atreviera a levantar-
le el gallo. Cuando llegaban noticias de que los destacamentos bolcheviques seguían avanzando sobre Gomel, se
ponía furioso y decía que se los iba a comer crudos o poco
menos. Pedía champaña, convidaba a cuantos estaban en el
cabaret y brindaba:

—¡Por esa canalla bolchevique que vamos a colgar en
racimos!

Había juergas que duraban diez días. Una madrugada
salió del cabaret borracho perdido y se fue a las afueras

del pueblo, donde se plantó en medio de la carretera y se puso a llamar a grito herido a los bolcheviques, desafiándolos con voces estentóreas que atronaban la paz de los campos en el conticinio.

—¡Ladrooones! ¡Canallas! ¡Hijos de perra! ¡Venid aquí, que os voy a... ! —les gritaba.

Las gentes prudentes iban tomando sus precauciones sin hacer demasiado caso de las bravatas del príncipe; muchas familias huyeron de Gomel; las casas grandes se cerraban; los mejores clientes del cabaret desaparecían. Hubo que cerrar, al fin. El mismo dueño abrió una casa de juego en el local del cabaret, y yo, para no quedarme sin comer, tuve que cambiar de oficio; guardé la chupa y las castañuelas para mejor ocasión, me endosé el esmoquin y me convertí en *croupier*. Acudían muchos oficiales a jugarse el dinero y el negocio marchaba bien. Nadie sabía si al día siguiente le dejarían tener un rublo, y en estas condiciones de inseguridad, el que lo tenía se lo jugaba, que era lo mejor que podía hacer. El famoso príncipe caucasiano seguía siendo el punto fuerte de la casa. Aunque ya no había cabaret ni espectáculo, todavía se servían cenas a los jugadores, y el príncipe, que había convertido aquello en su casa, cenaba como un heliogábalo, y luego se ponía a beber y a jugar fuerte, hasta que amanecía. El dueño, como antiguo oficial que era, estaba dispuesto a resistir a los bolcheviques. Se trajeron de no sé dónde tres o cuatro ametralladoras y se almacenaron en la bodega varias cajas de municiones.

Dos o tres días antes de que llegasen a Gomel los bolcheviques estaba yo una noche tallando una baraja de *baccarat*, cuando me avisaron de que unos compatriotas querían verme; salí a la calle y me encontré con el bailarín Pepe Ojeda y su mujer, la *Catalanita*, que venían de Kiev huyendo de los bolcheviques. Estaban muertos de hambre y de frío.

En la calle había un metro de nieve y los pobres no tenían apenas con qué abrigarse. A ella le dio un vahído y estuvo a punto de que se la llevaran al hospital, pero yo los recogí, me los llevé a casa, les di de comer, les proporcioné cama y abrigo, y al día siguiente les presté doscientos rublos *kerenski* para que pudieran irse hasta Minsk. No lo hice porque me lo agradecieran, que no me lo han agradecido —ni pagado—, sino por mí mismo. Porque nadie sabe tan bien como yo con cuánta ilusión se llama a la puerta de un compatriota cuando a mil leguas de la tierra de uno se tiene hambre y frío y no hay entre millones de personas una sola a la que le importe que uno se muera o deje de morirse.

—*Rien ne va plus* (las frases sacramentales del juego se decían siempre en francés) —gritaba yo una noche encaramado en mi sillón de *croupier,* cuando entró precipitadamente en la sala de juego un oficial que se puso a cuchichear con el dueño. Se produjo un gran revuelo en la casa. Sacaron las ametralladoras y las emplazaron en las ventanas, que daban a dos calles. El príncipe caucasiano, que estaba en un butacón del fondo de la sala de juego durmiendo la borrachera de siempre, se despabiló al sentir el ajetreo, y con los ojos inyectados en sangre y la cara abotargada escuchó, sin comprenderla claramente al principio, la noticia de que los bolcheviques llegaban a Gomel en aquellos momentos. Se desconcertó y se puso a buscar por todos los rincones su enorme *papaja,* su típico gorro de piel, que se le había extraviado; se abotonó precipitadamente la vistosa *cherkeska,* requirió el largo puñal caucasiano que llevaba al cinto y salió dando traspiés y refregándose contra las paredes. No volvimos a verle. Nadie ha vuelto a saber de él jamás. Sus hazañas, muchas o pocas, no dejaron rastro. En aquellos instantes de confusión se abrió la puerta de la calle y entró como una tromba quien menos podía yo imaginar-

me: el príncipe Wladimiro Obolienski, mi gran amigo de
Moscú. Venía descompuesto, furioso, rechinando los dientes de desesperación e impotencia. Le seguían dos o tres
ordenanzas, a los que daba órdenes precipitadas y contradic-
torias, acompañadas de fustazos e injurias. Venía huyendo
de los bolcheviques y traía la esperanza de haber tomado en
Gomel el tren que le hubiese llevado a la frontera, pero al llegar se había enterado de que los destacamentos bolcheviques,
por medio de una hábil maniobra, habían cortado la línea
férrea, y el tren no podía ya salir. Para no caer en manos de
los rojos, que pronto estarían allí, no le quedaba más recurso que salir inmediatamente a campo traviesa y ponerse a salvo aprovechando las horas que quedaban de noche.

Los ordenanzas salieron a buscar caballos. Mientras volvían el príncipe se paseaba por la sala de juego a grandes zancadas, jurando y maldiciendo. Al principio venía tan ciego
que ni siquiera me conoció. Luego, al verme, me abrazó y se
tranquilizó un poco. Me contó la situación. El ejército rojo,
aquellas cuadrillas de obreros y campesinos, había puesto en
dispersión a su gente. Los destacamentos bolcheviques venían
pisándole los talones, y al encontrarse en Gomel con la línea
del ferrocarril cortada no le quedaba más recurso que ganar
la frontera galopando a través de la estepa. Llevaba consigo documentos importantísimos, de los que no podía deshacerse, y que si caían en manos de los bolcheviques ocasiona-
rían una catástrofe; llevaba, además, una fuerte suma en
valuta extranjera, principalmente billetes suizos.

Hubo un instante en el que todo se consideró perdido. Los
ordenanzas volvían diciendo que no encontraban caballos
y que los bolcheviques tenían ya tomadas las entradas de
Gomel. El príncipe Obolienski, descompuesto, me llevó a
un rincón, me echó el brazo por encima y me dijo precipitadamente:

—Eres mi amigo. Te he oído decir muchas veces que tenías a orgullo mi amistad. Ahora vas a probármela. Toma esta cartera con estos documentos y este dinero y guárdalos hasta mi regreso, si es que regreso alguna vez. Si no volviese destruye los documentos y quédate con el dinero. Son cincuenta mil francos suizos. Yo voy a intentar la salida de esta ratonera burlando las patrullas comunistas y caminando a pie hasta llegar a lugar seguro. Tendré que disfrazarme, me registrarán, y no puedo llevar todo eso conmigo. Júrame que no lo entregarás a los bolcheviques.

Yo no me atrevía a quedarme con aquello, que podía ser mi perdición si los bolcheviques me lo encontraban; pero no pude negarme, y acepté el encargo. Afortunadamente en aquel instante llegó uno de los ordenanzas de Obolienski con cuatro caballos y un guía que se comprometió a dejar en franquicia al príncipe. Recogió éste su cartera y después de darme un abrazo y un beso en cada mejilla saltó sobre el caballo y se lo tragó la noche oscura. A lo lejos latían los perros jalonando el paso de los fugitivos. Oímos un disparo; luego, otro más lejos; luego, varios. ¿Qué sería del príncipe? No pudimos preocuparnos por su suerte durante mucho tiempo. Cuando se me ocurrió mirar por una de las ventanas vi en el centro de la plaza un grupo de hombres que charlaban arrimados a una gran farola que allí había. La plazoleta estaba completamente a oscuras, y sólo se distinguían las siluetas humanas rematadas por el trazo siniestro del fusil y el ascua diminuta del cigarrillo en la boca. Aquellas sombras silenciosas y quietas que tomaban posesión de la plaza mayor del pueblo suavemente, sin un ademán violento, eran nada menos que el triunfo del bolchevismo. ¡Adiós al viejo mundo burgués! Los príncipes, derrotados sin lucha, huían al galope a campo traviesa, y allí quedaba la población civil, la buena gente, que no se mete en nada, espiando temerosa por las rendijas de las ventanas a los nuevos amos de Rusia.

Cuando miramos a nuestro alrededor nos encontramos solos. Los oficiales habían desaparecido. Allí no había nadie más que yo, los *clowns,* algún *croupier* viejo y las ametralladoras, que nadie se había atrevido a disparar, señalando con sus bocas al grupo de sombras estacionado junto a la farola de la plaza. Andando de puntillas y cogidos de las manos, como en las zarzuelas, salimos a la calle, y pegándonos a las paredes, nos fuimos, pian, pianito, a nuestras casas. Yo, los *clowns* y el viejo *croupier.* Los representantes de la burguesía que habíamos aguardado hasta el último instante.

Los bolcheviques trabajan

Amanecimos bajo el signo de los sóviets, la hoz y el martillo, triunfantes. La bandera roja ondeaba en todas las casas de Gomel, y los bolcheviques ponían mano a la tarea de la reconstrucción soviética, que dura todavía. Los comercios, los bazares y los cafés permanecieron cerrados; pero por la tarde las patrullas bolcheviques obligaron a abrir algunos establecimientos, de los que previamente habían retirado todos los artículos de lujo y fantasía. Las patrullas iban casa por casa registrando todos los rincones, en busca de los oficiales zaristas y los contrarrevolucionarios caracterizados que se hubieran escondido. Fusilaron a unos cuantos.

Aquella misma tarde, inmediatamente detrás de los destacamentos militares aparecieron los funcionarios civiles del régimen soviético, que con una celeridad sorprendente en Rusia se incautaron del municipio, montaron sus oficinas, fijaron sus bandos manuscritos en las fachadas y se pusieron a repartir los inevitables bonos para el pan y demás comestibles. Desplegaban aquellos hombres una actividad prodigiosa. A las doce horas de llegar ya se había incautado de cuantas subsistencias había en Gomel y tenían formadas las colas a la puerta de los almacenes. En esto eran los amos. Simultáneamente practicaban detenciones de contrarrevolucionarios, efectuaban requisas, extendían salvoconductos y organizaban mítines. Mitineaban en todas partes y a todas las horas del día y de la noche: en los cafés, en las esquinas de las calles, en los patios de las casas, hasta en los comedores y las alcobas de las familias que los alojaban. Repartir bonos y echar discursos eran cosas que hacían con la mayor facilidad del mundo. Dar de comer era ya otra cosa. Al principio no se portaron mal con la población civil, y dieron buenas palabras a todo el mundo. Lo malo fue cuando empezaron las requisas a los aldeanos. Se lo llevaban todo: el pan, el trigo, la cebada, el ganado, los carros. El ejército rojo venía hambriento y desprovisto de prendas de abrigo, caballerías y medios de transporte.

Acamparon las tropas detrás del hospital, muy cerca de donde nosotros vivíamos. Nos produjeron mejor impresión que la que nos habían causado en Moscú. Muchos de los soldados bolcheviques eran antiguos oficiales del ejército imperial que se habían puesto al servicio de los sóviets. En días sucesivos fueron llegando más tropas, que iban concentrándose allí ante la inminencia de un ataque del ejército ucraniano, que, al mando de Petliura, venía corriendo desde Jarkov hacia Kiev. En aquellos días el territorio de Ucrania estaba como esos tableros que sirven para el tiro al blanco: lleno de círculos concéntricos blancos y rojos, que alrededor de Kiev marcaban las fajas alternativas de bolcheviques y blancos que dominaban el país.

Los rojos venían, además, haciendo levas de hombres para la guerra civil. Alistaban a todos los hombres útiles que encontraban, y, sin meterse en muchas averiguaciones, les ponían un fusil en las manos y los echaban al campo a pegar tiros contra los blancos. A los que se resistían los fusilaban y en paz. Se daba el caso de que entre aquellas grandes masas del ejército rojo, formadas por antiguos oficiales del zar, que actuaban de instructores, y los campesinos y obreros reclutados por medio del terror, era difícil realmente encontrar un verdadero bolchevique. Eso sí: los pocos que había se multiplicaban por veinte, por ciento, por mil.

Yo me encontré otra vez sin tener dónde ganarme la vida y haciendo cola a la puerta de las panaderías. Gracias a que los músicos del cabaret constituyeron una Sociedad titulada La Filarmónica y empezaron a dar conciertos por su cuenta en el Cine Judosni, lo que me permitió agregarme a ellos y legalizar mi situación como proletario. Pero allí, en Gomel, con los bolcheviques no había ya nada que hacer. Mediante la certificación de la Sociedad de Músicos, que acreditaba nuestra condición de artistas que nos ganábamos la vida con nuestro trabajo, conseguimos permiso para trasladarnos en un tren soviético a Kiev. Y allá nos fuimos.

Un flamenco, ¿es un proletario?

El viaje a Kiev fue terrible, porque el tren soviético iba lleno de militares, es decir, campesinos a los que días antes les habían dado un fusil y la autorización para asesinar a los padres que se les pusiesen por delante, y aquella gente nos trató a baquetazos. Además, tanto los *clowns,* que nos acompañaban, como yo teníamos un aire inconfundible de burgueses con nuestros cuellos almidonados y nuestros hongos ingleses, cosa que nos convertía en el blanco de las iras de aquellas patuleas de desharrapados que iban en el tren o llenaban las estaciones del tránsito. En las paradas del convoy bajábamos a los andenes, según es costumbre tradicional en Rusia, para llenar nuestro *chainik* —la tetera— con el agua hirviente del *kipitok,* que hay derecho a utilizar para ir haciendo el té en el departamento durante el viaje. En todas las estaciones el espectáculo era el mismo: manadas de tíos miserables que vociferaban y algún que otro judío enfundado en su largo abrigo negro dirigiendo aquella imponente batahona o presenciándola impasible. Aquella gentuza, en cuanto nos veía, empezaba a gritar contra nosotros desaforadamente. No parecía sino que éramos el espectro de la burguesía. En una estación estaba yo llenando de agua nuestra tetera, sin hacer caso de los gritos, cuando se me acercó un hastial, que de un manotazo me tiró el cacharro, y me dijo:

—¡Largo de aquí, cochino burgués!

—¡Largo, si no quieres que te arrastremos! —corearon diez o doce gandules que le seguían.

Me revolví furioso al verme atropellado tan injustamente.

—Pero ¿por qué?

—¡Porque eres un burgués asqueroso, y te vamos a colgar ahora mismo!

—Yo soy tan proletario como ustedes.

Me contestó una salva de carcajadas. Yo, realmente, con mi cuello almidonado y el gabancito corto que llevaba, debía de tener entre aquellos bárbaros, que lucían las ropas en jirones, un aire bastante ridículo.

—¡Yo soy tan proletario como ustedes! ¡O más! —grité exasperado.

—¡Mentira!

—¡Mentira!

—O demuestra ahora mismo que se gana la vida trabajando como un obrero o le arrastramos.

—¿Queréis que os pruebe que soy un proletario? —pregunté jactancioso.

—¡Como no lo pruebes no sales de nuestras uñas, canalla!

Hubo un momento de silencio. Les miré a los ojos retándoles y les grité con rabia:

—¡Mirad, idiotas!

Y les mostraba, metiéndoselas por las narices, las palmas de mis manos deformadas por dos callos enormes, cuya contemplación causó un gran estupor a aquellas gentes.

Eran los callos que a todos los bailarines flamencos nos salen en las manos de tocar las castañuelas.

Ellos me salvaron.

14. Al servicio de la revolución en el ejército rojo

«¿Qué ha pasado aquí?», nos preguntamos al entrar en Kiev por primera vez bajo la dominación bolchevique. Acostumbrados a ver aquella ciudad rica y aristocrática con sus comercios fastuosos, sus parques, sus palacios y su vida intensa, que era el orgullo de Rusia, nos encontramos de súbito con una población miserable, sin luz, sin escaparates, las grandes mansiones cerradas a piedra y lodo, las calles desiertas, los escasos transeúntes esquiván-dose los unos a los otros, todos mal vestidos, con un aire triste de mendigos. Me dio la impresión de que todos los habitantes de Kiev se habían disfrazado de mendigos como obedeciendo a una consigna. No había dónde meterse. Entramos en la cantina de la estación y pedimos café. Nos lo sirvieron con un caramelo: el azúcar se había termina-do para siempre. Los cafés estaban cerrados y los hoteles se habían utilizado para alojar en ellos a los soldados del ejército rojo, que se iban concentrando en Kiev ante la amenaza de las tropas del atamán Petliura. Por todas par-tes no se veían más que patrullas de soldados rojos que le detenían a uno constantemente. Después de mucho peregri-nar logramos alquilar una habitación en un hotel de la Krischatika, al precio que nos pidieron. La acción policial de los bolcheviques era tan intensa que tuvimos que pegar en la puerta de nuestra habitación un documento del Consulado español visado por las autoridades bolcheviques, en el que se hacía constar nuestra nacionalidad y nuestra condición de trabajadores, para evitar en lo posible los registros y las detenciones. Así y todo, la vida se nos hacía imposible. Los bolcheviques le asfixiaban a uno. El que no era bolchevique o no estaba a su servicio era un paria, un perro, al que se trataba a patadas. En todo momento se estaba expuesto a ser víctima de cualquier atropello, con la seguridad de no encontrar jamás poder alguno que le amparase a uno en su derecho. El régimen soviético era muy bueno, pero para ellos solos. A los demás, que nos partiese un rayo.

Del hotel de la Krischatika nos echaron a los pocos días, dándonos un plazo de dos horas para desalojar, porque las autoridades soviéticas necesitaban los cuartos del hotel para meter a las tropas que, en oleadas, iban llegando a Kiev. A la puerta del hotel estaban, efectivamente, unos trescientos hombres del ejército rojo, que esperaban tirados en las aceras a que los huéspedes desalojásemos nuestras habitaciones. Ni siquiera nos dieron tiempo para recoger nuestros trapos: antes de que hubiésemos podido cerrar nuestras maletas se metieron en nuestro cuarto nueve soldados, que, sin andarse en contemplaciones, se descargaron las mochilas y se echaron a dormir por los rincones. Alguno, más amable o menos fatigado, nos ayudó a bajar el equipaje, y todavía no nos habíamos dado cuenta de lo que nos pasaba cuando nos encontramos con el baúl en el borde de la acera, sin dinero y sin saber para dónde tirar.

Al vernos allí tirados como perros, con el cielo y la tierra por delante, Sole, que había sido siempre muy resuelta, me planteó claramente la cuestión:

—Así no podemos seguir, Juan. Nos empeñamos en vivir por las buenas, como hemos vivido siempre, y entre unos y otros van a dar fin de nosotros.

—¿Y qué quieres que haga?

—Que te dejes de monsergas y te pongas a vivir como todo el mundo. Aquí ya no somos artistas, ni españoles, ni burgueses, ni nada. Aquí no tienen derecho a comer ni a vivir más que los proletarios y los bolcheviques, y ya estamos tú y yo siendo más proletarios y más bolcheviques que nadie.

—¿Cómo, Sole? Yo no puedo coger una pistola y dedicarme a expropiar a los burgueses diciendo sencillamente que soy un proletario oprimido.

—Tú puedes hacer lo que han hecho muchos de nuestros compañeros. Veldemar y Vico eran artistas, y hoy están al servicio de los sóviets, que les pagan bien. Armando y Zerep, los *clowns,* se han metido en el Sindicato de Artistas del Circo, que se ha incautado el Hipo Palace, y viven tan ricamente en la residencia del antiguo empresario del circo.

—Yo no veo la manera de formar un sindicato de artistas de cabaret para incautarnos de alguno. Ya sabes, además, que los bolcheviques no quieren ni oír hablar de cabarets.

—Podíamos juntarnos con los artistas del circo. Nos metemos en su sindicato, servimos a los bolcheviques en lo que quieran y que nos den de comer. No vamos a morirnos de hambre porque hayamos tenido la desgracia de no haber nacido bolcheviques. Tampoco en España habíamos nacido señoritos, y nos ingeniábamos para servirles y que nos diesen de comer.

Y al Hipo Palace nos fuimos.

El circo bolchevique

Al triunfar los bolcheviques en Kiev los artistas del circo se
habían apoderado, efectivamente, del Hipo Palace, una magnífica sala de espectáculos que en tiempos de la burguesía
explotaba un viejo empresario llamado Krutikof, que se
había hecho millonario. Los artistas sindicados se pusieron
desde el primer momento al lado de los bolcheviques, y consiguieron que éstos les autorizasen para dar funciones por su
cuenta y que les permitiesen vivir en las dependencias del circo y en la casa particular del antiguo empresario, que era una
residencia soberbia, con grandes salones amueblados a todo
lujo. Tenía el viejo Krutikof una mujer, de diecisiete años, guapísima, que le traía de cabeza, y para halagarla y retenerla
había procurado rodearla de un lujo asiático. Algunas de las
habitaciones estaban tapizadas con pieles costosísimas y
con incrustaciones de oro y nácar. Allí conseguimos nosotros
meternos a vivir con los demás artistas del circo, gracias a que
nuestro compatriota, el *clown* Zerep, que tenía vara alta en
el Sindicato, nos echó una mano. Cuando nosotros nos ins-
talamos allí las habitaciones suntuosas del viejo Krutikof
no eran ya ni sombra de lo que fueron. Las incrustaciones de
oro y nácar habían desaparecido, las pieles del tapizado
estaban arrancadas en muchos sitios y los muebles de ricas
maderas se resquebrajaban; pero, de todos modos, se vivía
allí con bastante confort. El Sindicato, tutelado por las
autoridades bolcheviques, organizaba funciones cuyos productos se repartían entre todos. A mí me nombraron taquillero, y cobraba mi parte como los demás. Había, sin embargo, categorías entre los artistas. Se las otorgaban ellos mismos por medio de puntos en unas asambleas profesionales
que celebraban. Yo pertenecía al Sindicato, pero no tenía
categoría profesional. A pesar de todo esto el circo, regido

únicamente por el Sindicato de artistas, no marchaba bien, y ellos mismos tuvieron que elegir un comisario, al que invistieron de facultades dictatoriales. Eligieron, naturalmente, a Kudriadski, que era el mismísimo director artístico que tenía el antiguo empresario. Kudriadski era un rector de un humor endiablado, que blasfemaba constantemente y que trataba a los artistas con un despotismo sin límites. No era, sin embargo, mala persona, y además trabajaba desesperadamente. Por eso lo tenía de director artístico el viejo empresario, y por eso tuvieron que nombrarle comisario los mismos artistas cuando quisieron que el circo funcionase, aunque en los primeros momentos del bolchevismo hubo muchos artistas heridos por el autoritarismo de Kudriadski, que quisieron vengarse de él y le persiguieron con más encono quizá que al millonario y explotador Krutikof.

Kudriadski era un tipo muy curioso. Seguía siendo, en pleno régimen soviético, tan déspota como antes, o quizá más, toda vez que tenía más amplias facultades. Trataba a los artistas peor aún de como los trataba en el régimen burgués, y, con bolchevismo o sin él, era el amo y señor del circo. Ahora bien: cuando se reunía el sóviet y le pedía cuentas de su conducta tenía ante él la misma docilidad que tuvo siempre ante el antiguo empresario. Se daba el caso de que los artistas a quienes trataba a puntapiés durante los ensayos o las funciones después le ponían las peras a cuarto en la reunión del sóviet, y él sin ningún amor propio, se justificaba ante ellos, humildemente, explicando siempre sus exabruptos y sus resoluciones violentas. Por eso no podían con él, y seguía siendo el amo del circo con sóviet o sin él.

Nuestro Sindicato era de los que más entusiásticamente apoyaban a los comunistas. Al principio no estaban inscritos en el partido más que los luchadores de grecorromana, pero luego se hicieron bolcheviques otros muchos artistas, algunos de los cuales desempeñaron cargos de importancia en la burocracia soviética. Un japonés que hacía juegos malabares ingresó en la Checa. Otros llegaron a ser comisarios.

Cuando las tropas del atamán Petliura apretaron el cerco y los bolcheviques necesitaron hombres para la lucha contra los ejércitos blancos, nos militarizaron de un golpe. Echaron al campo a pelear contra los blancos a los obreros de todos los sindicatos de Kiev, y al Sindicato de Artistas del Circo, igualmente militarizado, lo destinaron a prestar servicio en el interior de la población. Sin comerlo ni beberlo, yo me encontré convertido en guardia rojo de la noche a la mañana. No teníamos armas. Todo nuestro armamento consistía en el papel sellado por las autoridades soviéticas que, al nombrarnos, se nos entregaba. Algunos de los artistas del circo tomaron muy a pecho aquello de ser guardias rojos y defender la revolución con las armas en la mano, y se quedaron después incorporados definitivamente al ejército. Yo, prudentemente, procuré no distinguirme demasiado. Hice lo que me mandaron; puse cuidado en no perjudicar a nadie y pude esperar tranquilamente los acontecimientos.

El clown *Bim-Bom*

Cuando se era bolchevique y se estaba inscrito en un sindicato obrero se tenía cierta libertad para criticar el régimen y decir lo que uno quisiera. Los que no tenían derecho a rechistar siquiera eran los burgueses.

En nuestro Sindicato de Artistas de Circo había un célebre *clown* que gozaba de gran renombre en Rusia por su ingenio y por la intención política de sus chascarrillos. Era el famoso *clown* Bim-Bom, que ya se había hecho célebre en

Alemania por sus chistes antimilitaristas durante la guerra. Bim-Bom se había atrevido a salir una noche a la pista de un circo berlinés con un perro cubierto con un casco puntiagudo que, según daba a entender con picantes alusiones, representaba al káiser. Esta afición de Bim-Bom a la sátira política pudo acarrearle en Rusia fatales consecuencias, porque los bolcheviques no admitían bromas.

Recuerdo que una noche, en pleno régimen soviético, salió vestido de andrajos y con un saco a la espalda, y sin decir palabra se puso a dar vueltas a la pista lentamente, mientras el público, intrigado, esperaba ver por dónde salía. Pero Bim-Bom, silencioso siempre y con su saco a la espalda, daba vueltas y más vueltas a la pista, mientras el tiempo pasaba y el público empezaba a impacientarse. Cuando ya el escándalo era considerable y los espectadores, irritados, le increpaban, Bim-Bom se detuvo y miró a la multitud encrespada con aire asombrado.

—¿Qué os pasa? —preguntó.

—Que hace media hora que estamos esperando a ver qué haces, y como no haces nada, el público se desespera.

—¡Valiente cosa! —replicó Bim-Bom encogiéndose de hombros—. Os desesperáis porque hace cinco minutos que estoy aquí y no hago nada. ¡Cuánto tiempo lleva el pueblo ruso esperando inútilmente a que hagan algo, sin que se haya desesperado todavía!

Le dieron una ovación formidable.

Luego metió mano al saco que llevaba al hombro y empezó a sacar, uno tras otro, papeles mugrientos y arrugados, en los que iba deletreando con gran énfasis:

—Esto —decía a su camarada, el payaso— es la demostración palpable de cuánto ha progresado nuestro país bajo el régimen bolchevique. Mira...

—¿Qué es?

—Nada menos que una autorización del comisario de mi vivienda. Fíjate bien qué bonita, con sus sellos, su firma... ¿Eh, qué tal? Pues ¿y esto?

Y sacaba otro papel arrugado, que exhibía orgullosamente.

—¿Qué es?—preguntaba el tonto.

—Un permiso del comisario local. ¡Casi nada! Pues verás ahora...

Y sacaba otro papel, y otro, y otro...

—Pero, ¿qué es todo esto? —interrogaba tozudo el payaso.

—Esto es un bono de la cooperativa; esto, una autorización de la Checa; esto, una licencia del comité de fábrica; esto, un carnet del Sindicato; esto, un permiso de la autoridad militar, esto...

Y seguía sacando a puñados papeles y papeles, hasta formar un montón enorme en el centro de la pista.

—¡Cuánto hemos progresado! ¡Nada de esto teníamos antes!— exclamaba con acento de gran satisfacción.

—¿Pero para qué diablos sirve todo eso? —insistía el tonto.

—¡Ah! —replicaba entonces Bim-Bom—; todo esto sirve para que, si tienes un poco de suerte, llegues a conseguir alguna vez ¡nada menos que esto!

Y metiendo la mano al saco extraía del fondo un mendrugo de pan negro, que paseaba en triunfo ante las narices de los espectadores.

Le ovacionaban mucho. Pero le metieron en la cárcel los bolcheviques, y el Sindicato de Artistas del Circo tuvo que organizar una manifestación popular para pedir su libertad a las autoridades soviéticas.

No escarmentó, y poco después dio ocasión con sus burlas a un tristísimo suceso.

Salió una noche a la pista su camarada, el tonto, quejándose amargamente de las dificultades con que tropezaba para vivir en el régimen soviético. El sóviet local le había dado una habitación tan pequeña que ni siquiera le cabían los muebles.

—Ha sido terrible —decía—; he tenido que amontonar mis trastos unos encima de otros, y ni aun así me caben. Y me quedan muchas cosas fuera de la habitación. Tú sabes lo buen bolchevique que yo soy. Pues bien; tengo un retrato de Lenin y otro de Trotsky que no sé dónde ponerlos; no caben de ninguna manera.

—Es muy sencillo —replicó Bim-Bom—; a Lenin lo cuelgas y a Trotsky lo pones arrimado a la pared.

Estalló una ovación formidable. Poner a uno junto a la pared quería decir, en el argot revolucionario fusilarle. Con esta sencilla frase: «A la pared», decretaban la pena de muerte durante la guerra civil los comisarios soviéticos. Fue la frase más terriblemente popular de la revolución.

Pero entre aquella masa de enemigos del comunismo y de indiferentes que llenaba el circo había un comunista auténtico, que se irritó, y sin decir palabra, sin levantarse siquiera de su asiento, sacó su pistola y disparó contra Bim-Bom. La bala pasó rozándole y fue a dar a un pobre músico de la charanga del circo, el más viejo de todos, el que tocaba el cornetín, que cayó muerto en el acto. Todo el mundo vio perfectamente quién había sido el autor del disparo, que permaneció tranquilamente en su sitio, pero nadie se movió. Mientras se llevaban al pobre cornetín asesinado, el comunista encendió sosegadamente un cigarrillo, tiró de la visera de la gorra y salió. Nadie hizo ademán de detenerle ni pensó en denunciarle. ¿Para qué? Si era un comunista que gozaba de la inmunidad más absoluta que se ha visto nunca.

Bim-Bom no se atrevió a gastar más bromas con los bolcheviques. Tuvo que contentarse con ridiculizar a Kerenski en sus *chistukis*. Los *chistukis* que gustaban mucho a los rusos eran unas canciones populares de dos estrofas que se cantaban entre dos. Uno de los cantores decía con un gran énfasis la primera estrofa. Por ejemplo:

> *Kerenski fue un gran patriota*
> *que se sacrificaba por su pueblo.*

Y el otro le contestaba:

> *Y ahora sigue sacrificándose en América,*
> *pero por las bailarinas y las prostitutas.*

La derrota de los bolcheviques

Se llamaba así en los carteles: *El hombre sin nervios*. Pero no era verdad; los tenía como cada hijo de vecino;. yo pude comprobarlo aquella madrugada que los cañones de Petliura nos metieron dos pepinazos en el circo y derribaron los muros del pabellón donde teníamos nuestra vivienda los artistas. *El hombre sin nervios,* que estaba allí, se puso tan nervioso como todos nosotros. La sorpresa nos la llevamos todos, porque nadie se esperaba aquel ataque a fondo de las tropas ucranianas, al mando del atamán Petliura, que hicieron sobre Kiev, sorprendiendo a los bolcheviques, sin darles tiempo siquiera a intentar la resistencia. Mientras sus cañones disparaban sobre la ciudad desde el Dniéper, los petliuristas atacaron por el lado de la estación, y los bolcheviques, cogidos por sorpresa, echaron a correr como gamos al verse copados. Desde el circo sentíamos cómo retemblaba el pavimento de la calle al paso de los carros lanzados a carrera abierta en que huían los bolcheviques. Simultáneamente se veía cómo explotaban en el claro cielo del amanecer las granadas de los petliuristas.

Dos horas escasas duró el bombardeo: desde las cuatro a la seis de la mañana. A las siete, Kiev estaba otra vez en calma. Los cañones de Petliura habían callado y los últimos bolcheviques habían doblado la esquina galopando en dirección al Podol, el barrio judío de Kiev, por donde embarcaron. Las vanguardias triunfantes de los ucranianos no se habían presentado todavía; estaban a las puertas de Kiev, y temiendo una emboscada tomaban sus precauciones antes de entrar en la ciudad.

El hombre sin nervios y yo nos atrevimos a salir para ver lo que pasaba en las calles. Todavía se veía de vez en cuando abrirse la puerta de una casa y salir, mal vestido y cargado con su petate, un bolchevique, que se lanzaba al galope en dirección al Podol. Era peligroso toparse con estos fugitivos, porque iban como los jabalíes cuando se sienten acosados: acometiendo ciegamente a colmillazos cuanto se les ponía por delante. No nos atrevimos por esta causa a dirigirnos al Podol, que era donde se estaban concentrando los fugitivos para embarcar, y nos fuimos prudentemente a un cerro que había en el parque Alejandrovski, desde el cual se dominaba el panorama de la ciudad. En la cima de aquella montañita había una cruz enorme que se destacaba desde cualquier sitio de Kiev. Vimos perfectamente desde aquel observatorio cómo huían los rojos y cómo entraban los blancos. Bajando hacia el Podol, los bolcheviques fugitivos iban tirando la carga de las caballerías para poder correr más y embarcar más fácilmente. Vimos también la retirada admirable de los cuatro últimos bolcheviques, los que hasta el último instante habían estado disparando sobre las vanguardias de Petliura para contenerlas. Atravesaban la Krischatika a todo correr para alcanzar a sus camaradas, cuando advirtieron que en la plaza de Alejandro había quedado abandonado un cañón, y aún tuvieron la sangre fría necesaria para detenerse, soltar los petates y el fusil y ponerse a desarmarlo concienzudamente. El momento fue de gran emoción para nosotros, que desde nuestro observatorio veíamos angustiados cómo los barquitos de los bolcheviques iban separándose de los muelles y cómo simultáneamente las patrullas ucranianas se dislocaban y se metían con la bayoneta calada por las calles de Kiev avanzando cautelosamente. ¿Los cogerán? ¿No los cogerán? Aquellos cuatro tipos estuvieron manipulando en el cañón todo el tiempo que necesitaron para inutilizarlo. No hacía dos minutos que se habían marchado cuando ya estaban allí los hombres de Petliura.

La huida de los rojos y la llegada de los blancos desde aquella altura en que estábamos se nos antojaba un juego divertido y gracioso. Al mismo tiempo que los destacamentos ucranianos entraban triunfantes por un lado, los ocho barquitos de los bolcheviques, abarrotados de gente, soltaban amarras y se deslizaban por el Dniéper.

Por el Dniéper arriba desaparecieron los bolcheviques cantando *La Internacional.*

15. La gloria del atamán Petliura

Cuando la gente de Kiev se dio cuenta de que los bolcheviques huían río arriba, una muchedumbre jubilosa invadió las calles. ¡La tiranía roja se había terminado! Se acabaron como por ensalmo las caras tristes, las mandíbulas apretadas, el aire miserable y los disfraces de mendigo. La gente, contenta y esperanzada, formaba grupitos en los portales, se arracimaba en los balcones y poblaba las aceras, comunicándose la buena nueva de la liberación. ¡Los bolcheviques habían huido! Se abrían de nuevo los cafés y lucían otra vez los escaparates. La ciudad entera, con traje de fiesta, se echaba a las calles para recibir en triunfo a los libertadores.

A media mañana entró el ejército nacionalista ucraniano en las calles de Kiev, y desfiló entre los vítores entusiásticos de la población camino de la Duma. Al frente de sus tropas iba el propio atamán Petliura a caballo, con el brazo izquierdo colgando y manchado de sangre. Sangre llevaba también el caballo en el pecho y en las patas como el de un héroe legendario. A su paso las muchachas de Kiev arrojaban flores sobre su cabeza y los representantes de la ciudad salían a ofrecerle el pan y la sal de la bienvenida. Desde los balcones y las ventanas una multitud gozosa le aclamaba.

Sólo el Podol, el barrio de los judíos, permanecía hermético con sus calles desiertas y sus ventanas cerradas. Los viejos rabinos del Podol habían salido, no obstante, enfundados en sus largos levitones negros a dar la bienvenida al atamán triunfante; pero de nada les valió. Los soldados de Petliura, apenas terminado el desfile, se tiraron como fieras sobre el Podol, asesinando a diestro y siniestro, saqueando las casas de los judíos y sacando ensartados en sus bayonetas a los bolcheviques escondidos. Fue una carnicería espantosa. Con las tropas ucranianas venían unos destacamentos de gente del Sur, a los que llamaban *grusinskis,* porque eran de Grusia (Georgia), que se cebaron en los pobres judíos del Podol.

Parece ser que al principio sus jefes les dieron larga para que castigaran a los judíos, tachados de amigos y protectores de los bolcheviques; pero hicieron tales atrocidades, que al caer la tarde los oficiales tuvieron que acudir en automóviles al Podol y meter en cintura a su gente. Aquella soldadesca, ebria de sangre, se insubordinaba, y los oficiales, para quitarles las presas de las uñas, tuvieron que hacer uso de los revólveres.

Un guardia rojo, convertido en lacayo de la burguesía

Yo tenía miedo. Los hombres de Petliura se paraban en poco, y yo, mal que bien, había sido nada menos que guardia rojo. Estaba expuesto a que una simple denuncia me costase la vida. La verdad era que yo me había limitado a meterme en el Sindicato de Artistas de Circo para poder comer; pero como los sindicatos obreros habían sido militarizados por los bolcheviques, a mí los blancos me podían fusilar en cualquier momento. Por mucho menos fusilaron a otros desdichados.

Además, en aquellos días de pogromo, en los que el hecho de ser judío era lo bastante para que le matasen a uno como a un perro, mi cara, morena y larga de flamenco, no era precisamente una recomendación para aquellas bestias de cosacos. Me tomaban por judío en todas partes y me daban sustos terribles. Lo mejor era largarse de allí cuanto antes.

Los petliuras procuraron restablecer el tráfico ferroviario y autorizaron para salir de Kiev, en dirección al sur, a todo el que quisiera. No se despachaban billetes ni había vagones de viajeros; pero se podía alquilar un vagón de mercancías y meterse en él las personas que cupiesen, para ser transportadas como ganado a medida que las locomotoras y el carbón de que se disponía lo permitiesen. Sole y yo nos fuimos a la estación, acompañados de nuestro camarada el madrileño Zerep, y allí nos pusimos de acuerdo con otras varias personas que querían salir de Kiev, y contratamos un vagón de mercancías para que nos llevasen hasta Odesa. Entre los que contratamos el vagón estaba el viejo Krutikof, que había permanecido escondido bajo siete estados de la tierra durante todo el tiempo que duró la dominación soviética; iba el viejo colgado de brazo de su linda mujer, de la que no se separaba un momento; según me dijo, había esperado la llegada de los petliuras como una liberación; pero ahora le tenía más miedo a los oficiales que a los bolcheviques, y al decir esto miraba a su mujer, que se distraía comiendo chocolate y sonriendo a todo el guapo mozo que pasaba; debían de llevar encima un fortunón en alhajas cosidas al forro de la ropa. Nos acomodamos como pudimos en el interior del vagón de mercancías y nos pusimos a esperar inútilmente la locomotora que había de conducirnos. Cinco días estuvimos metidos en aquel vagón estacionado en una vía muerta. Allí comíamos y dormíamos todos revueltos, como si fuésemos borregos; el viejo

Krutikof, con las manos puestas sobre el cuerpo de su linda mujer y rasgando la noche con sus sobresaltos. Nos desesperamos de estar indefinidamente en aquella pocilga, y creyendo que no habría nunca locomotoras disponibles, al sexto día abandonamos al vagón y nos resignamos a volver a Kiev.

El primer problema que se nos planteó fue el de buscar alojamiento, pues con el restablecimiento del régimen burgués ya no se nos permitía a los artistas seguir viviendo en el circo del que, en tiempo de los bolcheviques, nos habíamos incautado. Nos fuimos a un hotel céntrico; pero como nos costaba carísimo vivir y no había donde trabajar, nuestra situación fue pronto angustiosa. En el circo no había trabajo; los petliuras quitaron todas las atribuciones al Sindicato, y aunque se abrieron inmediatamente varios cabarets, como los que mandaban eran nacionalistas, no se admitía más que a los artistas ucranianos, y a los extranjeros que nos partiese un rayo. También se abrieron muchas casas de juego y no encontré más solución para no morirnos de hambre que la de esconder mi gorra y mi blusa de proletario y calzarme el esmoquin de *croupier*, de «lacayo de la burguesía», como decían los bolcheviques.

Entré a trabajar en un garito que había en un sótano de la Krischatika, al que iban muchos oficiales a jugar. Se apostaba fuerte. Una noche un oficial hizo una postura de cinco mil rublos en moneda ucraniana. Ganó, pero como el dinero ucraniano se cotizaba a mitad del dinero *kerenski,* le pagué sólo dos mil quinientos rublos. Protestó diciendo que él se jugaba la vida en el campo peleando por el Estado Ucraniano Independiente para que el dinero de Ucrania valiese tanto como el dinero ruso, y, por lo tanto, había que pagarle a la par. Intenté discutir con él; pero a las primeras palabras me puso un revólver en el pecho y hubo que darle lo que quiso. Estos incidentes eran frecuentísimos, pues los oficiales, cuando perdían, no se resignaban y se convertían en verdaderos atracadores.

Los empleados estábamos bien pagados sin embargo, porque aquellos puntos, cuando ganaban, eran muy rumbosos; yo sacaba diariamente de setecientos a ochocientos rublos de propinas.

No había otra manera de ganarse la vida, y para que no perecieran de hambre tuve que adiestrar también en el oficio de *croupiers* a Zerep y a su camarada el italiano Armando. Así fuimos viviendo durante el mes escaso que estuvieron mandando en Kiev las tropas del atamán Petliura.

«Sírveme té y dile a tu mujer que venga»

Una tarde estábamos Sole y yo en nuestro cuarto tomando el té. Hacía calor y teníamos la ventana que daba a la calle abierta de par en par. En el marco de la ventana apareció de improviso la imponente figura de un oficial *grusinski*, de dos metros de alto, al que debimos de llamar la atención cuando casualmente pasaba. Estuvo un momento mirándonos e inmediatamente giró sobre los talones y se coló de rondón en la casa. Le sentimos empujar la puerta de nuestro cuarto, y apenas tuvo Sole tiempo de escabullirse cuando me lo encontré delante, con las manos en los ijares, los bigotes tiesos y el gorro de piel ladeado sobre la oreja.

Traía un tufo a vodka que me puso los pelos de punta.

Intenté salirle al paso, y me fui hacia él, amable y sonriente, preguntándole:

—¿Qué desea el señor oficial?

Por toda contestación me apartó de un empujón, se fue a la mesa donde habíamos estado tomando el té, se dejó caer resoplando en la silla que yo ocupaba, y apartando de un manotazo los cacharros, palmoteó sobre la mesa y gritó:

—¡Eh, tú, judío! Sírveme té y dile a tu mujer que venga.

Se me heló la sangre en las venas. El tío había puesto el sable encima de la mesa y se atusaba los bigotes sin mirarme siquiera.

—Perdone, señor oficial —me atreví a insinuarle—; esto no es una casa de té.

—¿Qué dices, idiota? ¿No has oído que quiero té y que me traigas a tu mujer? —vociferó, dando un puñetazo en la mesa, con tal fuerza que bailaron todos los trastos de la casa.

—Sírveme ahora mismo, cochino judío, si no quieres que te arranque las orejas.

Se puso en pie, colérico, tiró del charrasco y echó detrás de mí, tambaleándose y dispuesto a ensartarme. Yo me acurruqué en un rincón, y Sole, que estaba en la alcoba de al lado oculta sólo por una cortinilla, dio un grito de espanto. Al oído, el oficial se desentendió de mí, y se fue para la alcoba. Yo reaccioné, eché mano a mi navajilla de pata de cabra, y me fui tras él, ya empalmado y dispuesto a todo.

Sole estaba agazapada al otro lado de la cama, y el oficial la contemplaba cruzado de brazos en medio de la alcoba. De improviso se quedó mirando fijamente a la pared como si estuviese hipnotizado. Allá, en lo alto, brillaba una lamparilla, iluminando una estampa del Cristo del Cachorro, que Sole había cortado de una revista ilustrada española, y a la que en los momentos de congoja solía ella encender una candelica. Paseó los azules ojos asombrados por toda la pieza, yendo sucesivamente de la estampa del Cristo a Sole y de Sole a mí, con una estúpida expresión de asombro en el rostro. Cuando reaccionó se volvió hacia donde yo estaba, me echó la garra al cogote y levantándome en vilo me arrastró hasta la pared.

—¿Por qué has puesto esto aquí, perro judío? ¿Crees que me vas a engañar? —me gritaba, al mismo tiempo que me refregaba la cara por la estampa del Cristo.

Me tenía levantado por el cuello con un solo brazo, y yo pataleaba en el aire, sofocado por aquella tenaza que estaba a punto de asfixiarme. Colgado del cuello como un pelele y con los morros en la pared, yo maldecía la hora en que se le ocurrió a Sole pegar tan alta la estampita. ¿Qué trabajo le hubiese costado ponerla a la altura de mis narices, Señor?

—¿Por qué tienes a Nuestro Señor Jesucristo aquí? Di canalla. ¿Por qué? —repetía.

Y a cada pregunta me daba un refregón con los morros contra la pared.

—¡Porque somos cristianos! —grité desesperado, en el primer instante en que el sofoco me permitió gritar.

—¿Cristiano tú, cochino judío? ¿Cristiano tú? —vociferaba. Se puso tan furioso que me zarandeó y me tiró contra el suelo.

—¡Sí, señor, cristiano! Cristiano viejo, como toda mi casta.

Vaciló sorprendido un momento, y yo me aproveché para decirle que era español, que todos los españoles odiamos a los judíos tanto o más que los rusos. Se quedó un poco desconcertado. Sole acabó por convencerle, abriéndose la blusa para mostrarle una medallita de la Virgen que llevaba colgada al cuello.

Parecía confundido y sin saber qué hacer ni qué decir. En el aturdimiento de su borrachera no sabía cómo reaccionar. Súbitamente juntó los tacones dando un aparatoso talonazo, se cuadró y, llevándose la mano al gorro de piel, saludó militarmente.

—Perdonadme —dijo muy ceremoniosamente—, perdonadme.

Y firme, estirado, con la mano en tiempo de saludo, fue marchando de espaldas hacia la puerta, mientras nos miraba con unos ojos turbios de borracho, y repetía humildemente:

—Perdonadme, perdonadme.

Así, hasta que desapareció.

¡El tío ladrón! ¡Y pensar que de haber sido judío hace con nosotros las infamias que se le antojasen sin que la conciencia le hubiese remordido!

Los bolcheviques vuelven

La lucha de los petliuras con los bolcheviques en las proximidades de Kiev seguía muy enconada. Los rojos no habían hecho más que retirarse a posiciones más firmes, desde las que hostilizaban al ejército nacionalista ucraniano que, a pesar de sus desesperadas arremetidas, no conseguía avanzar un paso. La intensidad y la frecuencia de los combates, cada día más encarnizados; la desesperación de la lucha, y sobre todo la convicción de que podían sucumbir en cualquier momento, daba a aquellos militares una disposición de ánimo que era el azote de la población civil. Sin ningún miramiento se entregaban a todos los excesos, como si en vez de pertenecer a un ejército regular formasen una horda de salvajes. No reconocían más ley que la de su capricho ni tenían más que una ambición: el vodka. Por una botella de vodka lo daban todo y lo sacrificaban todo. Era gente que hacía la guerra con medios suficientes; bien abastecida de víveres y municiones; pero además, aparte lo que su intendencia les facilitaba, disponían a su libre albedrío de cuanto se hacía en el país. Para conseguir una botella de alcohol o para poder jugar, tenían siempre dinero o cosa que lo valiera; por dondequiera que iban malbarataban las alhajas, las ricas telas, los perfumes y las pieles costosas de que se apoderaban en sus correrías. En aquella época hice yo algún negocillo comprando a bajo precio las alhajillas que llevaban los oficiales que iban a jugar.

Todas las noches, durante el mes escaso que estuvieron en Kiev, provocaron alarmas. Como si fueran de juerga se iban al Podol a zurrarles la badana a los judíos y a robarles. Con la mayor impunidad les asaltaban las casas, les saqueaban las tiendas y los asesinaban. Llegó un momento en que no se sabía quiénes eran peores, si los bolcheviques o los petliuras.

Una madrugada se produjo una alarma general. Los bolcheviques estaban atacando un pueblecito de los alrededores de Kiev. Los petliuras enviaron allí refuerzos y la lucha fue encarnizadísima. Cuando al final no tuvieron más remedio que ceder ante la presión de la caballería roja del sargento Budienny, los ucranianos, antes de retirarse, incendiaron el poblado, que fue íntegramente devorado por las llamas.

Ya le era a Petliura absolutamente imposible resistir en Kiev y dispuso la evacuación. Ésta se hizo en completo orden. Mientras los oficiales contenían a los destacamentos bolcheviques fue evacuándose poco a poco el material de guerra y las provisiones. Se lo llevaron todo: Kiev quedó al día siguiente de irse Petliura sin un grano de trigo.

Se organizó incluso la evacuación de la población civil que no quisiera quedarse a merced de los bolcheviques. Para ello, los ucranianos dispusieron numerosos camiones, en los que se permitía subir libremente a los civiles que lo deseasen; lo que no se permitía era llevar paquetes. Yo estuve pensando marcharme con ellos a Odesa; pero a última hora no me decidí. Suerte que tuve, pues días después nos enteramos de que casi todas aquellas expediciones habían caído en poder de los destacamentos rojos, que habían fusilado uno por uno a los infelices fugitivos.

Esta vez la evacuación no se hizo por el Podol, sino por el puente, en dirección a Odesa. No hubo bombardeos, porque los bolcheviques no tenían cañones; pero sí encarnizadas luchas en las calles, debidas a que los bolcheviques habían ido infiltrándose por el Podol, y estando allí todavía los petliuras ya había muchos obreros y campesinos armados que, en el momento crítico, se echaron a la calle.

La lucha fue dura, y al final de ello nos encontramos otra vez con la estrella de cinco puntas, la hoz y el martillo.

Salíamos de Herodes y entrábamos en Pilatos.

16. Cómo se vive en plena guerra civil

Volvieron los bolcheviques como se habían ido, con sus bonos, sus oficinas, sus mítines, sus colas a la puerta de las panaderías y sus destacamentos armados, que esta vez, para irse ganando la voluntad de la población civil, tenían orden de no tirar a bulto contra la gente, como habían hecho durante la primera dominación. Se les había exacerbado la manía reglamentista y en cada esquina montaban una oficina para prohibir o perseguir algo: querían intervenirle a uno hasta la respiración. Como esta vez contaban con más elementos y mejor organización, apretaron aún más las clavijas y puede decirse que los infelices habitantes de Kiev se asfixiaban como pececillos entre las mallas de aquella burocracia soviética, obstinada en quitarle a cada uno su medio de vida.

Desde el primer momento se dedicaron los bolcheviques a hacer una intensa propaganda de sus ideas entre los cinco mil obreros del arsenal, porque lo curioso era que la mayoría de los obreros de Kiev y la totalidad de los campesinos de Ucrania estaban en contra de aquel Gobierno obrero y campesino, que si se apoderaba del mando era sencillamente por la fuerza de las armas, no porque los trabajadores lo impusieran. Los bolcheviques mitineaban a toda hora y en toda ocasión y lugar: era una verdadera obsesión. Por dondequiera aparecía un propagandista rojo discurseando, sin que le importase que fuesen muchos o pocos los que le escuchaban. Se daba el caso de que a veces se encontraba uno a un bolchevique desgañitándose como un loco en medio de una plazuela solitaria. Era para que, quisieran o no, oyesen sus predicaciones revolucionarias los vecinos que estaban detrás de las ventanas o bien para que los transeúntes se detuvieran a oírle, como se paran los papanatas ante los sacamuelas.

Una vez, las mujeres comunistas organizaron un mitin en el Circo para hacer la propaganda de sus ideales entre las mujeres de Kiev. Yo estuve presente como miembro del Sindicato del Circo, y aquello fue espantoso. Atraídas por los anuncios del mitin acudieron millares de mujeres de obreros y campesinos; pero cuando las propagandistas rojas se pusieron a hablar del amor libre estallaron ruidosas protestas. Hubo una de las oradoras que quiso defender la teoría de que cada cual tenía derecho a buscar en cualquier momento de su vida el hombre o la mujer que le agradasen más, y allí fue Troya.

Llovieron sobre ella los insultos más terribles. Las buenas mujeres del campo y las infelices trabajadoras de la ciudad, que no habían oído nunca una cosa semejante, se levantaron airadas. La bolchevique, que era muy valiente, dominó un momento el tumulto, y dijo que estaba dispuesta a mantener controversia sobre el tema del amor libre con la que quisiera. En aquel caos de imprecaciones saltó al escenario, remangándose la amplia falda, una mujeruca del pueblo, que plantada ante las candilejas, se anudó el pañuelo bajo la barbilla, se puso en jarras y dijo, sobre poco más o menos:

—Todas estas tías guarras que vienen contando esas historias del amor libre, lo que quieren es sonsacar a nuestros maridos para liarse con ellos. ¡Que se limpien! ¡Compañeras! A nosotras no nos importa que degüellen a los burgueses si quieren, que con ello nada se pierde; pero lo que no vamos a consentir es que estas tías tales vengan a quitarnos a nuestros maridos en nuestras propias narices ni a soliviantarlos, para que se crean con derecho a buscarse muchachitas guapas y a tirarnos a nosotras a la basura, diciendo que somos viejas y feas. ¡Duro con ellas, camaradas!

Se armó una tremolina espantosa. Unas docenas de mujeres, rabiosas, saltaron al escenario dispuestas a linchar a las propagandistas bolcheviques, que lo hubieran pasado mal a no haber sido por la oportuna aparición de un cordón de guardias rojos que, con la bayoneta calada, se colocaron ante las candilejas, protegiéndolas.

A pesar de esta animosidad del pueblo por las teorías comunistas, los bolcheviques intensificaban su propaganda. Para ganarse a los obreros perseguían a los burgueses, contra los que dictaban leyes durísimas, cuyas excelencias predicaban luego en los campos y en las fábricas. Decretaron el trabajo obligatorio, y las patrullas de guardias rojos cazaban en las calles a los transeúntes y los llevaban a trabajar en las fortificaciones y en la reparación de los puentes y caminos que habían sufrido desperfectos en los bombardeos. No se paraban en ninguna consideración, y lo mismo tenían ocho horas acarreando piedra a un barbudo sacerdote que a un magistrado. No creo que el trabajo de aquellos improvisados peones, que no habían visto en su vida un pico ni una pala y que se caían de espaldas al levantar la espiocha, sirviese más que para ofrecer a los proletarios el espectáculo de la humillación de las clases pudientes bajo el régimen soviético. Yo me metí otra vez en el Sindicato de Artistas del Circo, que, con los bolcheviques, volvió a levantar cabeza. Era un buen refugio; allí, emboscado en el Sindicato, se soslayaba un poco la tiranía de los rojos, porque se disfrutaba de la consideración de *rabotchi* sin demasiado trabajo. No tardaron, sin embargo, en encontrarnos aplicación y se les ocurrió que podrían utilizarnos como elemento de atracción para la propaganda soviética, organizando expediciones de artistas de circo a las aldeas y al frente. Nuestra misión era la de divertir a los soldados y congregar a los campesinos en las plazas de los pueblos con nuestros títeres, para que los propagandistas pudieran discursearles.

Yo procuré zafarme, pues aquellas expediciones eran penosísimas y estaban llenas de peligros. Los caminos se hallaban merced de las bandas de forajidos; había por todo el país numerosas bandas de cien a doscientos hombres que iban sembrando la muerte y la desolación por donde pasaban. Había bandas de forajidos blancos, rojos, verdes y negros; es decir, zaristas, bolcheviques, campesinos y anarquistas, todos igualmente ladrones y asesinos. Una de las peores era la banda de «los señores», llamada así porque los que la formaban iban magníficamente instalados en automóviles, con soberbios abrigos de pieles y perfectamente armados y equipados. Luego, los bolcheviques, que eran muy audaces, se metían en las aldeas o las isbas que les eran hostiles a hacer propaganda y echaban por delante a los titiriteros, a riesgo de que los campesinos, furiosos contra ellos por las requisas, nos despedazasen.

En plena barbarie

No había pasado un mes cuando los blancos atacaron de nuevo. Esta vez los petliuras venían reforzados con las tropas del ejército blanco, que se había ido formando en el sur a las órdenes de Denikin. En la vanguardia aparecieron aquellas terribles gentes del Cáucaso, con sus cuchillos corvos como gumías, que iban cortando cabezas a diestro y siniestro con una ferocidad jamás igualada.

Los blancos atacaron Kiev por los mismos sitios que la otra vez; pero los bolcheviques, en vez de abandonar la ciudad ante el bombardeo, resistieron y se entabló una lucha cuerpo a cuerpo en las calles, que fue espantosa. Tres días duró. Millares de hombres de uno y otro bando cayeron defendiendo o atacando palmo a palmo el terreno. Al cuarto día la batalla se decidió a favor de los blancos, y los bolcheviques que pudieron escapar se refugiaron en el barrio judío, donde se hicieron fuertes todavía durante unas horas para cubrirse la retirada en dirección a Kremenchuk.

La población de Kiev volvió a recibir a los blancos con grandes demostraciones de júbilo: se les hizo la ofrenda ritual del pan y la sal, y se arrojaron ramos de flores a su paso. Nunca se hacía este recibimiento a los bolcheviques.

Ocuparon Kiev los ejércitos aliados de Petliura y Denikin; pero no con esto volvió la paz. Un destacamento de cosacos perteneciente al ejército de Denikin fue el primer que llegó al palacio de la Duma, y minutos después ondeaba en el edificio la bandera imperial del zar. Poco después llegaron los destacamentos del atamán Petliura, que subieron tras los cosacos, arriaron la bandera del imperio e izaron en su lugar la bandera separatista de Ucrania. Sin una vacilación los cosacos de Denikin montaron a caballo, y en la plaza misma de la Duma atacaron a sablazo limpio a sus aliados los petliuras, ante los ojos espantados de la muchedumbre, que había acudido jubilosa a vitorear a los triunfadores. Arrollados por aquellos feroces guerreros del Cáucaso, huyeron los nacionalistas ucranianos, y sobre el palacio de la Duma se mantuvo enhiesta la bandera imperial de Nicolás II.

Pasado el primer momento de estupor, Petliura rehizo a su gente y volvió al ataque; pero las tropas cosacas de Denikin cargaron contra los ucranianos y los dispersaron, obligándoles a salir precipitadamente de Kiev. Detrás de los bolcheviques salieron los hombres de Petliura, y la ciudad quedó en poder del ejército blanco, que venía a restablecer íntegramente el régimen autocrático del imperio de los zares. Libres ya de aquella canalla de bolcheviques y separatistas, los cosacos la emprendieron con los judíos del Podol. Hicieron allí una carnicería espantosa, asesinaron a centenares de infelices, lo saquearon todo. Dondequiera que encontraban un arma, por insignificante que fuese, no dejaban un ser vivo. Fue tal la matanza, que los judíos, a pesar de lo cobardes que naturalmente son, intentaron la resistencia con las ansias de la muerte, convencidos al fin de que doblando la cabeza como corderos no conseguirían sino que los degollasen en masa aquellas hordas de cosacos, sedientos de sangre y ansiosos de botín. Por toda la ciudad se extendió el terror. El zarismo volvía.

Un río de oro y brillantes

Y yo me volví a ver metido en mi esmoquin de *croupier* y cantando: «Hagan juego, señores. No va más».

Con la llegada del ejército de Denikin se despertó en Kiev una pasión universal por el juego. Se abrieron garitos a docenas y a todos ellos acudía una muchedumbre febril que se jugaba las pestañas, porque nadie sabía lo que iba a ocurrir al día siguiente, ya que las cosas y el dinero mismo tan pronto valían como dejaban de valer, y la verdadera locura hubiera sido en aquellos momentos pensar en ahorros y seguridades para el porvenir. Empezó entonces a circular el dinero de Denikin. Había dinero del zar, dinero de Kerenski y hasta dinero de los sóviets, que empezó a correr clandestinamente. Claro es que este dinero era papel. Unas estampillas en las que el que mandaba firmaba por su palabra que aquello valía tanto y había que creerle. Hasta que se marchaba, naturalmente. Ante una moneda de oro auténtica, ante una libra esterlina, por ejemplo, aquellos papelotes vanidosos se achicaban, perdían toda su importancia y quedaban reducidos a la nada. Yo he pagado miles y miles de rublos papel por una sola monedita reluciente. Empezó a circular también la valuta extranjera, sobre la que se tiraba la gente entusiasmada: marcos, francos, libras, dólares, circulaban profusamente; pero hubo también muchos chascos, y al final sólo el que tenía libras o dólares podía decir que tenía dinero.

En substitución de aquel falso dinero, que de la noche a la mañana perdía su valor, aparecieron las joyas y las piedras preciosas. Las transacciones se hacían a base del valor intrínseco de los brillantes, el oro o la plata, y como moneda circulaban las pitilleras, los alfileres de corbata, las sortijas, los pendientes o sencillamente los cubiertos de plata. Una aristocracia y una burguesía que durante siglos había estado acumulando el oro y las piedras preciosas, salían bajo la protección de la bandera del imperio, plantada en Kiev por Denikin, a cambiar las viejas joyas familiares por pan.

Yo estaba de *croupier* en una mesa de oro, llamada así porque las apuestas únicamente se admitían en monedas de oro, contantes y sonantes. Era una gran casa de juego, establecida en el número 42 de la Krischatika, adonde iban únicamente jefes y oficiales del ejército de Denikin. Ganaba de ocho a nueve mil rublos diarios y a veces hasta quince mil, que ya era un buen jornalito. Hacía además mucho dinero con la compraventa de las alhajas, porque los oficiales, cuando perdían y se quedaban sin poder jugar, sacaban las joyas que tenían y las vendían por lo que les daban, con tal de seguir jugando. Con la promesa de que se les devolverían al día siguiente si venían a rescatarlas, las daban por la mitad, a pesar de que casi ninguno volvía. Era ley caballeresca entre los *croupiers* la de esperar efectivamente durante veinticuatro horas antes de desprenderse de la joya, por si el perdedor podía venir a recobrarla. Pasado aquel plazo de un día, los *croupiers* negociaban libremente la alhaja. Una madrugada un oficialillo joven, que había perdido todo su dinero, me pidió mil rublos, con la garantía de una pitillera de oro con preciosos esmaltes del Cáucaso, que debían de valer un dineral. Me porfió mucho para que no la vendiera, diciéndome que al día siguiente volvería a recogerla, porque era un recuerdo de su padre. Pero al día siguiente no volvió, ni al otro, ni en muchos días más. Echaron al ejército blanco de Kiev, y yo seguía con la pitillera guardada. Cinco o seis meses después, cuando volvieron los blancos, se me presentó el oficialito aquél, y cuando le dije que aún conservaba su pitillera se volvió loco de contento, me pagó lo que le había dado por ella, y llorando de alegría me regaló unos cuantos miles de rublos de propina.

En aquella época mi casa era una joyería. Tenía de todo: bolsos de señora, relojes de oro, sortijas, pitilleras, pendientes, hasta un icono bizantino con incrustaciones de brillantes que se jugó un creyente. Todo esto lo íbamos escondiendo cuidadosamente, con la ilusión de marcharnos de Rusia algún día llevándonoslo. Era aquél un momento magnífico para hacerse millonario. Los aristócratas y los burgueses, arruinados, perseguidos, perdida la moral, salían a malbaratar sus joyas familiares, y con un poco de habilidad y algún dinero para especular se podía juntar un fortunón en oro y brillantes. A la casa de juego de la Krischatika, donde yo estaba, venían frecuentemente muchos obreros e incluso bolcheviques, amigos míos, con la pretensión de comprar alhajitas para sus mujeres, y se daba el caso de que a lo mejor en el mercado se veía a una campesina sucia, con el pañuelo por la cabeza, luciendo en el pecho un *pendentif* de brillantes. Claro que andando el tiempo todo aquello fue a parar a manos de los judíos del Podol. De los pocos judíos que habían dejado vivos los cosacos de Denikin.

«¡Ay, madre!, ¡ay, madre!»

En el mes de septiembre atacaron de nuevo los bolcheviques. Eran las seis de la mañana cuando empezaron los tiros. La casa de juego de la Krischatika, donde yo trabajaba, estaba en aquellos momentos llena de oficiales, que tuvieron que salir corriendo. Se levantó la partida y yo me fui a casa, dispuesto a esconder de nuevo el esmoquin y a transformarme una vez más en proletario oprimido.

Esta vez los rojos tenían hasta cañones, con los que estuvieron bombardeando el centro de Kiev desde la estación. Duró el bombardeo un par de horas, y los cosacos de Denikin, contra lo que podía esperarse, no se defendieron mucho. Al mediodía ya habían evacuado la ciudad. En lo alto de la Fondukrestkaya, ante el Gran Teatro, cuya plaza se divisaba desde allí, estaba todavía uno de los cañones de Denikin. Sonaron unos cuantos estampidos, se advirtió allá en la plaza un momentáneo revuelo, y segundos después bajaba por la cuesta de la Fondukrestkaya a todo meter un cañón de los blancos, arrastrado en una carrera vertiginosa por los cuatro caballos que le quedaban. Montado en uno de los caballos iba un cosaco, que descargaba furiosos latigazos sobre las bestias, lanzadas al galope, y encaramados en la cureña del cañón iban otros dos, uno de ellos, boca arriba, con la cabeza colgando y las manos tintas en sangre puestas en el vientre; su camarada le sujetaba apuradamente para que no resbalase y se dejase los sesos en el empedrado. Perdidos en el estrépito del galope se oían los gritos desgarradores del herido: —¡*Uvuy, mama! ¡Uvuy, mama!* (¡Ay, madre, ay, madre!) —se le oía decir.

Minutos después apareció en la plaza del Gran Teatro el primer destacamento de soldados con la escarapela roja, que echó a andar por la Fondukrestkaya abajo con la bayoneta calada. Un soldado de Denikin, que se había quedado rezagado, vio venir la patrulla enemiga y no tuvo tiempo más que para pegarse como una lapa a la jamba de un portal, con la esperanza de que al pasar no le viesen. Le vieron. El soldado que iba delante en la patrulla le dio un bayonetazo que le atravesó el pecho, el que le seguía le ensartó a su vez y el otro, y el otro. Todos los soldados del destacamento le fueron dando su lanzada al pasar. Cuando pasó el último, el cuerpo del infeliz cosaco no era más que una piltrafa sanguinolenta.

A la una de la tarde todo estaba en calma, y los vecinos de Kiev se echaron a la calle disfrazados, claro es, de mendigos, pues ya se sabía que cuando venían los rojos lo más prudente era andar hecho un pordiosero. Pero cuál no sería el asombro de la gente al advertir que el ejército vencedor, que había expulsado a Denikin de Kiev, no era el ejército rojo, sino el del atamán Petliura, cuyos hombres se había puesto la escarapela roja para asustar a los cosacos, y al mismo tiempo para que, al atacar, les ayudasen desde dentro los obreros bolcheviques de Kiev.

Esta estratagema no sirvió más que para favorecer a los verdaderos bolcheviques, que venían atacando detrás de los petliuras. A las nueve de la noche comenzó de nuevo el cañoneo; hubo además un fuego muy intenso de fusilería y ametralladoras; pero los petliuras no pudieron resistir, porque, descubierta su verdadera significación, los judíos y los obreros se revolvieron contra ellos, tiroteándolos desde las ventanas y los tejados. Ni siquiera llegaron a ocupar la ciudad. Entraron por un lado y salieron por otro.

Y ya tuvimos bolcheviques para rato.

17. Un hombre de frac entre los bolcheviques

¡Fuego! ¡Fuego!

Apenas habíamos podido conciliar el sueño. Con la llegada de los bolcheviques se nos metió aquella noche en el hotel un centenar de soldados rojos, y gracias a que era ya muy tarde no nos pusieron de patitas en la calle.

Nos dejaron por lástima en nuestro cuarto, pero sólo hasta que fuese de día. Angustiados por no saber lo que iba a ser de nosotros a la mañana siguiente, nos habíamos encerrado bajo llave en nuestro cuarto, dejando las dependencias del hotel —los pasillos, el comedor, las cocinas— atestadas de guardias rojos que se tiraban a dormir por los suelos. No habíamos hecho más que descabezar el sueño cuando nos sobresaltaron unos golpes terribles dados en la puerta de nuestro cuarto al mismo tiempo que sonaban unas voces desgarradoras:

—¡Fuego! ¡Fuego!

Me tiré de la cama e intenté encender la luz; ya no había corriente. Busqué la llave de la puerta; se había caído de la cerradura, y a tientas estuvimos Sole y yo palpando angustiosamente el suelo sin encontrarla. En el pasillo se oía un gran estrépito: carreras, golpes, gritos de terror; a través de la puerta llegaba el olor a chamusquina. Nos entró una angustia mortal. ¿Íbamos a morir achicharrados en aquella ratonera? Saqué fuerzas de flaqueza, metí el hombro a la puerta e hice saltar la cerradura. Medio desnudos, ciegos y asfixiados por el humo, echamos a correr cogidos de la mano, hendiendo aquella masa de gente enloquecida por el terror, que no sabía para dónde tirar. La confusión era espantosa. Los soldados rojos, que acababan de dormirse después de una batalla, salían como fieras disparando sus fusiles y dando bayonetazos a diestro y siniestro, pues suponían lógicamente que el incendio lo habían provocado los blancos para intentar simultáneamente un contraataque.

Así fue, en efecto: al huir las tropas de Denikin, unos oficiales blancos rezagados habían prendido fuego al hotel con la esperanza de que los guardias rojos, alojados en él, se achicharrasen mientras dormían. Pero los incendiarios, una vez realizado su criminal intento, fracasaron en sus propósitos de contraataque. Se achicharraron, efectivamente, cinco guardias rojos, que, por desconocer el interior del hotel, no pudieron dar con la salida. Murieron también asfixiados dos enfermos que había en la planta baja, de quienes nadie se acordó; una mujer y sus dos hijos, a los que el marido había dejado encerrados bajo llave, y dos mujeres que se hallaban en el tercer piso y que, durante largo rato, estuvieron asomando desesperadamente los brazos a través de los barrotes de una ventana, por la que salían grandes oleadas de humo y fuego; aquellos brazos, de los que me acordaré siempre, estuvieron agitándose espantosamente, hasta que al fin quedaron colgando en el alféizar como cuatro sarmientos retorcidos. En total, perecieron carbonizadas doce personas. Las cinco bajas que los incendiarios hicieron a los rojos costaron la vida a tres mujeres, dos niños y dos enfermos.

Cuando me encontré a salvo en la acera de enfrente, medio desnudo, mojado y tiritando, fue cuando me di cuenta de la magnitud de nuestra desgracia. Allí arriba, en el cuarto del hotel envuelto en llamas, había quedado toda nuestra fortuna, unos miles de rublos en oro y brillantes que yo había conseguido ir reuniendo penosamente. Me entró tal desesperación que pensé que era preferible morir a seguir viviendo en la miseria, y liándome una manta a la cabeza me metí de nuevo en la hoguera, dispuesto a salvar mi tesoro o perecer en la demanda.

Conocía a tientas la distribución del hotel, y logré llegar a nuestro cuarto a través de la humareda. El fuego chisporroteaba ya en la habitación de al lado. Fui derecho a mi escondite. Yo tenía mi fortuna a cubierto de cualquier contingencia; la había encerrado en una caja de hierro que, envuelta en una bolsa de goma, tenía sumergida en un depósito de agua que había en la pared de nuestro cuarto, junto al techo. Llegué medio asfixiado; arranqué con las uñas las tablas del depósito, cogí mi tesoro y huí. Una llamarada me cerró el paso. Di media vuelta y me descolgué por el agujero del montacargas hasta llegar a una escalera de servicio, por la que pude ganar la salida. Entregué a Sole la bolsa de nuestro tesoro y todavía me lancé a una nueva subida. Siguiendo el mismo camino, logré llegar por segunda vez a nuestro cuarto y salvar los trajes de baile, las músicas y la guitarra. Todo lo demás se quemó. Cuando quise subir por tercera vez, los bomberos no me dejaron. El incendio era ya gigantesco; ardía en pompa la manzana entera, y entre los gritos de dolor de las familias de las víctimas, la multitud presenciaba sobrecogida la catástrofe. No había agua y las llamas se propagaron al día siguiente a las casas colindantes y a las de la acera de enfrente. Estuvo en un tris de que no ardiera media ciudad.

Los blancos podían estar satisfechos.

Pabirchenko, banquero y payaso

Mientras duró el incendio estuvieron sonando los tiros del contraataque de los blancos, que fue rechazado. En aquellos días hubo otros varios incendios en diversos puntos de Kiev, provocados igualmente por los contrarrevolucionarios. Simultáneamente se advirtieron los terribles efectos de una intensa epidemia de tifus.

Vivíamos en plena locura. Tales eran las circunstancias en que se instauró el régimen soviético. Los rojos se impusieron por el terror desde el primer momento, implantando el comunismo de guerra con una ferocidad sin límites. Anularon de un plumazo todo el dinero que circulaba en Ucrania, el del zar, el de Kerenski, el de Denikin y el de Petliura, y al que cogían con un billete de banco lo metían en la cárcel o lo fusilaban las tropas especiales de la Checa. Todos nos convertimos de un golpe en pobres de solemnidad. A renglón seguido lanzaron a la circulación sus billetes soviéticos de un rublo y dos rublos, que fueron los únicos permitidos. Clandestinamente tomaban todavía en algunos comercios el dinero de Kerenski, pero cotizándolo como querían. Yo pagué por un par de botas la bonita suma de quince mil rublos, unas cuarenta mil pesetas nominales.

Como siempre que venían los bolcheviques, nosotros buscábamos refugio en el Sindicato de Artistas de Circo, que esta vez creció extraordinariamente, pues ya los burgueses, escarmentados, no le hacían ascos a la idea de convertirse en proletarios, y no hubo en Kiev banquero, rentista, terrateniente ni industrial que no solicitase ser admitido en nuestro Sindicato como payaso, cantante, maquiestista, bailarín o lo que fuese. Meterse en el Sindicato de Artistas de Circo era una buena escapatoria para los burgueses, y muchos de ellos lo consiguieron sobornando a los directivos. Ninguno de aquellos improvisados camaradas era capaz de salir a la pista o al escenario, pero se escabullían diciendo que para montar su número necesitaban tales o cuales cosas que no se podían improvisar. Abundaban, sobre todo, los que tocaban instrumentos raros, los ilusionistas y los magos, por aquello de que la falta de medios les impedía demostrar sus habilidades. Hubo, sin embargo, un tipo estupendo. Era un hombre de unos cuarenta años que se presentó diciendo que era payaso. Se le admitió gracias a las propinas que repartió entre los directivos, a sabiendas de que se trataba nada menos que del señor Pabirchenko, uno de los banqueros más fuertes de Kiev, conocido en toda Rusia. Era un hombre alto, fuerte, activo e inteligente, que al día siguiente de ingresar en el Sindicato cogió al *clown* Zerep, nuestro compatriota, y le propuso:

—Vamos a ensayar.

Zerep creyó que bromeaba, pero Pabirchenko, muy serio, se quitó la americana y el cuello, se remangó y se estuvo una hora dándose costaladas en la alfombra de la pista. Todas las mañanas el señor Pabirchenko, banquero, llegaba al circo, se quedaba en camiseta y se ponía a dar saltos y hacer volatines hasta caer rendido. ¿Querrá usted creer que llegó a ser tan buen *clown* como si toda su vida se la hubiese pasado en la pista? Era simpático y emocionante ver a aquel hombre, joven todavía, fuerte, con un aire inconfundible de persona importante, de burgués adinerado, embadurnarse la cara de yeso y salir a que le abofeteasen los mozos de pista que, con una mala sangre de criados rencorosos, se vengaban, dándole guantazos con toda su alma. Llegamos todos a olvidarnos de su origen, y hasta los que al principio le miraban con más recelo terminaron por aceptarle como un camarada más.

Ya en los últimos tiempos de la guerra civil, cuando los blancos derrotados abandonaban el territorio ruso, estábamos una madrugada de tertulia bromeando sobre nuestra miseria. Pabirchenko se acercó al grupo que formábamos y nos preguntó:

—¿Por qué estáis tan tristes?

—Porque nos vamos a morir de hambre. No tenemos un rublo.

—¿Queréis dinero, muchachos? El dinero no sirve para nada. Tomad.

Y sacando una libreta de cheques fue regalando miles y miles de rublos a cada uno de los artistas, con tan buen humor, que no parecía sino que aquella fortuna de varios millones que, efectivamente, había poseído, y que en aquellos momentos liquidaba entre burlas, no había existido nunca. No he visto jamás un hombre que con tan buen talante pase de millonario a payaso.

Martínez, contorsionista, al circo

Todos no eran así. Había muchos burgueses achantados en nuestro Sindicato que no esperaban más que la ocasión de conspirar contra los sóviets, y pronto los comisarios se dispusieron a limpiar aquello de contrarrevolucionarios. Triunfaba entonces en el circo, gracias a su influencia sobre algunos directivos bolcheviques, una famosa cantante, Maria Alejandra Lianskaya, a la que yo había conocido bajo el zarismo liada con príncipes y oficiales. Para ella no había cambiado nada. Los bolcheviques eran lo mismo que los burgueses: unos idiotas que se enamoraban de ella, y por satisfacer sus caprichos cometían las mayores arbitrariedades. Fue la Lianskaya, engatusando a los directivos, la que metió más burgueses en el Sindicato.

La cosa llegó a tales extremos, que la Checa decretó una depuración de los artistas. Nos mandaron al Sindicato una comisión depuradora, formada por bolcheviques incorruptibles, con la misión de decretar, de manera inapelable, quiénes eran artistas y quiénes no. Yo quise aprovechar la oportunidad para reivindicar mi condición de artista de varietés, con la esperanza de obtener mejor categoría, pero no me valió. La comisión depuradora se constituía en el circo, y ante ella íbamos desfilando todos los sindicados, con la obligación de hacer nuestro número ante los comisarios, para que éstos fijasen la puntuación que correspondía a cada uno. Cuando me tocó el turno intenté salir a bailar el tango argentino con Sole. Iba ella con un elegante vestido de *soirée* y yo con un frac.

—¡Fuera, fuera! —gritó el presidente de la comisión depuradora apenas nos vio—. En la Rusia soviética no hay fracs ni bailes de salón. Si no sabes hacer otra cosa ya puedes ir a coger un pico.

—Atiende, camarada —le dije desesperado—, mi verdadero arte no es éste, sino el flamenco.

—¿El flamenco? ¿Qué es el flamenco?

—El flamenco es un arte exótico, que tiene un valor universal. No es un arte de burgueses, sino del pueblo, el arte más popular del mundo.

Me miró con desconfianza y gruñó:

—Bueno, haz lo que sepas, pero sin frac.

Me quité el frac, me endosé la chupa, y acompañándome sólo con el castañeo de los dedos, me marqué delante de aquel tribunal de bolcheviques una farruca que estuvo muy bordada.

Se quedaron muy sorprendidos y sin saber a qué atenerse. El camarada presidente de la comisión depuradora se

cogió la gorra de un puñado, y refregándosela con la pelambrera, sentenció un poco amoscado:

—No está mal.

Y se volvió hacia el secretario del tribunal diciendo:

—Martínez, contorsionista. Al circo.

Aquel bárbaro me había tomado por el hombre serpiente.

Un hombre con un frac

Hubo una desdichada pareja de baile, ruso él, polaca ella,
que no consiguió salvarse. No sabían más que bailes de
sociedad, y la comisión depuradora les echó del Sindicato de Artistas, dejándoles en la más negra miseria, pues se
veían reducidos a la condición de burgueses, sin los recursos de que ordinariamente disponían los burgueses para ir
defendiéndose entre sí. Como no tenían donde ganarse la
vida, subsistieron una temporada, empeñando y vendiendo los pocos trapos que poseían. Se les ocurrió entonces
dar unas funciones por su cuenta en los pueblos, para lo
cual montaron una especie de *ballet*, en el que a base de los
pasos de baile que sabían, representaban unas pantomimas,
poniendo de relieve los vicios de la burguesía. Él aparecía
con su frac personificando a un señorito, y ella hacía de
cocota elegante: a lo largo del *ballet* se demostraba que
aquellos dos tipos representativos de la burguesía eran
unos canallas y unos miserables, que sucumbían víctimas
de los vicios y de la degeneración. Él utilizaba también el
frac para hacer de «Fantomas», que para los rojos era
uno de los personajes que encarnaban al burgués. Les
aplaudían mucho, pero no sacaban dinero. Finalmente, la
Checa intervino y les prohibió seguir representando sus
pantomimas.

La miseria en que yacían era espantosa. La última vez que les vi no tenían ya ni qué ponerse. Él andaba por las calles de Kiev descalzo y con el frac. La pobre polaca cayó enferma de hambre y de hambre murió, mientras él zancajeaba inútilmente buscando un pedazo de pan. Habían llegado a tal extremo de miseria que el cadáver de la triste bailarina quedó completamente desnudo sobre los barrotes de la cama. Él no quiso que la enterrasen así, y estuvo varios días sin dar parte del fallecimiento, correteando angustiosamente por las calles de Kiev en busca de un poco de dinero con el que comprar siquiera un lienzo para echar por encima como sudario a su infortunada compañera. Hubo un momento en que pensó amortajarla con el frac, pero entonces se quedaba él sin poder salir siquiera a la calle. Aquella patética situación se prolongó hasta que los vecinos denunciaron el hedor que desprendía el cadáver al descomponerse. Desnuda enterraron a la pobre bailarina. Tras ella iba con su frac, y descalzo, grotesco como un pelele, el camarada que no pudo ahorrarle aquella postrera vergüenza.

Aprovechamiento residual del artista

Podía creerse que en aquellos horrores de la guerra civil, durante lo que los bolcheviques llamaron «comunismo de guerra», nosotros, los pobres artistas de tablado, no teníamos nada que hacer ni pintábamos nada. Pero no era así, por desgracia nuestra. ¡Bien que nos aprovecharon y nos sacaron la pringue!

Mensualmente los comunistas organizaban unos trenes especiales, en los que nos llevaban al frente para que divirtiésemos a las tropas. Otras veces nos mandaban en camiones o carros a las aldeas para que los campesinos entretuviesen el hambre con los títeres. Más de una farruca tengo yo bailada desde la batea de un camión ante un corro de bárbaros de aquellos que, mientras trabajábamos, se divertían tirándonos cáscaras de sandía y comiendo pepitas de girasol.

Aquellas *tournées* eran terribles. No nos pagaban un céntimo ni nos daban de comer, y a veces, con un vasito de té en la barriga por todo alimento, teníamos que hacer una caminata por la estepa, con tal frío, que se nos helaban las piernas y los brazos. Al llegar a las aldeas, montábamos en la plaza el tingladillo de los títeres, y teníamos que atraer con nuestras gracias a los aldeanos; cuando todo el pueblo se hallaba congregado en torno nuestro, cedíamos el puesto a los propagandistas bolcheviques, que se ponían a pronunciar discursos y no acababan nunca. Los campesinos, al aparecer los oradores bolcheviques, les gritaban y silbaban; pero ellos, impertérritos, rompían a hablar de Lenin y del comunismo y no paraban. Los campesinos, aburridos de aquellas monsergas, empezaban a desfilar, y entonces nos soltaban otra vez para que los artistas les contuviésemos al público.

Recorríamos también los cuarteles, las fábricas y los hoteles de Kiev, siempre trabajando gratis. Nos llevaban además a unas escuelas que estaban bastante lejos de Kiev para que entretuviésemos a los chicos.

Finalmente, cuando la guerra empezó a irles mal, nos largaron una espiocha y nos pusieron a cavar trincheras en los alrededores de la capital. Gracias a que hubo un comisario, el camarada Peter, subgobernador de Kiev, que dio la cara por nosotros, y dijo que los artistas nos debíamos a nuestro arte, y no éramos útiles, en cambio, para trabajar en las fortificaciones. Aquello se discutió mucho, pues había otros comisarios que se obstinaban en que cavásemos y acusaban a Peter de debilidad, pero Peter, que era un tío imponente, con unas barbas terribles, más malo que un dolor y que había demostrado ser un cuchillo para los burgueses, se impuso y dejaron de llevarnos a las trincheras.

No pudimos librarnos, en cambio de las excursiones al frente para divertir a los soldados rojos. Nos llevaban a través de los campos en unos camiones adornados con banderas rojas, y teníamos que ir cantando constantemente *La Internacional.* Dos o tres expediciones de aquellas cayeron en poder de las bandas de petliuras, que fusilaron en el acto a los infelices artistas.

También nos utilizaban en las cabalgatas y en las mascaradas que organizaban para desprestigiar a la burguesía. Al atleta Carlos le sacaron en una de aquellas cabalgatas disfrazado de verdugo, y tuvo que pasear por todo Kiev llevando en el brazo extendido una reproducción de la cabeza del zar. Pero quién, ¡ay!, hubiese sido verdugo. Yo tuve que hacer de «cochino burgués», y el madrileño Pérez, de «príncipe sanguinario». Nos ganamos, como es natural, todos los insultos y todos los tomatazos de aquellas masas rencorosas.

18. Así mataba la Checa

Me echó el brazo por encima cariñosamente, y brindándo-me una copa de champaña, me dijo:

—Toma, españolito; bebe y alégrate un poco; no pongas esa cara larga de judío triste. Los bolcheviques no somos tan malos como tú crees.

Aquel terrible Mischa, cuando se le cogía de buen humor, hasta parecía simpático. Estaba aquella noche del mejor temple, y se esforzaba en divertirse y ser amable. Viéndole beber, cantar y reír con la alegría y la despreocupación de un estudiante, yo no podía hacerme a la idea de que aquél era el mismo Mischa que tanto odiaba y temía el pueblo de Kiev. Porque si en el mundo ha habido un monstruo de crueldad ése era Mischa, aquel mismo camarada que me abrazaba enternecido, doliéndose de que yo no estuviese ale-gre. Nadie diría que aquel borracho obsequioso y contem-porizador, que pedía perdón ceremoniosamente a cada ins-tante, era nada menos que el comisario de la Checa de Kiev, el hombre que diariamente asesinaba a docenas de criatu-ras inocentes con sólo pasar un lápiz rojo por encima de los nombres que figuraban en las listas de detenidos. Una tacha-dura de aquel lápiz rojo era la muerte inexorable abatién-dose sobre un desdichado.

Yo había trabado amistad con él cuando iba al edificio de la Checa a llevar las localidades del circo que en cada función había que reservar para los comisarios bolcheviques. El haber facilitado al comisario Mischa algunos palcos de más que me pedía frecuentemente, cosa que estaba en mi mano, toda vez que era yo el taquillero del circo, me permitió entablar cierta relación amistosa con él, hasta el punto de que cuando estaba de buen humor y se reunía con los otros jefes chequistas y con los comisarios para divertirse, me mandaba llamar y me encargaba de organizar la juerga, llevar a los artistas y tocar la guitarra o el piano. Aquella noche celebrábamos una juerga por todo lo alto en el caserón que tenía la Checa en el Elisabetkaya Ulitza, un viejo palacio en el que había fastuosos salones decorados con tapicerías valiosísimas, muebles antiguos y cuadros y espejos soberbios. Asistían los comisarios más importantes, y se había llamado para que animasen la reunión a ocho o diez artistas. El champaña y el coñac abundaban, y los terribles comisarios se daban allí cierto aire de hombres distinguidos, como si realmente fuesen los dueños de aquel palacio y estuviesen haciendo los honores a sus invitados. Nadie hubiese creído que aquellos salones con canapés de raso y muelles alfombras eran la sede de la Checa y que aquellos hombres correctos y amables eran sus verdugos. Sólo recordaba lo siniestro del lugar una bandeja colocada en el centro de un salón con varias docenas de pistolas y los correajes de los chequistas, colgados de las paredes entre los cortinajes y las cornucopias.

—¿Por qué no te alegras, españolito? —insistía Mischa—. Aquí no se pasa mal: se bebe, se baila...

—Aquí, sí —repliqué—; pero ustedes no saben cómo se sufre por ahí.

—¿Qué te han hecho, hombre? Cuando te hagan algo

malo vienes a decírmelo, y les ajustamos las cuentas a tus enemigos.

Mischa me miró un momento torcidamente. Luego se echó a reír y, abrazándome, insistió en voz baja y quebrada:

—Toma y bebe. No te preocupes por lo que pasa si no quieres volverte loco. ¿No me ves a mí? Mañana es posible que vengan esos hijos de perra de Petliura y me despedacen, pero hoy... ¡Hoy soy el amo y quiero divertirme! ¡Tengo derecho a divertirme un poco! Todo no va a ser trabajar en este cochino oficio de carnicero. Tú no sabes el trabajo que da esta canalla contrarrevolucionaria. ¿Crees tú que el trabajo de despanzurrar cada día una docena de burgueses no vale una copa de champaña? Anda, déjate de sensiblerías y toca un poco tu guitarra, que quiero ponerme contento. ¿Vas a negarle eso a tu amigo Mischa?

¿Por qué no te haces de la Checa?

Menudearon las juergas en la Checa, y mi amistad con los chequistas se convirtió en verdadera intimidad. Me dieron un permiso para circular de noche, cosa que estaba absolutamente prohibida, porque de noche hacían ellos los traslados de los presos, las ejecuciones y los entierros de los ejecutados. Para mí no había ya secretos en la Checa de Kiev.

Por las tardes me iba al despacho de Mischa y tomaba el té con él. Fumábamos y charlábamos como si fuésemos amigos de toda la vida. A última hora de la tarde le pasaban las listas de los detenidos, y entonces se ponía a tomar declaración a algunos. Ya al final de la jornada cogía un lápiz azul y otro rojo y tachaba los nombres de los detenidos: a los tachados con lápiz azul los ponían en libertad; a los que tenían la tachadura roja los fusilaban aquella misma noche.

A veces Mischa se quedaba un momento vacilante. Luego cogía el lápiz rojo y tachaba:

—¡Bah! ¿Qué más da? —murmuraba—. ¡Un enemigo menos! Encendía un cigarrillo y se ponía a bromear conmigo.

Una tarde habíamos bebido un poquito. Haciéndome el loco cogí el lápiz azul y, en broma, en broma, taché dos hojas enteras. Mischa protestó riendo:

—¡Pues sí que estábamos aviados contigo si fueses comisario de la Checa! En una semana nos comían. Hay que acabar con ellos, camarada. No hay más remedio.

Sírvanme aquellos treinta o cuarenta infelices a los que salvé la vida de descargo ante los que me reprochan por haber tenido intimidad con los verdugos de la Checa. Yo estaba a bien con ellos porque no tenía más remedio. Porque, de no haber sido así, mi Sole y yo hubiéramos sido simplemente dos nombres más de aquellos que Mischa tachaba con lápiz rojo diciendo: «Dos enemigos menos».

No fui nunca chequista. Una noche de juerga me dijo:

—Eres un gran tipo, español. Tienes que ser de los nuestros. Mañana te hago de la Checa.

Yo le dije que sí por seguirle la corriente, pero a la mañana siguiente fueron a buscarme a mi casa dos chequistas, que me llevaban el correaje y la pistola. Se lo devolví a Mischa diciéndole:

—No te conviene que yo sea de la Checa. Soy extranjero y artista. Los proletarios rusos me acusarían constantemente, y te acusarían a ti, diciendo que por favoritismo habías hecho chequista a un bailarín amigo tuyo. Y sabes que estoy contigo y que te ayudaré en cuanto mandes; pero ¿qué necesidad tenemos de ponernos en evidencia?

Así me libré de ser chequista. No me acusa tampoco la conciencia de haber actuado nunca como confidente. Jamás delaté a nadie ni tuve en aquel caserón siniestro de la Elisabetkaya más misión que la de divertir a los comisarios y aprovechar sus momentos de debilidad para salvar algún infeliz, fuese quien fuese. Hoy puedo decirlo con orgullo: jamás cayó nadie por mi culpa.

Carne para la Checa

Casi todos los que caían en las garras de la Checa estaban acusados de especulación. Por entonces había en Kiev muchos centenares de personas, judíos casi todos, que se dedicaban a la especulación de joyas y valuta extranjera, que los bolcheviques castigaban inexorablemente. Sobre todo eran perseguidísimos los tenedores de dinero Denikin y Wrangel. Una tarde marchaba Sole por la calle cuando pasó a su lado a carrera abierta un individuo que, a pocos pasos de ella, arrojó al suelo un fajo de billetes. Tras el fugitivo iba, pistola en mano, un comisario bolchevique, que recogió el fajo de billetes sin pararse y siguió la persecución hasta darle alcance. El bolchevique agarró por el cuello al fugitivo y lo trajo a rastras hasta donde estaba Sole.

—Tú has visto, camarada —le dijo—, cómo este canalla tiraba al suelo este fajo de billetes, ¿verdad?

Sole miró con cara de terror al fugitivo y contestó:

—No, no lo ha tirado él. Yo había visto el paquete en el suelo antes de que él llegase.

Le había salvado la vida.

Los judíos que se dedicaban a la especulación de joyas tenían en Kiev otros dos cafés, en los que se reunían y, a escondidas de la Checa, hacían sus tratos. Cuando se veía a aquellos judíos astrosos con sus levitones mugrientos, tan sucios y tan pringosos que se les podía echar un cubo de agua por encima sin que se mojasen, no se imaginaba uno que, cosidos al forro de aquellos harapos, llevasen brillantes por valor de muchos miles de rublos.

Yo, cuando los veía vagando tristes por entre las mesas del café, a la caza de clientes, les interpelaba:

—Oye, Samuel —preguntaba—. ¿Me vendes tu chaqueta por diez millones de rublos?

El judío sonreía suavemente y con un ademán desdeñoso eludía la impertinente proposición:

—Anda a tu negocio y déjame en paz.

Los bolcheviques hacían frecuentes razias en los cafés. Se presentaban de improviso, y los guardias rojos, con la bayoneta calada, tomaban todas las salidas mientras el comisario gritaba:

—¡Manos arriba! Todo el mundo quieto.

Se instalaba ante una mesa e iba llamando uno por uno a los parroquianos:

—Vamos a ver, tú, Abraham, ¿qué llevas encima?

—Nada, señor —respondía Abraham.

—Piénsalo bien.

—Nada te digo.

—Tú veras lo que te conviene. Si declaras ahora por las buenas lo que llevas encima podrás ir a recogerlo a la Checa cuando demuestres que eres dueño legítimo. Si después de declarar que no llevas nada te encontramos algo al registrarte, vas a la cárcel.

Abraham se ponía a temblar. La barbilla en punta le bailaba al castañetearle los dientes, y balbuceando parecía recordar:

—Creo que llevo... un botón... Sí, eso: un botón que me dejó mi hermano como recuerdo.

—A verlo.

Abraham registraba los entresijos de su caftán y sacaba en los dedos temblorosos una moneda de oro de una libra.

—Es un botón —decía— recuerdo de mi hermano.

—Es una libra esterlina.

—Sí, pero mi hermano la usaba como pasador para la camisa.

—Bueno, mañana vas a la Checa, pruebas esa historia de tu hermano y la recoges. Ahí va el recibo.

Así iban, uno por uno, escupiendo las joyas y el dinero que llevaban encima. A algunos les daban verdaderas convulsiones al tiempo que los registraban. Cuando, después de haber negado una y mil veces que tuviesen joyas o valuta extranjera les encontraban algo, se les ponían los pelos de punta. No era para menos. Una vez en aquellas listas de detenidos, que luego pasaban al camarada Mischa, lo más probable era el tiro en la nuca.

En uno de estos registros el comisario vio en el suelo un fajo de billetes, del que se apoderó. Eran libras esterlinas: doscientas o trescientas.

—¿De quién es esto?

De pie junto al diván bajo el cual se había encontrado el paquete había seis o siete judíos mugrientos. Ninguno se movió.

—¿No es tuyo esto? ¿No se te ha caído a ti? —preguntaba el comisario encarándose con un viejo triste que, con un aire compungido, se acariciaba la barbita al lado mismo del sitio donde se había encontrado aquella fortuna sin dueño.

—¿Mío, camarada? ¡Qué más quisiera yo! ¡Mía esa fortuna, cuando no tengo dónde caerme muerto!

—Piénsalo bien. Si es tuyo no tienes más que declararlo. Te entrego el recibo y mañana vas a la Checa a demostrar su legítima procedencia, con lo cual te lo devolveremos.

El viejecillo se rascaba la barba lentamente meditando. Hubo un momento en que vaciló y estuvo a punto de caer en la celada que le tendía el comisario, pero cerró los ojos y repitió heroicamente:

—No. No es mío.

Cuando los bolcheviques se marcharon el viejecillo se desplomó llorando sobre el diván. Era raro el caso del que se atrevía a ir a la Checa a reclamar la propiedad de las joyas o el dinero incautado. Los pobres judíos preferían perderlo todo a verse envueltos en los procesos por especulación que incoaban los chequistas, que en cualquier momento de mal humor o de peligro terminaban con un tiro en la nuca. A mí me cogieron alguna vez con alhajillas, pero me presenté a la Checa a reclamarlas y me las devolvieron. Mi condición de artista me permitía justificar que lícitamente las tuviera, y además el amigo Mischa me ayudaba a salir del trance. Pero los judíos sabían que se jugaban la vida, y no reclamaban nunca nada.

Así mataba la Checa

La máquina del terror rojo funcionaba a toda presión. A los verdugos la Checa les pagaba por cada ejecución una cantidad considerable en rublos y la ropa del reo. Había mucho tajo, y todo el mundo podía ser verdugo.

Las ejecuciones se hacían a las doce de la noche. A esa hora los soldados de la Checa o los verdugos voluntarios se presentaban en los sótanos de la Elisabetkaya o la Catherinskaya, donde estaban las prisiones, y llamaban por sus nombres a los detenidos que tenían en las listas la terrible tachadura roja del camarada Mischa. Al oír sus nombres los infelices prisioneros, que sabían lo que les aguardaba, se despedían de sus camaradas de infortunio, y, con el ansia de dejar algún rastro de sus vidas antes de desaparecer para siempre, ponían en las paredes del calabozo sus nombres entre una cruz y una fecha. Cuando los bolcheviques fueron expulsados de Kiev se pudo descubrir el trágico destino de muchos desaparecidos gracias a aquellas firmas trémulas, hechas a veces con las uñas, en las paredes de los calabozos.

Las ejecuciones se verificaban, sin ningún aparato, en los patios interiores del caserón de la Checa o en los sótanos. Para que no se oyesen los estampidos de los fusilamientos y los ayes de los reos, los chequistas, antes de comenzar su faena, ponían en marcha los motores de sus camiones, que petardeaban en la noche con el escape suelto mientras duraba aquella espantosa carnicería.

Cada verdugo mataba a su manera, porque no había ceremonial alguno para las ejecuciones. Se trataba sencillamente de liquidar a unos cuantos millares de indeseables de la manera más rápida y cómoda. Nada de liturgia: puro y simple materialismo. El verdugo, amateur o profesional, procuraba despachar cuanto antes y con poco trabajo. Había algunos que obligaban a los reos a desnudarse y a dejar sus ropas muy dobladitas: las ropas de la víctima eran el precio de la ejecución que más se estimaba, y no era cosa de dejar que se estropeasen y se manchasen de sangre. Esto aparte del trabajo que costaba después desnudar a los «fiambres». Desnudos, tiritando, arrastrados como corderillos, aquellos infelices recibían el balazo en la nuca que acababa con sus pobres vidas cogidas al azar por aquella máquina del terror que iba triturando implacablemente a la sociedad burguesa. En las prisiones de la Checa se moría así, sin ninguna prosopopeya, como la cosa más natural del mundo. ¿No han visto nunca cómo se mata un pollo en la cocina? Pues así. El chequista sacaba del calabozo a su víctima y se lo llevaba a un patizuelo cualquiera, el que más le acomodaba; desenfundaba la pistola y le decía:

—Anda, desnúdate. Deja la ropa en ese rincón.

Y mientras el reo se desabrochaba las botas como un autómata y se sacaba la camisa por la cabeza, sin que se le ocurriera siquiera iniciar una protesta —¿para qué?—, el chequista encendía un cigarrillo y esperaba echando bocanadas de humo.

—¿Qué? ¿Estás ya?

Al llegar a este punto el reo no tenía ya fuerzas para responder. Doblaba la cabeza sobre el pecho y así, resignadamente, entraba en la eternidad de un pistoletazo.

Uno cree que esto de morir es más complicado y difícil. Se imagina las ejecuciones como algo terrible y solemne. No hay tal cosa. Los bolcheviques mataban, sencillamente, porque creían que había que matar, sin concederle ninguna importancia. Les aseguro a ustedes que yo ahora, al recordarlo y contarlo, me emociono mucho más que entonces, cuando lo estaba viviendo. Se han contado muchas historias truculentas de la Checa. Todas pueden ser verdad. Los chequistas, en la época del terror, hicieron todo lo que se les atribuye y más. Lo que no es verdad es el aparato terrorífico de que se les rodea. Yo les vi de cerca. Después he leído relatos de sus crímenes, he visto películas reproduciéndolos. Todo es falso. Allí no había nada de eso que ahora nos emociona. Asesinaban, sí. Pero no como la gente se lo imagina. Aquello tenía otro aire más natural, más sencillo. Procuraré explicarme.

Había en Kiev un malabarista japonés llamado Masakita...

19. El japonés Masakita, malabarista y verdugo

Masakita jugaba bien, pero tenía mala suerte. El madrileño Zerep y el italiano Armando, que jugaban peor que él, le pisaban todas las jugadas.

—¡Trío! —cantaba el japonés.

—¡Escalera! —le replicaba Armando.

—¡Fuljan! —decía Masakita en otro envite.

—¡Póquer! —le sacaban indefectiblemente el español o el italiano.

Masakita, impasible, entregaba entonces el dinero que tenía por delante, sacaba un nuevo resto del bolsillo y, sin decir palabra, se ponía a barajar peinando cuidadosamente las cartas con aquellos dedos firmes de malabarista, que hacían saltar los naipes con un ritmo y una precisión insuperables. Y así siempre. Hasta que se quedaba sin un céntimo. Cuando ya no tenía en los bolsillos nada que poner de resto decía con voz suave:

—No darme cartas ahora. Dentro de un rato volveré.

Y se levantaba sonriente, cogía la gorra, el correaje y la pistola y salía silencioso, sin una lamentación, sin un mal modo. ¿Adónde iba entonces Masakita? ¿De dónde sacaba el dinero?

Tarde o temprano volvía con él y se ponía a jugar de nuevo. Era aquélla una partida de póquer casi permanente. A todas horas del día y de la noche se podía pedir cartas, porque mientras los bolcheviques andaban muy atareados en la organización del nuevo Estado soviético nosotros, los artistas de circo, que no teníamos ocupación, nos pasábamos la vida entera en el Sindicato jugándonos la caspa al póquer. En aquel tiempo era lo único que se podía hacer. Funciones apenas si se podían dar algunas al mes. Trabajar en otra cosa era una vana ilusión. Paciencia y barajar. Ya veríamos, si no nos moríamos de hambre o nos mataban de un tiro, en qué paraba aquello. Los más prudentes jugábamos al póquer. Los demás andaban como almas en pena buscando por todo Kiev algo con que emborracharse. Los bolcheviques habían prohibido el vodka, y los borrachos, desesperados, se bebían las cosas más inverosímiles. Una noche no se pudo dar la función en el circo porque unos artistas se habían bebido la ración de petróleo que nos entregaba la administración soviética para el alumbrado de la sala. También se bebían el barniz como si fuese cazalla. Lo calentaban, lo dejaban posarse y, después de pasado por un pañuelo, se lo bebían. No sé cómo no reventaban.

Los más serios éramos *El hombre sin nervios*, los *clowns* Armando y Zerep, el malabarista japonés Masakita y yo, que teníamos nuestra partidita de póquer y nos llevábamos jugando desde las cuatro de la tarde hasta el día siguiente. Antonio Zerep y yo, mal que bien, nos defendíamos. El italiano Armando ganaba casi siempre. Con el dinero del póquer se compró abrigos de pieles y sortijas de brillantes para su mujer. Otros artistas rusos, que a veces entraban en nuestra partida para echar unas manitas, perdían siempre. Aceptaban todos los envites, iban a ligar color con tres cartas, se jugaban el resto con dobles parejas... Los rusos eran pan comido. El japonés Masakita perdía siempre también, pero no porque jugase mal, sino porque tenía mala suerte. A las dos horas de estar jugando, y a veces a los diez minutos, tenía que levantarse y decir con aquella sonrisilla suya, tan fría, tan dura:

—Quitad los treses. Hasta luego.

¿Adónde iba Masakita?

Cuando había que quitar los treses

Iba a la Checa. Masakita era chequista, y cuando se quedaba sin dinero iba a la Checa.

—¿Hay trabajo? —preguntaba.

—Sí; dos, tres, cinco...

En la Checa siempre había trabajo.

Recogía en la oficina los papeles, bajaba a los sótanos y con la misma impasibilidad que envidaba el resto desenfundaba la pistola y decía al condenado:

—Anda, desnúdate.

Sabía bien el oficio. El tiro en la nuca no le fallaba jamás. Era verdugo serio, el mejor verdugo que tenía la Checa de Kiev. Aquellos otros judíos y letones que compartían el trabajo con Masakita eran gente desigual. Tan pronto les daba por apropiarse de los condenados y, llenos de angustia, los mataban de mala manera, cerrando los ojos y volviendo la cara para no verlos, como se convertían en verdaderas furias y hacían sufrir innecesariamente a los que habían de matar. Había algunos que se entregaban a puras fantasías. Encañonaban a los reos, les apuntaban cuidadosamente y les tiraban con pólvora sola. Los reos, al sentir la descarga, se dejaban caer al suelo creyéndose mortalmente heridos; pero poco a poco iban dándose cuenta de que les habían tirado sin bala. Cuando, al ver a los chequistas reírse, empezaban a convencerse de que no estaban muertos y renacía en ellos la esperanza, los mataban de verdad. Todo esto era pura superfluidad y evidente antimarxismo. Masakita no caía en estas frivolidades. Era, como digo, un verdugo serio, que cumplía limpiamente su deber haciendo el daño estrictamente necesario. No tenía la debilidad de tirar sobre el reo sin hacerle desnudarse antes, porque sabía el trabajo que costaba después quitar la ropa a un muerto; pero tampoco ocasionaba el menor sufrimiento innecesario.

Terminada la faena el pequeño japonés se volvía al circo con unos cuantos miles de rublos en el bolsillo y un lío de ropas viejas y sudadas —con los sudores de la muerte— bajo el brazo. Pedía cartas, metíamos los treses y se ponía a ligar con la mayor ilusión del mundo, como si aquello fuese la única cosa importante de su vida. Cuando me lo encontraba frente a frente yo le miraba con fijeza la cara amarilla y dura, labrada por millares de arruguitas; aquella cara terrible que no alteraba nunca, los delgados labios sonrientes, las facciones estereotipadas, el ojo vivo clavado al sesgo en el naipe, el pelo ralo azuleando de negro como ala de cuervo...

Perdía concienzudamente su dinero, y cuando estaba de nuevo sin un copeck se iba al rincón donde había dejado la herencia de los asesinados y subastaba las míseras prendas, tibias aún de humanidad.

—Quinientos rublos por esta guerrera de oficial, ¿quién da?

El látigo

A Masakita le hicieron comisario de la Checa y le destinaron a la policía de los mercados. Tenía aquel maldito japonés una actividad prodigiosa, y llegó a ser la obsesión de los vendedores de Kiev, a los que perseguía implacablemente para hacerles cumplir las enmarañadas disposiciones soviéticas sobre el comercio privado. En el mercado le odiaban a muerte. Metido en su uniforme de comisario de la Checa, con su sonrisita de siempre y una fustita en la mano, se entraba todas las mañanas por entre los puestecillos del mercado y a su paso iba sembrando el terror en los judíos y los campesinos que acudían a vender sus panes y sus verduras. Era para ellos más malo que un dolor. Por menos de nada su fusta caía sobre los lomos de los campesinos, que aguantaban el trallazo sobrecogidos.

Yo, que no he podido nunca sufrir con paciencia esto de que un hombre pegue a otro impunemente, porque por algo soy español, y que lo que más odiaba de la Rusia zarista era la facilidad con que los de arriba pegaban a los de abajo, no me explicaba cómo después de haber hecho una revolución para acabar con el látigo de los oficiales y los aristócratas aquel japonés, hijo de mala madre, cruzaba la cara con su fusta a los pobres del mercado de Kiev en nombre del comunismo. Pero, como ya he dicho, yo las cosas de la política no las entiendo.

Aquella mujer que lloraba

Saltaba a la vista que era una burguesa. A pesar del raído mantón, del pañuelo por la cabeza y de las botas sucias y reventadas, se veía que era una «cochina burguesa». Aquellas manos que se posaban implorantes en la guerrera de Masakita eran demasiado blancas, y aquellos dedos que se crispaban para detenerle eran excesivamente largos y finos.

Iba de vez en cuando al circo a buscarle. Masakita, cuando ella venía, abandonaba la partida de mala gana y se iban juntos a un rincón, donde estaban largo rato cuchicheando. Se advertía por los ademanes de la mujer que iba a suplicarle algo, a congraciarse con él. Algunas veces vimos cómo disimuladamente le daba dinero.

—Tu amante, ¿eh? —le preguntaba alguno de la partida cuando la había despedido.

—Ahora resulta, Masakita, que te gustan también las burguesas viejas —le decía otro.

El japonés acentuaba un poquito su sonrisa enigmática y se enfrascaba en el póquer sin soltar prenda.

La última vez que vino al circo la mujer aquella la acompañaba un hombre de unos cincuenta años, miserablemente vestido, pero con cierto empaque en el ademán y en el rostro. Masakita estuvo hablando en voz baja con ellos, pero de pronto vimos que la mujer se desplomaba gritando:

—¡Hijo mío!

El hombre aquel echó las manos al cuello de Masakita dispuesto a estrangularle, pero el japonés, con la agilidad y la fuerza de un gorila, se lo sacudió y lo tiró contra un diván.

—¡Yo no tengo la culpa! —decía Masakita irritado—. Si le han fusilado ha sido a pesar de cuanto he hecho por él. Mi interés, como ustedes comprenderán, era salvarle.

El pobre hombre, pasado el acceso de furor, balbuceó unas excusas:

—Usted perdone. No he podido dominarme. ¡Mi pobre hijo, fusilado!

Y perdida súbitamente toda su energía se inclinaba temblando para recoger del suelo el cuerpo exánime de la madre. El japonés dio media vuelta y se sentó a jugar de nuevo, mientras aquella infeliz pareja se incorporaba y salía abrazada y estremecida por una congoja mortal.

—¿Qué le pasa a esa pobre gente? —pregunté a Masakita.

—Que la Checa le ha fusilado un hijo esta madrugada. Era

oficial blanco, cayó en poder de la Checa y ha estado en los calabozos de la Elisabetkaya durante varias semanas, hasta que le han condenado. A mí vino la vieja a buscarme para preguntarme por él, porque no tenía noticias suyas hacía mucho tiempo y sabía que yo le conocía. Cometí la estupidez de decirle que, efectivamente, el chico estaba preso, y me ofrecí a ponerles en comunicación, trayéndoles y llevándoles recados, a pesar de que me exponía a un serio disgusto.

—En suma, que has explotado bien a los viejos. ¿No es eso? —le atajó *El hombre sin nervios.*

Masakita eludió la respuesta.

—Son unos cochinos burgueses. ¡Que se mueran! El hijo era un contrarrevolucionario peligroso, y está bien fusilado.

La infamia

No era verdad. El hijo de aquellos burgueses no había sido fusilado. No había estado nunca en los calabozos de la Checa. Aquella historia que nos contó el japonés era una infamia inventada por él para sacar dinero a los viejos. Les hizo, primero, creer que el hijo, oficial blanco de los que se habían marchado de Kiev acompañando a Denikin, cuando triunfaron los bolcheviques, había caído en poder de los rojos y estaba encerrado en los calabozos de la Checa. Por esta revelación y la promesa de que intercedería por él Masakita había estado sacando dinero a la madre durante varias semanas. Últimamente le había arrancado unos cuantos millones —ya se contaba por millones— con la promesa de devolvérselo sano y salvo, pero como el tiempo pasaba sin que pudiese cumplir lo que había prometido y ni siquiera le era posible llevar a los padres un papel escrito por el hijo, se le ocurrió para desembarazarse de ellos decirles lisa y llanamente que, a pesar de cuanto había hecho él por impedirlo, le habían fusilado en los calabozos de la Checa.

Era una infamia. El hijo de aquellos burgueses no estuvo nunca en poder de los bolcheviques. Seguía en el ejército de Denikin, y cuando, meses después, los blancos derrotaron a los rojos, volvió a Kiev.

Todo se paga en este mundo, y aquella infamia la pagó Masakita con la vida. No era mucho.

«Una gracia especial, mi coronel»

Hubiera podido escapar. Pero era un tipo temerario para el que la vida no tenía valor alguno, y no supo huir a tiempo. Yo creo que por esto, por lo poco que le importaba su propia vida, quitaba las ajenas con tan maravillosa facilidad.

Cuando el ejército blanco volvió triunfante a Kiev y los bolcheviques evacuaron la ciudad, el japonés pudo marcharse con ellos, pero prefirió quedarse hasta el último instante peleando en las calles contra los destacamentos de oficiales, a los que los obreros bolcheviques y los judíos, a la desesperada, tendían emboscadas en las encrucijadas de la ciudad. Parapetado en un portal estuvo varias horas disparando su fusil contra las patrullas blancas. Cada vez que caía uno de los suyos Masakita saltaba al arroyo y, bajo un diluvio de balas de los blancos, recogía el cuerpo exánime del camarada y lo arrastraba a lugar seguro. Toda la mañana estuvo haciendo bajas a los blancos y llevando camaradas heridos a casa de su querida. A media tarde los cosacos habían limpiado de tiradores bolcheviques las calles de Kiev, y Masakita, el último combatiente, tuvo que tirar el fusil y esconderse.

Negro de humo y de sangre, pero con su eterna sonrisilla en el rostro, se presentó en el circo. El uniforme de comisario de la Checa le delataba, y nos pidió un traje de paisano para disfrazarse y huir. No lo teníamos. Se fue entonces al cuarto de un compatriota suyo, equilibrista, llamado Matsaura; le descerrajó el baúl, sacó unos pantalones y una chaqueta destrozados que allí había, se los puso, se echó la gorra sobre los ojos y desapareció.

Ya era inútil. El pueblo le odiaba tanto, era tan tristemente famoso por sus crueldades, que antes de que cayera la noche le llevaron al hotel donde los blancos habían establecido su cuartel general. Iba esposado, sangrando y rodeado de un grupo de aldeanos y de mujeres que querían lincharle.

En la doble fila de prisioneros formada en el patio del cuartel general estaba Masakita esperando la noche para morir, sin que su sonrisilla amable le hubiese abandonado, cuando acertó a pasar un oficialillo lampiño que, al descubrirle, se fue hacia él con un júbilo feroz pintado en los ojos. Al ver al oficialillo, Masakita bajó los ojos. Sintió un trallazo en el rostro saludándole, pero no los levantó.

—¿Qué? ¿No me esperabas? ¿Creías de verdad que me había fusilado la Checa? —le preguntó el oficial.

Masakita seguía indiferente a todo, con los ojos bajos y la mejilla desprendiendo lentos goterones de sangre negra.

Al segundo latigazo en la cara elevó los párpados oblicuos, sin levantar la cabeza, y contempló de través a su enemigo.

—¿Sabes que mi padre ha muerto de dolor?

El japonés callaba y sonreía. Dio media vuelta el oficial y se fue al rincón del patio donde el coronel charlaba con los oficiales. Se cuadró ante él y llevando la mano a la visera de la gorra dijo:

—Mi coronel, quiero pedirle una gracia especial.

—Di lo que quieras, muchacho.

—Que se me entregue a ese prisionero.

Y señalaba a Masakita.

—¿Para qué? —preguntó el coronel alarmado ante la idea de que el oficial quisiera librar al japonés del fusilamiento.

—Para darle muerte por mi mano, mi coronel. Sería una gran satisfacción para mí.

—¡Ah! Si se trata de eso, tuyo es. Haz con él lo que quieras. Basta con que entregues luego su cadáver. O lo que hayas dejado de él —agregó.

—Muchas gracias, mi coronel.

El oficial sacó a Masakita de la fila, atravesó el patio llevándole por delante, se metió con él en una habitación y cerró por dentro. ¿Qué muerte le daría?

Los pantalones de Matsaura

El pobre equilibrista estaba desolado. Le apenaba la muerte cierta de su compatriota, pero le apenaba más la pérdida de sus pantalones. Era que, cosidos en la pretina de aquellos pantalones destrozados, tenía el pobre Matsaura todos sus ahorros, unos cuantos miles de rublos.

Cuando se enteró de que Masakita había sido ejecutado por los blancos pensó que acaso le sería posible recobrar sus pantalones, si daba con el cadáver antes de que lo enterrasen. Me pidió que le acompañase, y fuimos al depósito judicial, donde los oficiales habían dispuesto que se expusiesen al público los cadáveres de las víctimas de los sucesos. Los blancos decían que todas aquellas eran víctimas de los bolcheviques, pero la verdad es que entre ellas había muchas producidas por los cosacos. Y allí estaba, efectivamente, el cadáver de Masakita, con el rostro desfigurado, un tiro en la nuca y la carne amarilla y firme de sus piernas asomando por los desgarrones del pantalón viejo de Matsaura.

Éste se tiró loco de alegría sobre el cadáver, dispuesto a quitarle los pantalones, pero un cosaco que estaba de centinela le dio un culatazo en la espalda y le apartó. Matsaura lloraba, chillaba, gemía, suplicaba pidiendo sus pantalones; pero no hicieron ningún caso.

A Masakita le enterraron con los pantalones de Matsaura puestos. Esquivando los vergajazos de los cosacos, el pobre equilibrista arruinado siguió con la vista el cadáver de su compatriota, y desde lejos estuvo oteando hasta ver cómo le metían, junto con otros muchos cadáveres, en una hoyanca que rellenaron luego con cascotes.

Durante varias semanas Matsaura salía de noche y se iba a rondar por el lugar donde estaba enterrado Masakita, con la esperanza de rescatar sus pantalones y su fortunita.

No sé si lo logró.

20. Cuando era más difícil comer que hacerse millonario

El dinero no es nada. En aquellos tiempos era yo millonario. ¡Y me moría de hambre!

Mientras estuvieron en Kiev los oficiales fui invirtiendo en oro y brillantes todas mis ganancias como *croupier*, y llegué a tener más de un millón de francos, un millón auténtico, nada de rublos ni de papel moneda: oro y piedras preciosas nada más. La última dominación de los blancos fue una época de locura. Yo estaba empleado en una casa de juego que había frente a la Duma, y por mis manos pasaron muchos millones en joyas. Había viejas preseas de la aristocracia rusa, que hubiera sido curioso averiguar cómo y por qué caminos llegaban hasta allí y caían sobre el tapete verde acompañadas de la pregunta ritual:

—¿Cuánto?

Las valorábamos como nos daba la gana, y, naturalmente, nos hacíamos ricos. Yo, codiciosamente, todo cuanto ahorraba lo invertía en joyas. Se daba el caso paradójico de que algunos días me acostaba sin haber probado bocado después de haber adquirido un solitario de varios miles de duros. Pero, ¡quién daba brillantes por panecillos!

De madrugada me iba a casa dando diente con diente y desmayándome de hambre, pero con mis monedas de oro

en el bolsillo. Las metía en mis escondites y me acurruca-
ba en mi camastro, sin que me dejasen dormir ni el hambre, ni el frío, ni aquella desazón de sentirme dueño de un
tesoro, con el que soñaba verme algún día en la calle de
Alcalá sentado en la terraza de un casino, un buen haba-
no en los labios y un brillante como una almendra en la
corbata.

Hacía un frío negro. De madrugada salía sigilosamente de
mi cuarto armado de un serrucho y arrancaba todas las
maderas que encontraba en la casa para ir alimentando la
estufa. Llegó un momento en el que no había en aquel caserón ni puertas, ni ventanas, ni pavimentos, ni vigas. No
quedaban más que las paredes y el tejado. La casa, así des-
mantelada, se me venía encima, y no tuve más remedio que
mudarme. Aquello era una salvajada, pero sólo así evitába-
mos morirnos de frío. Basta decir que las botellas de agua
que teníamos debajo de la cama estallaban al congelarse
mientras dormíamos.

Con los bolcheviques no había casas de juego, pero continuaba clandestinamente la especulación de joyas. Estaba
muy perseguida, y a mí me hicieron varias requisas; pero no
me encontraron nada. Mi amistad con Mischa y con los
demás chequistas me servía eficazmente para neutralizar
las denuncias de los camaradas del circo. Una madrugada
se presentó de improviso una patrulla bolchevique. Iban
buscando las joyas, en virtud de una denuncia formulada
contra mí; pero por más que registraron no dieron con
ellas. El jefe de la patrulla gruñía malhumorado, mientras
sus hombres husmeaban:

—¡Hum, hum! El pueblo se muere de hambre y en estos
escondites hay cosas que valen dinero.

—No tenemos nada. Estamos muertos de hambre —implo-
raba yo.

—Sí, sí..., ya te conozco, perro. Hay muchos proletarios descalzos, mientras tú tienes aquí todos esos pares de zapatos —decía señalando a lo único que encontró, mis zapatillas, mis escarpines y mis botinas de bailarín.

—Son mis herramientas de trabajo —le dije—. Te las puedes llevar, si quieres, pero no encontrarás en todo el ejército rojo un soldado que sea capaz de calzarse esta botina en punta del treinta y seis.

La miró, la comparó con su botaza embreada, que debía de tener lo menos el cuarenta y cuatro, y la arrojó despectivamente. Pareció convencerse a regañadientes y nos dejó en paz.

Al pobre Antonio le quitaron todas las joyas que penosamente había ido reuniendo. Las tenía escondidas en el colchón, pero seguramente se había ido de la lengua en algún sitio y los que se presentaron a requisarle fueron a tiro hecho. Le levantaron de la cama, abrieron el colchón y dieron con ellas sin un momento de duda. Cuando al día siguiente Antonio fue a reclamar a la Checa le dijeron que allí no se había dado ninguna orden de requisa contra él y que, seguramente, había sido víctima de un robo por parte de una cuadrilla de expropiadores privados. Unos amateurs, como si dijéramos.

Ya entonces se carecía de todo. Se acabaron también los tejidos y todo el mundo iba vestido de pordiosero. Por aquellos meses hizo su aparición en Kiev una moda originalísima. La gente se vestía con unos trajes hechos con tela de saco. Eran los sacos de las expediciones de víveres que se enviaban a Rusia desde Europa y Norteamérica. Los sastres judíos los cortaban y cosían primorosamente, elaborando con aquellas arpilleras unos gabanes y unos pantalones elegantísimos. Con tres sacos bastaba para un traje. Tenían, además, la originalidad de que después de confeccionados cada cual los pintaba del color que quería, y se veían por las calles los más caprichosos y audaces modelos.

Mientras tanto, los bolcheviques seguían enconados en su tarea de hacer tragar al pueblo el bolchevismo, por las buenas o por las malas. Por todas partes no se veían más que emblemas soviéticos y letreros de propaganda comunista. «El que no trabaja no come», decía uno de los más frecuentes; pero la verdad era que allí no trabajaba nadie, por la sencilla razón de que no había en qué trabajar. Teóricamente todo estaba maravillosamente dispuesto. A los obreros se les daba un jornal fijo y víveres, con arreglo al número de bocas que cada cual tenía que mantener.

Es decir, víveres, no; bonos para conseguir los víveres, que no era exactamente lo mismo. Cuando a la casa en que habitábamos no le quedó una astilla que quemar, nos fuimos a otra casa que estaba cerca del circo. En la buhardilla de aquella casa vivía una banda de carteristas y bolsilleros, cuyo jefe era un tipo magnífico de anarquista que se apodaba el *Rojo*. Eran diez o doce y había entre ellos dos o tres que sabían hacer juegos malabares y se colocaban en las plazuelas para entretener a los papanatas, mientras sus camaradas les desvalijaban. Una madrugada, estando nosotros ausentes, se presentaron en nuestra casa unos titulados bolcheviques para hacernos una visita.

Arrancaron el candado de la puerta y entraron en nuestra habitación; pero el *Rojo,* que advirtió su presencia, les obligó a marcharse sin tocar nada. Luego estuvo a la puerta de nuestra habitación, de guardia, hasta que nosotros volvimos. Me extrañó mucho aquella prueba de honradez del *Rojo* y se lo hice notar.

—Hoy por ti y mañana por mí —me contestó—. Yo soy ladrón; pero robo por las buenas, valiéndome de mis mañas, y me da asco toda esta canalla que roba al amparo del Estado bolchevique fingiendo pesquisas. Nosotros somos anarquistas y tú deberías serlo también; seguramente lo eres sin saberlo.

Di las gracias al caballeroso anarquista y le ofrecí interesarme por el anarquismo.

Procuré, sin embargo, alejarme de ellos todo lo posible, pues a los anarquistas no les lucía mucho el pelo con los bolcheviques. A mí me iba mejor con los judíos del Podol, y, por si acaso, con Mischa y con los comisarios de la Checa. Entre los judíos del Podol tenía muy buenos amigos, y gracias a ellos no me moría de hambre. Algunos me admitieron en su intimidad, y recuerdo que una vez estuve hasta en una sinagoga presenciando una boda. Era una ceremonia muy curiosa. Los novios iban bajo palio, y luego hacían una pantomima en la que ella le golpeaba a él. Después, en la casa, celebraban la boda con una gran juerga en la que los invitados formaban un corro alrededor del novio, que tenía que dar vueltas sin pararse un momento, mientras los demás canturreaban.

Una madrugada, al volver de una juerga en el Podol, a la que habían asistido varios comisarios bolcheviques, me detuvieron y me mandaron a los calabozos de la Checa. Pasé varias horas tirado en una tarima con ocho o diez presos, que de tiempo en tiempo despertaban sobresaltados, creyendo que les iban a matar. Mischa, cuando se enteró de que yo estaba preso, me puso en libertad.

Por aquel entonces se presentó en Kiev aquel judío de Minsk, amigo mío, que se llamaba Paulich. Venía por encargo de un general del ejército blanco para sacar de Kiev a su mujer y a su hija. La empresa era arriesgada, porque a base de una falsificación de documentos, Paulich tenía que pasarlas como si fuesen su mujer y su hija propias; pero el general pagaba bien. Nosotros no nos atrevimos a correr la aventura de intentar una huida aprovechando aquella coyuntura; pero ayudamos a Paulich y lo tuvimos escondido en el circo hasta el momento oportuno. La cosa salió bien y se ganó un buen dinero. Recientemente he sabido que Paulich vive ahora en Hamburgo con holgura. El circo iba de mal en peor: en las pocas funciones que se daban no se recaudaba un céntimo; todo el público era «tifus». Antonio y yo trabajábamos algunas veces por nuestra cuenta y decidimos dedicarnos a la venta ambulante de tabaco. Obtuve un permiso, por el que me cobraron los bolcheviques doscientos rublos, y me instalé con una sombrerera por establecimiento a la puerta del hotel donde estaban alojados los jefes bolcheviques; casi todos eran parroquianos nuestros. Antonio, Sole y yo nos turnábamos, y si no ganábamos dinero, por lo menos justificábamos nuestra existencia. Eso sí; hacíamos unas cifras de ventas sorprendentes. Baste decir que diez cigarrillos costaban cinco mil rublos, y que llegó un momento en que valía mil rublos un solo cigarro.

«Tres horas me bastan para no dejar un judío con vida»

Empezó a hablarse de la posible vuelta del ejército blanco. Los bolcheviques habían sufrido algunos reveses en el campo y se temía un ataque a fondo sobre Kiev. Los judíos del Podol, aterrorizados, pidieron armas a los bolcheviques, dispuestos a vender caras sus vidas, pues sabían por experiencia que para ellos no habría cuartel. Se dijo entonces que Bagdanov, al iniciarse el avance de los blancos, había pedido permiso al general Denikin para estar tres horas en Kiev con su tropa.

—¿Qué piensas hacer? —le preguntó Denikin.

—Tres horas le bastan a mi gente para no dejar un judío con vida —contestó.

Conscientes de lo que les aguardaba si triunfaban los blancos, los obreros y los judíos de Kiev estaban, pues, dispuestos a resistir a todo trance. Cada casa se convirtió en una fortaleza.

Cuando una tarde se supo, al fin, que el ejército rojo se replegaba sin combatir y evacuaba Kiev, pasó por la ciudad una ola de terror. Cada cual se encerró en su casa con la convicción de que no saldría vivo de ella. Los bolcheviques dieron armas a los más decididos, y desde las primeras horas de la noche comenzaron a abandonar la ciudad. Los carros de material de guerra y provisiones fueron saliendo lentamente y en perfecto orden, sin que se oyese un tiro. De los puestos avanzados del campo fueron llegando escalonadamente los destacamentos de guardias rojos, que a medida que avanzaba la noche se concentraban en las avenidas principales y formaban las columnas de evacuación. A media noche había salido de Kiev toda la impedimenta soviética y las tropas aguardaban formadas a pie firme la orden de partir. Cuando se les incorporaron los destacamentos de avanzadilla que habían estado hasta el último momento en contacto con las vanguardias del ejército blanco, evolucionó lentamente aquella serpiente parda y se escurrió en la noche. Los árboles de la alameda se la tragaron. Yo fui corriendo a meterme en mi gazapera. Se había dado la orden de que la población civil intentara resistir, y los artistas del circo habíamos sido movilizados, como los obreros de todos los sindicatos. Al nuestro se le confió no sé qué misión estratégica, pero yo opté por encerrarme prudentemente en casa, y creo que lo mismo que yo hicieron otros muchos artistas. Poco después de haberse marchado los bolcheviques se oyeron varios cañones. Luego hubo un par de horas de silencio absoluto. Sole estuvo rezando por los pobres judíos del Podol. ¿Sabrían defenderse? ¿Serían esta vez tan cobardes como siempre?

Cuatro cosacos en la avanzadilla

Eran las cinco de la madrugada. El tac-tac de unas herraduras, hiriendo el empedrado, rompió el silencio del amanecer. Entreabrí la ventana y vi destacarse en el fondo borroso de la gran calle solitaria las siluetas de cuatro cosacos. Al llegar al cruce de la Fondukrestkaya tiraron de las riendas y se quedaron plantados, cada uno frente a una bocacalle.

Pasó un rato. La luz de la mañana iba haciéndose clara y precisa. Por la Fondukrestkaya abajo vino arrastrando las alpargatas y pegándose a las fachadas de las casas un muchachillo desastrado. Iba con la pelambre al aire, canturreando y mordisqueando una pera.

Uno de los cosacos le llamó:

—¡Eh, tú! ¿Adónde vas?

Las voces sonaban claras y distintas en aquella limpia mañana de primavera, barrida por un vientecillo fino y frío.

—Voy a mi casa —contestó sonriendo el muchacho, y dio otro mordisco con fruición a su pera.

—¿Qué haces por la calle?

—He salido a buscar algo para comer. ¿Usted gusta? —y con ademán suelto y gracioso le tendía la pera mordisqueada al cosaco.

—A estas horas sales a buscar qué comer, ¿eh?

Se inclinó el cosaco en la silla, agarró del pelo al infeliz, le atrajo hacia sí y retorciéndole la cabeza sobre la montura levantó el brazo derecho y le degolló de un solo tajo.

Sangrando por el cuello a borbotones, quedó el cadáver del muchacho en el suelo, todavía con el bocado de pera entre los dientes.

Poco después apareció otro transeúnte.

El cosaco hizo dar dos pasos a su caballo y le llamó:

—¿Adónde vas?

—Al trabajo.

—¿Llevas papeles?

—No llevo ninguno.

No preguntó más el cosaco. Sacó la pistola y le hizo dos disparos a boca de jarro. En el suelo quedó el infeliz debatiéndose en un charco de sangre. No se moría de una vez y el cosaco, malhumorado, tuvo que descabalgar, coger al herido de un brazo, darle la vuelta para ponerle boca abajo y descerrajarle un tiro en la nuca que acabase con él. Luego arrastró el cadáver al borde de la acera, juntándolo con el muchacho de la pera, y volvió a la guardia, arma al brazo.

En el umbral del infierno

Ya nadie más se atrevió a pasar por aquella encrucijada de la muerte. Los cuatro jinetes permanecieron, arma al brazo, frente a las calles desiertas, mientras fue cuajándose aquel día maravilloso de primavera que la pobre gente de Kiev, aterrorizada y escondida detrás de puertas y ventanas, no se atrevía a afrontar.

A media mañana empezaron a llegar los pelotones de soldados blancos. Iban cantando alegremente en dirección al palacio de la Duma, donde poco después ondeaba de nuevo la bandera del imperio.

En un portal de la Krischatika, los soldados blancos encontraron el cadáver de un burgués, al que los bolcheviques, en su huida, habían sentado con un periódico en las manos.

Aquel dantesco pelele tenía el vientre perforado por una bala de cañón y al zamarrearlo uno de los soldados, creyendo que estaba sólo dormido, rodó a tierra y se quedó en la misma postura en que se había endurecido, con la cara sobre el asfalto y el periódico pegado a los turbios ojos de cristal desmesuradamente abiertos. Los soldados echaron mano de los primeros transeúntes que cayeron por allí y los obligaron a cavar en el acto una fosa y a enterrar en ella al profanado cadáver.

Yo, apenas vi que las tropas blancas andaban por las calles de Kiev, me decidí a salir acompañado del madrileño Zerep. Peligroso era andar callejeando en aquellos momentos de la ocupación, pero no menos peligroso era quedarse en casa, a merced de que fueran a buscarle a uno, en virtud de una delación cualquiera. Había que dar la cara y congraciarse con los vencedores.

Nos fuimos hacia la plaza de la Duma, y al llegar a ella nos vimos venir un oficial que salía del palacio precipitadamente. Nos llamó.

—¿Son ustedes obreros?

—No, señor; artistas.

—¿Judíos?

—Cristianos viejos, señor oficial.

—¿Saben ustedes dónde está la Checa?

—Sí, señor —repuse sin vacilar—; yo lo sé perfectamente y puedo guiarle.

—Vamos allá.

—Hay dos Checas en Kiev —le advertí—: la Checa popular, que está en la Elisabetkaya, y la Checa secreta, que está en un palacio de la Catherinskaya Ulitza.

Desconfió un momento.

—¿Cómo es que estás tan bien informado?

—He estado preso en los calabozos de las dos, señor oficial.

—Vamos a la Checa secreta —me contestó después de mirarme de arriba abajo. Tras él echaron a andar los seis u ocho soldados.

Llegamos frente al imponente edificio de la Catherinskaya. El sombrío caserón estaba cerrado a piedra y lodo. Era una verdadera fortaleza con altas ventanas enrejadas y puertas ferradas. El oficial, guiado por mí y seguido por la patrulla, dio la vuelta a la manzana buscando una entrada practicable. Luego se acercó a la puerta principal y llamó repetidas veces. No contestó nadie. A una señal suya se precipitaron sus hombres sobre la puerta y estuvieron golpeándola durante largo rato con las culatas de los fusiles hasta hacer astillas una de las hojas. El oficial fue a entrar el primero, pero en aquel momento se acordó de mí, y temiendo una celada desenfundó la pistola, me cogió del cogote y me echó por delante.

Dimos unos pasos en aquel zaguán oscuro y nos detuvimos sobrecogidos. ¿Qué visiones dantescas nos aguardaban en aquel antro infernal?

21. Asesinos rojos y asesinos blancos

Avanzamos cautelosamente por aquellos tenebrosos pasillos: el oficial, con el revólver en el puño; los soldados, con la bayoneta calada; yo, que iba delante, con las manos apretadas contra el forro de los bolsillos. Cada vez que adelantábamos un pie temíamos la explosión de una bomba o una descarga cerrada. Hacía escasamente dos horas que los chequistas habían abandonado aquel caserón siniestro, cuya misión ellos habían mantenido en el secreto y no era aventurado suponer que nos tendiesen una celada en los recodos de su madriguera. El ejército rojo había evacuado Kiev, pero aún luchaban en las barriadas populares núcleos aislados de comunistas que se defendían a la desesperada.

Paso a paso fuimos registrando los salones de aquel tenebroso palacio. Atravesamos piezas verdaderamente suntuosas con muebles y tapices de gran valor. Todo estaba en desorden acusando la huida precipitada de los rojos. Sobre las consolas y las mesas había montones de balas y sucios legajos; en los sillones y los canapés, forrados de raso, se veían pedazos de pan y trozos de longaniza. En uno de los despachos encontramos, sobre una mesa, un montón de pasaportes rusos y extranjeros que debieron de pertenecer a los prisioneros. Mientras el oficial y los soldados continuaban el registro, yo me quedé rezagado curioseando aquellos pasaportes. Había algunos manchados de sangre y otros estaban agujereados por un balazo. Los había de todas las nacionalidades: franceses, turcos, italianos. Me sorprendió mucho aquello, pues había sido creencia general la de que la Checa no fusilaba a los extranjeros para no acarrear complicaciones internacionales a los sóviets, y en aquella confianza había yo vivido alegremente. Sin saber concretamente para qué, pensé que aquello podía servirme algún día, y cuando después de echar una ojeada a mi alrededor comprobé que nadie me veía, cogí cuatro o cinco pasaportes de aquellos y me los metí disimuladamente en el bolsillo. Ya contaré cómo a este hurto debí mi salvación.

De salón en salón fuimos dando la vuelta a toda la manzana. Por todas partes se veían camas, colchonetas y catres de campaña de los chequistas. En el pabellón que hacía esquina a dos calles estaba la antigua capilla del palacio. La nave de la capilla estaba ocupada también por las camas de campaña de los chequistas y en el altar mismo había una colchoneta, en la que dormía, por lo visto, uno de ellos. No se habían molestado siquiera en quitar las imágenes, y presidiendo aquel horrible campamento aparecía un gran icono de Jesucristo. Era espantosa aquella mezcolanza de objetos del culto, iconos, armas y correajes.

Dejando atrás la capilla salimos al patio, lo atravesamos y nos metimos en un pabellón para entrar en el cual había que bajar unos escalones. Allí no había ningún signo de riqueza. Avanzamos casi a tientas y dimos en una pieza abovedada, a la que no llegaba más luz que la que pasaba a través de unos estrechos tragaluces situados junto a la bóveda. En un rincón de aquella mazmorra vimos entre las sombras un bulto que se movía.

—Aquí hay un hombre vivo —gritó un soldado encañonándole. El bulto aquel no se movió siquiera. Hicimos luz, nos aproximamos y vimos de espaldas a la pared y sujetándose a ella con las manos abiertas un anciano demacrado, con los ojos muy abiertos y unos cuajarones de sangre en la camisa.

Estaba vivo todavía, en efecto, pero debía de quedarle apenas un hilillo de vida. Fue inútil que le interrogásemos. Después de jadear angustiosamente durante un rato levantó trabajosamente una mano para señalarnos una puertecilla disimulada en el fondo de la pieza, y perdido el equilibrio se desplomó exánime diciéndonos:

—¡Allí!

La gran bestia del Apocalipsis trabaja

Por aquella puerta estrecha pasamos a los sótanos de la Checa. Los calabozos estaban vacíos. Calculamos en unos ciento cincuenta los presos que podía haber habido en aquellas celdas. Todos debieron de ser fusilados al huir los chequistas. Había indicios claros de que hasta horas antes habían estado allí y de que los habían sacado precipitadamente.

Más adelante encontramos las celdas de los condenados a muerte. Las paredes de aquellas celdas estaban llenas de nombres escritos por los condenados en el momento en que salían al patio para ser fusilados. En la última habitación, la que daba al patio de ejecuciones, encontramos una jofaina llena de agua tinta en sangre y una toalla húmeda todavía de las manos de los verdugos.

El espectáculo que se ofreció a nuestra vista cuando llegamos al patio no se me olvidará en la vida. Había en el centro un informe montón de cadáveres y miembros amputados, todo ello revuelto con barro y cascotes. Daba la impresión de que, al mismo tiempo que habían ido fusilando a los prisioneros y descuartizando los cadáveres para que no pudieran ser identificados, habían estado removiendo el suelo y cavando una fosa en que enterrarlos; pero por lo que se veía les había faltado tiempo, y al sonar la voz de «¡Sálvese quien pueda!», habían tirado los picos y las palas y habían echado a correr, dejando sin terminar su horrible faena. Más tarde nos enteramos de que, efectivamente, no habían tenido tiempo de fusilar a todos los prisioneros, y en la confusión de la huida, unos pocos habían conseguido escapar, escalando las tapias del patio, de los fusilamientos, a pesar de que algunos chequistas, enconados, seguían tirando contra ellos, con lo que perdían un tiempo precioso para salvarse. A tanto llega la ferocidad humana.

Uno de los soldados vino diciendo que se habían oído voces pidiendo auxilio en los sótanos. Se buscó la entrada con la ilusión de encontrar gentes con vida todavía; pero yo, lo confieso, no me atrevía a bajar. Era tanto el horror de lo que me rodeaba que no tuve valor para más. Me quedé solo en aquel patio de los fusilamientos mientras el oficial y los soldados buscaban en los sótanos a los supervivientes de aquella carnicería.

Levanté los ojos de aquel montón de carne humana y barro, en el que se destacaban los rostros contraídos y las manos crispadas de los ejecutados. Arriba había un cielo azul impasible y las copas de unos árboles esbeltos mecidas por el vientecillo de la primavera. En el tronco de uno de aquellos árboles del patio siniestro descubrí, a la altura de un hombre, un trozo de cartón sujeto a la corteza por un alfilerito. Me acerqué. Era una fotografía en la que aparecían dos niños gorditos, sonrientes, con muchos lazos y encajes, dos burguesitos felices e inocentes. Aquel retrato debió de ponerlo allí algún condenado para poder contemplar hasta el último instante la imagen de los dos seres queridos. En otro árbol descubrí otro retrato, sujeto también por un alfiler a la corteza. Era el de una mujer joven y guapa. Sujetos a las tapias o caídos en el suelo encontré hasta media docena de estos retratos familiares que me angustiaron más que los mismos muertos amontonados a mis pies. Me imaginaba la última mirada del reo al retratillo del ser amado atravesado por los cañones de los fusiles, y me entraba una angustia que no me podía valer.

En el rincón del patio encontré varios fusiles rotos por la culata. Se adivinaba que habían estado golpeando con ellos a los reos hasta que se les rompieron en las manos. Había también una larga bayoneta triangular con piltrafas de carne adherida a todo lo largo. Una bestia carnicera debió de estar hundiéndola a placer, no ya en una sola víctima, sino en una gran masa de carne humana, quién sabe si viva y estremecida aún.

La Rosa de la Checa

A la puerta del caserón de la Checa empezó a juntarse gente. Eran familiares de los presos, que venían angustiosamente a saber si sus deudos estaban vivos aún. Como las puertas estaban cerradas quisieron asaltar el palacio y fue preciso que acudieran tropas a contenerlos. Con las fuerzas vinieron varios jefes y oficiales del ejército blanco, que levantaron el acta de ocupación con todos sus detalles. Hicieron, además, una película, en la que se veía el interior de la Checa tal como estaba cuando llegamos. En aquella película aparecía yo en el patio de los fusilamientos ante el montón de cadáveres, aunque, como es natural, procuré que no se me viese la cara.

La película de la Checa se exhibió durante muchas noches en un cine de Kiev para concitar al pueblo contra los bolcheviques, y, efectivamente, la indignación que el público sentía ante aquellas escenas macabras era enorme. Cuando los bolcheviques volvieron a Kiev triunfantes, lo primero que hicieron fue quemar la película, el cine donde se exhibía y la casa donde estaba el cine.

Se despertó en el pueblo un odio feroz contra la Checa. Ser acusado de chequista era exponerse a que la gente lo linchase a uno en el acto. Entre los funcionarios de la Checa de Kiev había una mujer llamada Rosa, de la que se contaban los mayores horrores. Decíase que aquella mujer había sido el peor verdugo que tuvieron los rojos, y de su crueldad para con los presos y los condenados a muerte se contaban tales extremos que parecía mentira que monstruo semejante hubiese nacido de madre. Se la odiaba tanto que un día, en una calle de Kiev, alguien señaló a una pobre mujer que pasaba, diciendo: «Ésa es la Rosa de la Checa», y aún no había acabado de decirlo cuando cayeron sobre la infeliz mujer unas docenas de manos crispadas como garras, que en unos segundos le arrancaron las ropas y con ellas las tiras del pellejo, hasta dejarla en cueros y chorreando sangre.

Los blancos, que no se crea por esto que eran mucho más suaves que los rojos, se beneficiaron del odio despertado por la Checa y fueron recibidos en palmitas. Aquel mismo día de la ocupación, la gente se echó a la calle a vitorearles. Una manifestación fue a la plaza de la Duma dando mueras a los sóviets. Habían erigido los bolcheviques en la plaza de la Duma una estatua de mármol a Lenin, y apenas llegaron allí los manifestantes le echaron una cuerda con un lazo corredizo al cuello, agarraron al otro extremo todos cuantos pudieron y a los gritos unánimes, que retumbaron en la plaza, de «uno, dos, tres», la estatua, arrancada de su pedestal, vino a tierra y se hizo añicos. La manifestación se desparramó después por las calles céntricas y fue arrastrando y rompiendo todos los retratos y bustos de Carlos Marx y Lenin que los bolcheviques habían colocado en las tiendas y los centros oficiales. Fue, exactamente, lo mismo que se hizo en Moscú en 1917 con los retratos de Nicolás II. En los arrabales de Kiev hubo algunas refriegas, porque entre la población obrera había ya bastantes comunistas y fue preciso que los destacamentos del ejército blanco acudieran a dispersarlos. La cosa no se presentaba tan boyante como parecía.

Trágico balance

A los blancos les interesaba mucho esta vez poner de relieve la ferocidad de los bolcheviques, porque sabían que en la población de Kiev había ya mucha gente que se había puesto al lado de los sóviets, particularmente en el barrio judío del Podol y en el barrio del Arsenal, donde casi todos eran trabajadores.

Para que el pueblo se enterase bien de los crímenes cometidos por los bolcheviques, los blancos llevaron al anfiteatro todos los cadáveres recogidos en los sótanos de la Checa, que eran muchísimos. Pero no contentos con esto, y para recargar la nota espeluznante, llevaron también los cadáveres de cuantos habían caído luchando en las calles, blancos, rojos e incluso los de los judíos que ellos mismos habían asesinado y los de los bolcheviques que fusilaron aquella madrugada en su propio cuartel general. Decían, sin embargo, que todos eran víctimas de la Checa.

Yo fui al anfiteatro acompañado del equilibrista japonés, Matsaura, que iba buscando el cadáver de su compatriota

Masakita, con la esperanza de poder quitarle unos pantalones suyos que llevaba puestos cuando le mataron. En aquellos pantalones, ya lo he contado, se llevó el muerto los ahorros del pobre Matsaura. La entrada al anfiteatro parecía un jubileo. Había dos largas colas de curiosos que daban la vuelta a la manzana; la gente entraba por un lado y salía por otro, después de haber recorrido una gran nave, en la que estaban expuestos en el suelo los cadáveres en dos largas filas, con las cabezas juntas y los pies para afuera. Hacía un calor pegajoso y las moscas zumbaban yendo de los muertos a los vivos. Fui recorriendo aquella macabra exposición y me entretuve en ir identificando a qué bando podía pertenecer cada uno de los muertos. Llegué a la conclusión de que, aproximadamente, había tantas víctimas de los rojos como de los blancos. Era un balance desolador, porque no podía uno inclinarse a ningún lado con la esperanza de hallar un poco menos de ferocidad en algún platillo de la balanza. Asesinos rojos o asesinos blancos, ¿qué más daba? Todos asesinos.

Como los que se atrevían a ir al infierno eran sólo los familiares de los muertos por los bolcheviques, parecía, efectivamente, que toda aquella matanza la habían hecho los rojos, a juzgar por la indignación que reinaba contra ellos, pero yo vi allí los cadáveres de muchos judíos y muchos obreros que habían sido fusilados por el ejército blanco. Ahora bien, los familiares de los muertos por los blancos, singularmente los judíos, no podían aportar por allí si no querían ocupar un puesto en la doble fila de los cadáveres. A mí mismo, por mor de esta cara que tengo, me tomaron una vez más por judío en el anfiteatro y me vi negro para escapar de las uñas de aquella gente frenética, que donde encontraba un judío lo mataba como a un perro.

Vi en la fila de cadáveres el de una artista del circo. Tenía un puñal clavado en el pecho y un pie descalzo. Se conoce que la habían matado para robarle y el asesino le había quitado el zapato para sacarle una ajorca de oro que llevaba. A un lado del anfiteatro había una habitación más pequeña, en la que estaban amontonados los brazos y las piernas de los cadáveres descuartizados por los bolcheviques. En otro montón estaban los troncos y las cabezas. En el centro de la habitación había un tajo y un hacha. Al tener que evacuar la población, los bolcheviques habían dispuesto que los cadáveres de los presos que iban fusilando a prisa y corriendo en los sótanos de la Checa fuesen trasladados al anfiteatro para que los descuartizasen, dificultando así el que fuesen reconocidos. La gente se acercaba a aquellas masas informes de carne humana, y con el regatón de los bastones iba revolviendo la carnaza en busca de un indicio cualquiera, un mechón de pelo, el color de los ojos, un lunar, una cicatriz o sencillamente un cinturón o unos gemelos que les permitiesen identificar a sus muertos queridos.

Empecé a sentir náuseas. La cabeza me daba vueltas y salí tambaleándome. En el umbral pisé algo blando y escurridizo: eran dos dedos humanos que estaban pegados a las losas por un cuajarón de sangre negra. La sensación que aquello me produjo casi me hizo desvanecerme. No se me olvidará en la vida.

El hombre es un lobo para el hombre

Se obstinaban los blancos en dar una sensación de normalidad. Mandaron que se abriesen los teatros y los cines, pero las salas permanecieron desiertas; la gente no tenía humor de espectáculos y fiestas. Yo estuve trabajando en un cabaret del Arsenal, en compañía de un famoso cantante ucraniano llamado Kujani. No sacábamos para comer. Aquel intento de volver a la vida de siempre fracasó pronto y los cabarets y los teatros fueron cerrándose de nuevo, por lo que tuve yo que volver a trabajar como *croupier* en el Club Kisó: el juego era lo único que no se acababa con la guerra.

Pasábamos en Kiev un hambre negra, y para subsistir no tuvimos más remedio que lanzarnos a la aventura de salir a dar funciones por los pueblos. Era aventuradísimo, porque todo el país estaba infestado de bandas de forajidos, que con la etiqueta de anarquistas, bolcheviques, separatistas o zaristas se dedicaban sencillamente al robo y al asesinato. Pero como los campesinos no traían ya a Kiev ni una patata y había que comer, tuvimos, al fin, que decidirnos y correr la aventura. El campo de Ucrania era entonces peor mil veces que la selva; no creo que las fieras salvajes se acometan con la ferocidad con que se acometían los hombres. Los campesinos, castigados por las requisas, habían enterrado el trigo y la harina y recibían a las gentes de la ciudad a tiros y pedradas. Lo mismo les daba que fuesen blancos o rojos.

Nosotros estuvimos bailando en varios pueblos, y gracias a nuestra decisión fuimos comiendo de lo que nos daban los campesinos, mientras en Kiev la gente perecía de hambre. Bailábamos por una libra de pan, por un cuenco de leche, por lo que nos daban. De pueblo en pueblo fuimos alejándonos de Kiev y nos encontramos un día con que estábamos a dos pasos del ejército rojo, que había iniciado la reconquista. Aquella noche, durante la función, nos enteramos de que habían sido vistas a pocos kilómetros las vanguardias soviéticas, y apenas terminamos el baile dije a Sole:

—Recoge los trastos, que ya nos estamos marchando de aquí.

Salí a la calle. La gente iba a encerrarse en sus casas ante la inminencia de la ocupación bolchevique. Busqué a un campesino que tenía un cochecito y le propuse que nos llevase en el acto a la estación más próxima, que estaba a unos veinte kilómetros. No quería. Se sabía que en el camino del pueblo a la estación había acampado la noche antes una banda de petliuras dispuestos a hacer frente a los bolcheviques. Entretanto, los petliuras se dedicaban al deporte de robar y asesinar a los viajeros que se ponían a su alcance. Rogué, porfié a la desesperada, y, finalmente, conseguí que el campesino se decidiera a llevarnos en su carricoche mediante el pago de una libra de oro. Salimos al campo de madrugada. A un par de ventas del pueblo comenzamos a ver las luces del campamento de los petliuras. El campesino lió los cascos del caballejo en unas arpilleras para que no hiciesen ruido las pisadas y, apretados el uno contra el otro, sin despegar los labios y temiendo a cada instante que nos echaran el alto, caminamos a través de la estepa hasta que fue de día y nos encontramos con la estación a la vista. Nos quedamos en el andén esperando el tren que había de llevarnos a Kiev, y el campesino se volvió al pueblo.

Al mediodía, minutos antes de que el tren llegase, vimos volver desalentado al campesino. Se abrazaba a nosotros y nos besaba las manos.

—Me habéis salvado la vida —decía.

Media hora después de haberlo sacado nosotros del pueblo, casi a la fuerza, habían llegado los bolcheviques, que habían hecho una carnicería espantosa. Varios deudos suyos habían perecido. Llorando me devolvió la moneda de oro.

—Toma —me dijo—. Me has salvado la vida.

22. Por qué triunfaron los bolcheviques

El fracaso de los blancos se mascaba. A pesar de que por el momento eran los amos de Kiev, se veía claramente que no tenían ya nada que hacer. Bien perdidos estaban. Los mismos burgueses, que tantas ilusiones habían puesto siempre en el ejército blanco, desesperaban al verse bajo la dominación de aquella soldadesca desmoralizada, sin disciplina, sin aquel sagrado respeto que en otros tiempos los soldados rusos tenían a Dios y al zar. Mal vestidos, sucios, insolentes, aquellos soldados blancos no se diferenciaban de los bolcheviques más que en que no llevaban la escarapela roja en el pecho.

El ejército blanco se había ido bolchevizando sin sentirlo. Sus mismos jefes fueron perdiendo todas las características del antiguo militar del zar y tenían ya el aire desaforado de los comisarios soviéticos. La guerra civil daba un mismo tono a los dos ejércitos en lucha, y al final unos y otros eran igualmente ladrones y asesinos; los rojos asesinaban y robaban a los burgueses, y los blancos asesinaban a los obreros y robaban a los judíos. En cuanto la guerra y el hambre les quitaron aquellas virtudes de caballerosidad, corrección, disciplina, pulcritud y elegancia, que era su orgullo en los tiempos del zar, los antiguos militares se convirtieron en una horda que no tenía nada que envidiar en ferocidad a las de los bolcheviques. Los soldados desertaban de un bando y se iban a otro llevando por todo ideal su ansia de botín y su gusto por el pillaje; cuando se enrolaban en las banderas imperiales de Denikin y Wrangel, aquellos aventureros exigían de sus jefes las mismas libertades y derechos que los rojos concedían a sus hombres, y era forzoso renunciar a las viejas costumbres militares si se quería que combatiesen. Los propios oficiales, antes tan pagados de sí mismos, tan estirados y ceremoniosos, habían perdido igualmente todas aquellas cualidades morales que les daban una cierta superioridad, y entraban ya en las casas a las que iban alojados con la misma brutalidad que los comisarios bolcheviques, abusaban de las mujeres y robaban cuanto estaba a su alcance.

Esta desmoralización del ejército blanco fue lo que puso a mucha gente del lado de los rojos. ¿Porque se creyera que los rojos eran mejores que los blancos, menos sanguinarios y tiránicos? No; no había que hacerse ilusiones. Sencillamente, porque los rojos pasaban hambre al mismo tiempo que la población civil y los blancos no. Esto fue, aunque parezca mentira, lo que hizo inclinarse la balanza, y, al fin y al cabo, decidió la guerra civil. A los ojos del pueblo, empobrecido y hambriento, tan feroces aparecían unos como otros; si tiranos eran los blancos, más lo eran los rojos y tanto desprecio tenían por las leyes divinas y humanas éstos como aquéllos. Pero los rojos eran unos asesinos que pasaban hambre y los blancos eran unos asesinos ahítos. Se estableció, pues, una solidaridad de hambrientos entre la población civil y los guardias rojos. Unidos por el hambre, arremetieron bolcheviques y no bolcheviques contra el ejército blanco, que tenía pan. Y así triunfó el bolchevismo. El que diga otra cosa miente; o no estuvo allí, o no se enteró de cómo iba la vida.

Los blancos, indisciplinados, perdidas las antiguas virtudes del ejército imperial, se ganaron la animosidad de la población civil y ya no les fue posible resistir la presión de los destacamentos bolcheviques. No llegó a dos meses el tiempo que fueron dueños de Kiev. Dueños relativamente, pues la población obrera del Arsenal estuvo hostilizándolos constantemente, y aun entre ellos mismos hubo frecuentes sublevaciones. Una mañana amaneció Kiev en plena anarquía. No se sabía quién mandaba. En las esquinas había patrullas de soldados blancos y guardias rojos fraternizando. ¿Qué pasaba? La gente, intrigada, miraba a los irreconciliables enemigos de siempre charlando mano sobre mano sosegadamente, y no quería creer lo que veía. Se dijo que los soldados del ejército blanco se habían pasado al bolchevismo.

A media tarde se deshizo el enigma. Se vio cruzar por la ciudad, de punta a punta, a un oficial jinete en un caballo blanco que pasó a galope por delante de las patrullas destacadas en los lugares estratégicos de Kiev. Al paso de aquel jinete, y como si su aparición fuese una señal convenida, los soldados adictos aún a los blancos se descolgaban el fusil, y sin mediar palabra arremetían a bayonetazos con los camaradas que hacía un momento habían estado charlando amigablemente con ellos. Hasta un momento antes casi todos los soldados llevaban la escarapela roja en el pecho, pero en aquel punto y hora la mayoría la arrojó al suelo y arremetió al reducido número de los que la conservaron.

Fue una lucha breve y feroz. Media hora después de haber pasado como una exhalación el jinete del caballo blanco, estaban mordiendo el polvo todos los que se obstinaron en conservar en el pecho la insignia de los sóviets.

Aquel golpe de mano limpió Kiev de bolcheviques pero sólo momentáneamente. El ejército rojo estaba acampado a pocos kilómetros y de día en día estrechaban el asedio. Los blancos intentaron varias salidas, pero tuvieron que regresar maltrechos. No podían ya con ellos en el campo. En la ciudad tampoco era muy halagüeña su situación. Los obreros del Arsenal estaban dispuestos para el levantamiento y hasta los judíos del Podol se habían comprometido a pelear en favor de los bolcheviques. Entre los espías soviéticos y los rabinos se pactó que al mismo tiempo que el ejército rojo iniciase el ataque a Kiev, los judíos, desde dentro, acometerían a los blancos por la espalda.

La amistad que yo tenía con algunas familias judías me hizo estar al tanto de lo que se les venía encima a los blancos.

Señalada la fecha del ataque, los judíos se prepararon cautelosamente. Atrancaron las puertas de sus casas, clavaron las ventanas y dispusieron grandes ollas de aceite hirviendo. Al amanecer comenzó el bombardeo. Los bolcheviques avanzaron y ocuparon una de las barriadas extremas. Acudieron los blancos a la defensa y movilizaron su artillería.

Tenían emplazado un cañón en la esquina de la Fondukrestkaya, junto a una gran farola de la plaza, pero cuando fueron a utilizarlo, desde el tejado de una casa próxima, en que habitaba una familia judía, empezaron a disparar contra los servidores de la pieza y no hubo posibilidad de servirse de ella. El cañón estaba maravillosamente enfilado por los judíos, que durante una hora estuvieron haciendo bajas a los blancos, sin que éstos lograran utilizarlo. Cuando las tropas blancas, batidas en el campo, se replegaban sobre Kiev, los judíos, parapetados en los tejados y las ventanas, rompieron el fuego sobre ellas a mansalva. Les hicieron una verdadera carnicería. Las calles del Podol fueron aquel día para los blancos terribles desfiladeros donde los fusilaron a placer. Ciegos de furor por aquel ataque que no esperaban, los blancos fugitivos, a quienes venían los rojos pisando los talones, se olvidaban hasta de huir y arremetían a culatazos y hachazos contra las puertas cerradas, con la ilusión de cazar siquiera un judío y despedazarlo. La ira que tenían contra ellos les hacía morir aporreando las puertas de las casas, desde cuyos tejados les volcaban un diluvio de agua y aceite hirvientes. Obsesionados, frenéticos, los oficiales se olvidaban hasta de los rojos, y por vengar la inesperada agresión de los judíos se dejaban cazar en aquellas callejuelas retorcidas del Podol, ciegos a todo lo que no fuese su ansia de reventar judíos. Estaban tan acostumbrados a que los judíos, cobardes siempre, se dejasen degollar como corderos, que se revolvían frenéticos contra la idea inconcebible para ellos de que se atreviesen a agredirles, y tanta indignación les entró que morían achicharrados por el aceite hirviendo y las balas de los judíos mientras aporreaban enconadamente sus puertas cerradas y los insultaban por su traición y su cobardía.

Hambre y bolchevismo

Sucumbieron o huyeron para siempre los blancos y Kiev cayó de nuevo en poder de los bolcheviques, que cada vez venían mejor organizados, más certeros, con un sistema más exacto para la ejecución de sus propósitos revolucionarios. El terror rojo no era ya una ciega oleada de furor, sino una sistemática «supresión» de la burguesía. Ocuparon nuevos palacios para instalar la Checa, montaron sus innumerables oficinas y hasta se cuidaron de blanquear las fachadas de sus casas. Venían mucho mejor equipados y organizados y les entró el prurito de organizarlo todo a la alemana, meticulosamente, con arreglo a una disciplina estricta. Contaban ya entonces con el apoyo de todo el comercio judío, que se había jugado su carta al bolchevismo, y con la adhesión ferviente de grandes masas de trabajadores, que después de la eliminación y el fracaso de los anarquistas y de los demás partidos revolucionarios, se pusieron incondicionalmente al lado de los bolcheviques.

Pero había hambre. Un hambre negra, terrible, que hacía sucumbir a los ciudadanos, bolcheviques o burgueses, sin que nadie pudiese evitarlo. Hacía ya mucho tiempo que los campesinos no llevaban a Kiev ni verduras, ni trigo, ni carne, y la gente moría de inanición en las calles. Toda la organización burocrática de los bolcheviques no servía para encontrar un pedazo de pan. Ellos, obstinados, sin preocuparse de los hambrientos que perecían diariamente a centenares, proseguían dictando disposiciones y montando oficinas. Todo estaba bajo su control. Hicieron un censo de extranjeros. A mí me dieron un documento de identidad, en el que se me consideraba como ciudadano ruso nacido en España, con los mismos derechos y los mismos deberes que todos los rusos, pues para ellos no había extranjeros. El Sindicato de Artistas de Circo no pudo organizarse esta vez, porque al cabo de dos años de revolución y guerra civil, todos los artistas se habían ido a los bandos beligerantes; unos peleaban al lado de los rojos, y otros, al lado de los blancos. Y los que no se fueron con unos ni con otros, murieron víctimas de los unos o de los otros.

Los bolcheviques eran implacables. Asesinaban fríamente a su padre que les pusiesen por delante. Y luego aquel azote silencioso del hambre.

Empezó a hablarse de los polacos. Se decía que se había pactado un acuerdo con los polacos, en virtud del cual un ejército vendría a Ucrania a echar a los bolcheviques y a terminar con la guerra civil. Los polacos se quedarían en Ucrania gobernando durante quince años, y luego los ucranianos serían libres. La gente hambrienta y desesperada vio aquello como una liberación y la noticia de la ocupación polaca se acogió con gran entusiasmo. Cuando se supo que, efectivamente, un formidable ejército polaco avanzaba sobre Kiev, los bolcheviques liaron sus bártulos y evacuaron la ciudad sin combatir.

Terreno conquistado

Cuarenta mil hombres perfectamente armados y equipados con artillería pesada y grandes masas de caballería formaban, según se dijo, el ejército polaco de ocupación.

Los polacos hicieron una entrada triunfal en Kiev. Venían formados como para una gran parada, con vistosos uniformes y precedidos por sus clarines y charangas. A la cabeza de la columna de ocupación entraron en Kiev veinticinco caballeros polacos, jinetes en briosos corceles blancos con lujosos ataharres. La gente se echó a las calles alegre y satisfecha para aplaudir por las esquinas a aquellas tropas disciplinadas y bien vestidas que venían a terminar con la pesadilla de la guerra civil. A los dos días de llegar los polacos celebraron una gran revista militar y un aparatoso desfile para que los rusos pudiesen admirar su poderío. Ucrania, desangrada, famélica, harta ya de luchas intestinas, recibió en palmitas a los polacos que venían a poner orden y a traer pan.

Fueron unos días de júbilo. La gente discurría por Kiev alborozada. Yo quise participar en el regocijo general y me puse mis mejores trapitos y me eché a la calle hecho un brazo de mar. Mi ropa estaba bastante deteriorada, pero para darme importancia saqué aquel día un bastoncito muy elegante que tenía y me fui a sentar en la terraza de un hotel, al que antes acudía la gente distinguida, hecho todo un señor.

Pasaba la gente vestida de fiesta. Entre el pueblo se veían los soldados polacos con su limpios y elegantes uniformes.

Estaba yo sentado en la terraza del hotel, ambas manos apoyadas en el puño de plata de mi bastón, cuando se me acercó un soldado polaco que pidió lumbre con corteses frases. Se la di muy gustoso y cambiamos unas palabras amables.

Daba gusto poder hablar, al fin, con gente educada. Charlamos un poco y hubo un momento en el que el soldado se fijó —¡cómo no!— en mi precioso bastón con puño de plata.

—¡Qué bastón más bonito! —me dijo.

—¡Pschs!—dije yo, vanidosillo, alargándoselo para que lo admirase bien.

—Me gusta mucho —repitió después de examinarlo—; sí, me gusta. Voy a quedarme con él.

—¿Cómo?

—Sí, sí; decididamente me quedo con él --repitió con el aire más natural del mundo.

—Perdone usted —le dije—; el bastón es mío.

—Vamos, vamos... —contestó—. Este bastoncito será un buen regalo para mi oficial. Le gustará mucho.

Dio media vuelta y echó a andar con el bastón bajo el brazo. Eché tras él y le sujeté por un brazo.

—Este bastón es mío, y si su oficial quiere uno, que vaya a la tienda y lo compre.

Me dio un empellón que me dejó pegado a la pared y siguió su camino. Me fui tras él diciéndole todo lo que se me ocurría, amenazándole con denunciarle, suplicándole. Todo inútil. Me hacía el mismo caso que le hubiera hecho a un perro.

Llegó al hotel donde tenía el cuartel y se metió dentro sin preocuparse lo más mínimo de mí. Yo vacilé un momento, pero me dio tanta rabia el despojo, que cerré los ojos y eché escaleras arriba detrás del soldado. Cuando me di cuenta estaba en una especie de cuerpo de guardia en el que había varios oficiales. Les conté lo que me pasaba.

—En el ejército polaco no hay ladrones —me contestó secamente el oficial.

Yo insistí diciéndoles que el soldado había entrado allí, me ofrecía a reconocerle, supliqué, hice protestas de adhesión a los polacos. Todo inútil. Los oficiales terminaron por tomarme el pelo. Protesté ya indignado, pero el oficial, al ver que yo no me resignaba, cogió el látigo que tenía encima de la mesa y me dijo:

—Vete si no quieres que te cruce la cara.

Di media vuelta y el oficial restalló el látigo a mis espaldas.

«Sería mejor que fuese tu hermana»

Los polacos entraron en Kiev como en un país conquistado. Siempre con el látigo en la mano, trataban a los rusos como si fueran esclavos. Pasaban por el mercado y tiraban a patadas los puestecillos y los cestos de los pobres vendedores. A los ocho días de haber llegado, la gente, cuando les veía venir por un sitio, procuraba irse por otro. En la Krischatika vi una mañana cómo unos soldados tiraban de una patada el puestecillo de un vendedor ambulante de quincalla. Acertó a pasar en aquel momento un oficial, que obligó a los soldados a recoger las baratijas desparramadas por el suelo y les amonestó. No había hecho el oficial más que doblar la esquina cuando los soldados ya estaban allí otra vez para tirarle por una alcantarilla la pobre mercancía y abofetearle sin piedad.

De las tiendas se llevaban lo que querían y se negaban a pagar; en las casas particulares entraban sin ningún miramiento y hacían lo que les daba la gana. A la gente humilde la trataban a latigazos, y a los judíos los tenían aterrorizados, hasta el punto de que no se atrevían a sacar las narices de sus madrigueras. Judío que se encontraban, judío que apaleaban hasta dejarle exánime. Yo tuve que ponerme en la solapa una banderita española para que no me zurrasen antes de que pudiera decir que no era judío. Así y todo, una noche, un oficial polaco se tiró sobre mí y por poco me mata. Estábamos en la sala de juego del Club Kisó, y gracias al cajero, un polaco que dio fe de que yo no era judío, pude salvar el pellejo. Hacían tales cosas que tuve que resignarme a no salir a la calle si no quería sufrir humillaciones.

Poco después de haber llegado organizaron un servicio de vigilancia sobre los extranjeros. Montaron en la Comandancia una oficina especial de control para los no rusos, a la que nos obligaban a ir periódicamente, y anunciaron que nos permitirían salir del territorio después de cumplir ciertos requisitos. Para la evacuación de los extranjeros y de los ucranianos que quisieron marcharse tenían el propósito de organizar varios trenes; las plazas de estos trenes las concedía la Comandancia, y allá fui yo para ver si lograba una para Sole y otra para mí.

Tras la ventanilla de la oficina topé con un oficial polaco muy elegante y con unos bigotes muy tiesos. Presenté mis documentos de identidad, mi instancia y los dos retratillos que exigían, uno de Sole y otro mío.

Cuando vio el retrato de Sole el oficial, se quedó mirándolo muy complacido y exclamó:

—¡Es guapa!

—Muchas gracias, señor oficial— contesté yo cortésmente.

—¿Es tu hermana?

—No, señor; es mi mujer.

—Sería mejor que fuese tu hermana —insistió como el que no quiere la cosa, sin levantar los ojos del retrato.

Yo me rasqué la cabeza, porque ya sabía por dónde iba aquel tío.

—Pues, no, señor —repliqué—; no es mi hermana; da la casualidad de que es mi mujer.

—Piénsalo bien —agregó con acento de sorna—; a lo mejor es tu hermana. Sería mucho mejor.

—¿Para usted, verdad?

—Y para ti.

No hablamos más del asunto, pero empezó a ponerme dificultades y a marearme. Me faltaba esto y aquello y lo de más allá; las plazas estaba ya tomadas... Después de ponerme muchas pegas, que yo procuré ir resolviendo, cogió todos mis papeles en un puñado, me los devolvió y me dijo:

—No te molestes. Será mucho mejor que venga tu hermana. Las mujeres arreglan mejor estas cosas. Anda; dile a ella que venga y se resolverá todo enseguida.

—Usted es un sinvergüenza —le contesté furioso.

Se echó a reír.

—Anda, anda, no te enfades. Dile a tu hermana que venga a verme. ¡Ah! Y recomiéndale que venga arregladita, ¿eh?

Me puso hecho una furia. Le dije a aquel tío todo lo que se me vino a la boca, lo que no le habrían dicho en su vida. Al principio aguantó el chaparrón haciéndose el distraído, porque, quieras que no, tenía que callarse, pero cuando se le acabó la paciencia dejó la ventanilla, salió, y de un puñetazo me hizo rodar la escalera.

Me encontré en la calle con el cuerpo acardenalado y ciego de ira. Eché a andar palpándome los chichones, cuando me pareció oír el zumbido de un avión. Miré al cielo y vi, efectivamente, un aeroplano que volaba a escasa altura tirando sobre Kiev unos papelitos de colores. Corrí para coger uno de aquellos papeles y pude lograrlo. Lo leí ávidamente.

«Pueblo —decía—: ten paciencia, que pronto serás libre. Vuestros hermanos están dispuestos a libertaros y vendrán derramando su sangre. ¡Esperad!»

Ha sido el único momento de mi vida en que me he sentido bolchevique. Y lo mismo les pasó a todos los rusos, fueran o no revolucionarios. Los tiranos de fuera nos hicieron preferir mil veces a los tiranos de dentro.

23. Jacobleva, el que fusiló a su padre

Los polacos eran tan petulantes que no se daban cuenta de que mientras ellos se hacían la ilusión de que iban a invadir toda Rusia y destacaban fuerzas en dirección a Moscú, los bolcheviques seguían al acecho y sólo aguardaban para dar el asalto definitivo el momento en que Kiev estuviese suficientemente desguarnecido. Los guardias rojos estaban acampados a pocos kilómetros. A simple vista se distinguían desde Kiev los grupos de bolcheviques tumbados en el suelo al otro lado del río y con las banderas rojas plantadas en el campo. Los oficiales polacos miraban con sus gemelos aquellos inquietantes grupos diseminados por los campos y no les concedían beligerancia.

—¡Bah! —decían desdeñosamente—; son algarines, raterillos de campo, a los que ahuyentaremos a palos cuando nos dé la gana.

Los espías del ejército rojo y los propagandistas bolcheviques, ocultos en Kiev, seguían mientras tanto urdiendo el levantamiento de la población civil contra los polacos. Tanto y tan bien, que llegó el momento en que los invasores no tuvieron más remedio que tomar en serio a aquellos desharrapados. Entonces los polacos minaron las fábricas de electricidad, las conducciones de agua y los puentes y anunciaron a los vecinos de Kiev que estaban dispuestos a volar con dinamita la ciudad entera en el momento en que fuesen atacados.

A pesar de estas amenazas, los bolcheviques cumplieron su promesa de venir a libertar al pueblo de Kiev el día y la hora que previamente anunciaron. Al mes y cinco días justos de haber entrado en Kiev el brillante ejército polaco se lanzaban los guardias rojos a la reconquista, y simultáneamente estallaba el alzamiento de la población civil, con tal unanimidad y decisión, que los polacos casi no tuvieron tiempo de huir.

En los primeros momentos intentaron la resistencia y estuvieron bombardeando el campo bolchevique. Cuando vieron que la artillería era ineficaz para contenerles, hicieron saltar con dinamita cinco puentes, pero los atacantes pasaron el río como pudieron, en barcas, en balsas, a nado, eficazmente auxiliados por la población. Cuando se inició el ataque rojo, los polacos, que no se hacían ya muchas ilusiones, prepararon la evacuación de la plaza, y como no se podían llevar los enormes depósitos de víveres que habían acumulado en Kiev, anunciaron que permitirían a los vecinos no bolcheviques ni judíos ir a la estación y coger las provisiones que buenamente pudiera cada cual. Se corrió la voz, y mientras en un extremo de Kiev se luchaba a la desesperada, a los que traían sin cuidado los blancos y los rojos, y a los que no preocupaba otra cosa que su hambre, se dirigieron a la estación con la esperanza de coger aquellos víveres que los polacos no se podían llevar. Pero en el curso de una hora el levantamiento de la población civil de Kiev y la violencia con que atacaban los bolcheviques, operaron un gran cambio en el ánimo de los polacos, y cuando aquella muchedumbre hambrienta se precipitó sobre los sacos de trigo y harina, los destacamentos polacos que los custodiaban, furiosos contra los rusos, los dejaron llegar confiadamente y luego los fusilaron por la espalda. Yo estuve también junto a los sacos de trigo con la mano abierta y no tuve tiempo de cerrarla con el primer puñado, porque las balas polacas silbaban a mi alrededor, una tras otra, buscando mi cabeza. Como si fuésemos una bandada de pajarillas levantada del sembrado por la perdigonada de un cazador, salimos ahuyentados los hambrientos; desangrándose en tierra junto al cebo que nos habían puesto quedaron unos cuantos infelices. Los polacos, viéndose perdidos, rociaron con petróleo los depósitos de víveres y les prendieron fuego.

Aquella infamia acabó de enloquecer a la gente de Kiev contra los invasores. Se luchó en el campo y en las barriadas extremas durante el día y la noche enteros. Al principio, los cañones polacos trabajaron bien; tenían una batería emplazada cerca de Alejandrovski y causaron con ella muchas pérdidas a los bolcheviques. Yo iba con Antonio camino de mi casa, cuando me pasó una bala de cañón tan cerca que me quedé ciego para todo el día. Al pobre Antonio le dio un polaco fugitivo tal culatazo en la espalda que a poco más le deja en el sitio. Al caer la tarde, la gente frenética, desesperada, salía ciega de sus casas y atacaba a los polacos a palos, a pedradas, con los dientes.

Nadie, ni blancos ni rojos, había salido nunca de Kiev como salieron los polacos. Antes de marcharse intentaron llevar a cabo su amenaza de hacer saltar la fábrica de electricidad, pero los obreros lo impidieron.

Cuando cayó la noche siguió la lucha en las barriadas. La población civil, viejos, niños y mujeres, se refugió en la parte alta de Kiev, donde estuvo hasta que fue de día llorando y rezando para que aquella carnicería terminase. Y lo curioso era que le pedían a Dios que triunfasen los bolcheviques.

De madrugada evacuaron la ciudad los polacos en los trenes que tenían preparados. Cuando amanecía llegaron los bolcheviques al centro de Kiev. Como habían prometido.

Con flores a los bolcheviques

Presencié la entrada de los rojos como había visto la de los cosacos detrás de aquella ventanita estratégica de mi casa de la Krischatika que daba a dos calles. La primera patrulla llegó a las seis de la mañana. La formaban seis hombres descalzos y desharrapados que avanzaron en guerrilla arrastrándose por el arroyo. No llevaban más que el fusil y un trapo liado a la cintura con la dotación de cartuchos.

Deslizándose silenciosamente como larvas, llegaron hasta el cruce con la Fondukrestkaya. El que los mandaba, un muchachillo lampiño, se adelantó un poco, y con la cara pegada al suelo sacó la gaita al llegar a la esquina y escudriñó durante un rato la desierta avenida. Hasta poco antes se había estado advirtiendo la presencia de los polacos allá, al fondo de la Fondukrestkaya, en la plaza del Gran Teatro. Los últimos carros polacos cargados de paja habían pasado momentos antes de que rompiera el día; ocultas bajo la paja de estos carros iban las ametralladoras encargadas de cubrir la retirada. El jefe de los rojos, cuando comprobó que estaba libre el campo, hizo a sus hombres un movimiento de cabeza y aquellas larvas se incorporaron, doblaron la esquina, y después de echar una ojeada a las ventanas de las casas próximas, fusil en ristre, sacaron de sus bolsillos tabaco de majorca y su pusieron a fumar tranquilamente, dejando los fusiles en el arroyo, sostenidos unos contra otros, de manera que formaban dos pirámides. Kiev había sido ocupado por los rojos y ya nadie les echaría jamás.

El primero que llegó al palacio de la Duma fue el camarada Jacobleva. Se presentó allí solo, seguido únicamente de su ordenanza. Llevaba unas botas altas hasta los muslos que estaban rojas de sangre. Entró en la Duma, se hizo el amo de aquello y esperó solo durante una hora a que llegaran los primeros destacamentos. Jacobleva era un comisario bolchevique, famoso por su audacia y su crueldad. Era de aquellos fanáticos del comunismo a los que nada amedrentaba. Un día denunció a la Checa a su propio padre y le hizo fusilar por contrarrevolucionario. Yo conocí entonces a Jacobleva, y más tarde tuve ocasión de tratar con él cuando me trasladé a Odesa, donde me lo encontré de jefe de la Checa.

A media mañana la gente empezó a reunirse en la plaza de la Duma para celebrar el término de la batalla. Fue aquélla la primera vez que el pueblo se puso al lado de los bolcheviques. Se les recibió con vítores y aplausos, y los representantes de la ciudad les entregaron solemnemente en una bandeja las llaves de Kiev y les hicieron la tradicional oferta del pan y la sal. Desde los balcones se vitoreaba a los bolcheviques, y por todas partes, hasta en las casas de los burgueses, había banderas rojas. Nunca había ocurrido. Era la primera vez que se recibía amistosamente a los comunistas. ¡Quién lo hubiera dicho unos meses atrás!

Cuando yo era saboteador y ladrón

Cada vez había más hambre y más tifus. Los pobres morían como chinches. Apretando las mandíbulas los bolcheviques se obstinaban en imponer su dura ley a una masa humana que se caía de hambre, y si no perecimos fue gracias a mis alhajitas, que tuve que ir malbaratando poco a poco. ¡Con cuánto dolor salía a vender clandestinamente mis joyas cuando ya no podíamos resistir más! Era sencillamente cambiar diamantes por mendrugos. Pero ¿qué hacer, si estábamos a punto de perecer de inanición con nuestra inútil bolsita de alhajas junto al pecho?

Unos bolcheviques amigos míos me ofrecieron colocarme como intérprete en una de las oficinas dependientes del Comisariado de Negocios Extranjeros, pero como yo entonces no sabía escribir ruso, no fue posible. No me dieron más categoría que la que se daba a los analfabetos, y sólo podía encontrar trabajo propio de analfabeto. Hasta entonces me había defendido vendiendo tabaco por las calles, pero ya no era posible comer con aquella industria y tuve que ir a pedir trabajo a los bolcheviques. Me nombraron guardavías y me mandaron a la estación. Mi obligación era estar de guardia desde las seis de la tarde hasta las seis de la mañana recorriendo las cincuenta vías que había en la estación de Kiev para que no se robase en los centenares de vagones que diariamente pasaban por allí. Aquellos vagones iban cargados de víveres en dirección a Moscú, y los hambrientos de Kiev se iban por las noches a merodear por los alrededores de la estación para robar lo que podían.

Al principio tenía grandes apuros, porque me pasaba las noches ahuyentando sombras de ladrones. Era en el invierno y hacía un frío espantoso. Yo iba metido en un magnífico abrigo de astracán que conservaba, y llevaba colgado del cuello, con una cintilla roja, un silbato que tenía que tocar en el momento en que descubriese algo sospechoso. La primera vez que lo toqué, porque vi unos bultos sospechosos manipulando en unos vagones, vino el jefe de los guardavías y me dijo que era un idiota y que había visto visiones. Allí robaba todo el mundo. Pronto me di cuenta de que lo único que había que hacer era conseguir que los vagones que iban precintados conservasen sus precintos cuando por la mañana entregase uno la guardia, aunque los hubiesen vaciado. Lo esencial era que no se tocasen los precintos. Así eran en todo los bolcheviques. Una madrugada me llamaron a una de las casetas de los guardagujas y me hicieron coger un saco de harina y llevármelo a mi casa. Era la parte que me correspondía de un robo que habían hecho los guardas de acuerdo con los jefes. Dándome una parte se aseguraban mi complicidad. Yo la hubiese rehusado con mucho gusto, no por quijotismo, sino por miedo, porque ya sabía cómo las gastaban los comisarios con los que ellos llamaban saboteadores, pero no tuve más remedio que cargar con mi parte de harina y de responsabilidad. Así como entre las personas decentes no se deja vivir a los ladrones, entre los ladrones no es posible ser persona decente, y terminé robando tanto y tan limpiamente como mis camaradas veteranos. Se robaba todo lo que iba en los vagones. El trigo, que iba en sacos, lo robábamos haciendo un agujero con un berbiquí en el fondo del vagón y hurgando allí con una pajita para que fuese cayendo. El petróleo nos lo llevábamos chupando con una jeringuilla. Una noche robamos papel, cosa valiosísima entonces; la hoja de papel blanco llegó a valer más de mil rublos. Robábamos también leña, que llevábamos a casa arrastrándola sobre un riachuelo helado que pasaba junto a las vías, en dirección a Kiev.

Éramos una verdadera cuadrilla de saboteadores y ladrones. Toda la organización soviética estaba plagada de gente así. Alguna vez, un comisario fanático e incorruptible descubría una de estas asociaciones de sabotaje, se liaba la manta a la cabeza y fusilaba a unos cuantos desdichados, pero, a pesar del escarmiento, el sabotaje y los robos continuaban, sin que nadie acertase a impedirlo. Las heladas eran tan terribles que yo no podía resistirlas; me moría de frío. Empecé metiéndome a dormir en las casetas de los guardagujas, a los que sobornaba con unos cigarrillos, y terminé poniéndome de acuerdo con otro guardavía, al que encargaba de mi sección mientras me iba a dormir tranquilamente a casa. A las cinco de la mañana tenía que levantarme e ir a la estación para estar presente en el relevo y dar el parte de «sin novedad», aunque durante la noche se hubiesen llevado un tren entero.

Seis meses estuve de guardavía. Yo hubiese dimitido con mucho gusto, aunque me hubiese quedado sin comer, pero los bolcheviques no aceptaban que uno anduviese garbeándose lo que pudiera. Me daban tres mil rublos de jornal al mes y el bono de comida para dos personas. Consistía la comida en dos terrones de azúcar, unas hojas de té y un puñadito de arroz. Tenía derecho, además, a cinco libras de pan, pero era un pan tan malo, tan repugnante, que casi no se podía comer; era una masa casi cruda, a la que le salía un moho verde si se dejaba de un día para otro; cuando tenía dos o tres días, hasta le salían barbas. Al mascarlo se encontraba uno, a veces, con la boca llena de perdigones que le echaban a la masa para que pesase más. También entre los panaderos bolcheviques había saboteadores y ladrones, como los había en todo.

La miseria en que vivíamos era tan grande que nos comíamos aquel pan repugnante como si fuesen tortitas. Y aun teníamos que partirlo con el madrileño Zerep, que pasaba todavía más hambre que nosotros.

Las cosas iban de mal en peor. El sabotaje en la estación era tan escandaloso que no sé ni cómo andaban los trenes. Si en todas las estaciones se robaba como en la de Kiev, no me extraña que en Moscú se muriesen de hambre; no debía de llegarles nada. Los bolcheviques dieron uno de aquellos golpes de efecto que sabían dar y militarizaron los ferrocarriles e impusieron penalidades marciales a los saboteadores. Yo cogí por los pelos la ocasión de la militarización para hacerme el sueco y no volver a mi guardia. Yo no era militar. Allá que los de la Checa se las entendiesen con los ladrones de trenes. Pero a los cuatro o cinco días se presentó en mi casa una patrulla de chequistas y me metieron en la cárcel por haber abandonado mi puesto sin justificación, cosa que constituía uno de los delitos de sabotaje más castigados. Tuve que inventar y justificar una enfermedad para que no me fusilasen.

A la pobre Sole le echaron mano también y, quieras que no, la mandaron con una barra de hierro a romper hielo.

¡Cuánto pasamos aquel durísimo invierno bajo el poder de los sóviets!

Trotsky habla al pueblo

El hambre, las epidemias, la falta de trabajo y la desorganización de los servicios que los bolcheviques no acertaban a corregir, habían ido labrando un profundo descontento en el pueblo de Kiev. Latía en todas partes una protesta sorda contra los bolcheviques. Ya no eran los burgueses y los oficiales los que combatían, sino el mismo pueblo bajo, los obreros, los trabajadores comunistas, que se había jugado la vida por la revolución. Para acallar las protestas del pueblo vinieron de Moscú varios jefes bolcheviques, que no hicieron gran cosa, y, finalmente, llegó el propio Trotsky en persona a remediar aquello. Se organizó un mitin en el circo y se anunció que Trotsky hablaría al pueblo. Asistieron más de dos mil personas, todas hostiles a los dirigentes bolcheviques. Se dijo incluso que se había fraguado una conjura para matar al líder del comunismo durante su discurso.

Yo, como era perro viejo en el circo, conseguí meterme en el escenario y estuve durante el acto junto a los oradores. El control estaba tomado por los guardias rojos, que se limitaban a exigir el carnet del Sindicato a los que querían entrar para asistir al acto. Trotsky se presentó con un uniforme militar sencillo; llevaba unas botas viejas remendadas y la visera de la gorra partida. Iba, sin embargo, en un soberbio automóvil, como no se veían ya por Rusia hacía ya mucho tiempo.

Habló primero otro orador, Rakovski. Cuando le tocó el turno a Trotsky se hizo un gran silencio en la sala. La gente se aprestaba a escucharle con mal ceño, dispuesta a cargárselo.

Pero Trotsky se puso a hablar sencillamente, cogiendo el toro por los cuernos desde el primer instante. Reconoció todos los defectos de la organización bolchevique y se los echó a la cara al pueblo, diciéndole a cada paso: «La culpa es vuestra; sois unos saboteadores y unos ladrones». Finalmente, afirmó que los comunistas estaban dispuestos a salvar al pueblo ruso a pesar del pueblo mismo, que era el gran obstáculo, y se puso a prometer y no quedó cosa que no prometiera. Fue milagroso, pero aquella gente hostil, que cuando comenzó a hablar estaba dispuesta a lincharle, se dejó convencer y terminó aclamándole frenéticamente. ¡Era tan claro, tan lógico, tan justo todo lo que decía! Entre aquellos millares de espectadores ninguno tenía nada que oponer a lo que Trotsky, con palabras que eran como martillazos, afirmaba. No he visto nunca un triunfo tan grande de un orador.

Rodeado por la muchedumbre electrizada, salió del circo y subió a su automóvil, desde el cual todavía tuvo que pronunciar unas palabras. Aún me parece que le estoy viendo con los ojos brillantes, como los de Mefistófeles, la barbita en punta y un mechón de pelo ensortijado asomando por debajo de la gorra con la visera rota.

El comunismo había ganado la partida definitivamente.

El adiós a Kiev

El comunismo marchaba, pero yo no podía más. Me asfixiaba bajo el régimen soviético. Anhelando salir cuanto antes de la garra bolchevique, pensé marcharme a Odesa con el designio de embarcarme para Europa en la primera ocasión que se me presentase. Gestioné y obtuve el permiso de las autoridades para trasladarme a Odesa. Para tomar los billetes de ferrocarril tuve que vender clandestinamente una leontina de oro con veintidós brillantes, por la que me dieron varios millones de rublos. ¡Ay, mis alhajitas! Cada vez que me arrancaban una de aquellas joyas que con tantas angustias había ido reuniendo era como si me arrancasen pedazos del corazón.

Escapé, al fin, de Kiev, de donde creí que no saldría vivo. Había pasado allí, entre blancos y rojos, cogido en el torbellino de la guerra civil, la época más azarosa de mi vida, una época de horror, como creo que no la ha habido nunca en el mundo ni volverá a haberla.

¿Qué me reservaba el destino en Odesa?

24. Los españoles en la revolución bolchevique

Pocas semanas antes de marcharme de Kiev me llamó un día un comisario amigo mío y me dijo:

—Ya tengo trabajo para ti, españolito.

—¿Qué hay que hacer?

—Tienes que servir de intérprete a un compatriota tuyo, el delegado español de la Tercera Internacional, que viene a Kiev a estudiar el régimen comunista para implantarlo en España cuando triunfe la revolución que allí se está incubando. Es un gran tipo el hombre que va a llevar el comunismo a tu país.

—¿Y en qué va a consistir mi trabajo? —pregunté alarmado.

—Tendrás que acompañarle a todas partes en calidad de intérprete. Puede ir a donde se le antoje y hablar con quien le dé la gana. Tú le traducirás las conversaciones que desee sostener con los ciudadanos rusos. Para él no hay restricciones. Como no sabe ruso, tú harás valer su condición de delegado de la Tercera Internacional ante los agentes de la Checa y las patrullas que os salgan al paso. Tiene toda nuestra confianza. Es el hombre de la futura revolución española.

—¿Crees de verdad, camarada, que ese compatriota va a

poder llevar el comunismo a España? Yo, que conozco bien a los míos, no creo que haya allí muchos comunistas.

—Tú eres un cochino burgués, que no sabe nada, y el delegado de la Tercera Internacional es un verdadero revolucionario que sabe lo que se trae entre manos.

Me callé prudentemente y me fui a buscar a mi revolucionario compatriota en el hotel donde le habían hospedado.

El hombre que iba a traer el comunismo a España

Me encontré ante un hombre de unos treinta años, delgado, afeitado, muy vivo, muy activo. Por el aire y el acento parecía madrileño, pero no estoy muy seguro de que lo fuera.

Me recibió con poca cordialidad y eludió hábilmente y con secas respuestas las insinuaciones que yo le hice para saber algo de él.

—Llámame Galano, el camarada Galano. Con eso te basta.

Y no pude saber más de él.

—¿Eres verdaderamente español? —me preguntó a su vez.

—Sí.

—¿Bolchevique?

—No.

—¿Qué haces en Rusia?

—Vivir como puedo.

—Tienes que acompañarme y servirme de intérprete. Quiero conocer todo por mí mismo. No quiero que los directivos rusos me cuenten lo que les dé la gana, sino conocer yo mismo la verdad hablando con unos y con otros. Tú me traducirás fielmente las respuestas de la gente a quien interrogue. ¿Estamos?

—Estamos.

El camarada Galano se movía con gran desembarazo y autoridad. Parecía el amo de Rusia. Pronto advertí algo raro en él, en su conducta, en sus idas y venidas, en el aire que tenía. Sospecho que me dio un nombre que no era el suyo. Desplegaba una actividad febril. Al cabo del día íbamos a cincuenta sitios, hablábamos con doscientas personas y pedíamos mil cosas distintas, todo ello precipitadamente, concertando citas a las que no acudíamos y reclamando datos que no recogíamos. Llevaba el camarada Galano un *block* de cuartillas, en el que tomaba constantemente notas taquigráficas de las conversaciones que sostenía. Estas conversaciones eran casi siempre espinosísimas. Los rusos se quedaban boquiabiertos ante las preguntas que se atrevía a hacerles. Si a un extranjero cualquiera o a un ruso se le hubiese ocurrido ir haciendo preguntas como aquéllas no habría tardado en dar con sus huesos en los calabozos de la Checa. Pero aquello de «delegado de la Tercera Internacional» era el «Sésamo, ábrete».

Yo iba con él cada vez más receloso. «Terminarán fusilándonos juntos», pensaba. La precipitación, no exenta de temor, con que se movía aquel hombre era harto sospechosa. Daba la impresión de ser un espía, y no sé por qué se me antojó que aquel tipo se estaba jugando la cabeza.

Esto no era obstáculo para que tuviese el aire más impertinente del mundo. Se conoce que los comisarios tenían órdenes secretas de Moscú, y toleraban sus abusos. Todas las mañanas le mandaban un coche al hotel, le pagaban el hospedaje y le daban al mes quince millones de rublos, tabaco y jabón. Se levantaba tarde, pero luego estábamos hasta la madrugada zascandileando por los hospitales, los cuarteles, las oficinas, las escuelas y las obras de defensa. En los hospitales interrogaba a los médicos y a los heridos sobre los medicamentos y las epidemias; en las fábricas, sobre la producción y el sabotaje. Preguntaba todo lo que en Rusia no se podía preguntar.

Alguna vez topaba con un comisario malhumorado que le paraba los pies cuando hacía preguntas impertinentes. Es decir, me los paraba a mí; pero yo me escurría diciendo:

—Yo no soy más que el intérprete. Este camarada es delegado de la Tercera Internacional.

—Sí —decía altivamente Galano—, soy delegado de la Tercera Internacional, y tengo derecho a saberlo todo. ¿Qué pasa?

Por las noches asistía a las reuniones que celebraban los jefes bolcheviques, e incluso se mezclaba en sus discusiones, dándome constantemente con el codo para que le tradujese aprisa lo que él no entendía. Me hizo que le llevase al circo y al teatro. Luciendo su título de delegado de la Tercera Internacional, se metía en el escenario y recorría los cuartos de las artistas con el mismo aire impertinente que tienen los señoritos en los teatros de los países burgueses. Buen español, el camarada Galano requebraba a todas las artistas que se le ponían a tiro, y terminó haciéndole el amor a una de ellas.

Poco antes de que se marchara me llamaron un día a la Checa para hablarme del delegado de la Tercera Internacional. Mejor dicho, para que hablase yo. Querían, por lo visto, que discretamente le espiase un poco. No me presté ni insinué ninguna de aquellas sospechas que respecto del camarada Galano me asaltaban, porque, bolchevique o no, aquél era español, y yo no debía delatar a ningún español. Pude darme cuenta de que el camarada Galano empezaba a no ser tan grato como antes.

Él continuaba afanosamente entregado a su tarea de acopiar datos cada vez más aprisa, con más nerviosismo. Se le metió en la cabeza que tenía que visitar el frente, y estuvimos gestionando que nos llevasen. Una noche, durante uno de los últimos ataques blancos, se entró como Pedro por su casa en el salón donde estaban reunidos los comisarios y los jefes del ejército rojo para estudiar nada menos que la retirada de Kiev, que en aquellos momentos de peligro parecía inexcusable. Sobre una mesa tenían extendidos varios mapas, y cada cual iba dando su opinión con graves palabras. El camarada Galano, con un aplomo formidable, cogió una silla, se acodó sobre los mapas y se puso a opinar.

Al principio no se atrevieron a decirle nada. Aquella osadía suya era desconcertante. Pero en el curso de la discusión uno de los jefes militares bolcheviques paró mientes en él y se le encaró:

—Y tú, ¿quién eres? ¿Qué haces aquí?

—Soy el delegado español de la Tercera Internacional.

—Aquí no tienes nada que hacer. Ya puedes largarte.

—A mí me interesa todo.

—Esto no.

—Esto sí —replicó vivamente Galano—. Los proletarios españoles tienen preparada la revolución, y me interesa conocer la estrategia revolucionaria.

—Que la aprendan los españoles como la estamos aprendiendo nosotros: haciendo la revolución primero.

—La revolución está en marcha, y vendrá en vuestro auxilio. A estas horas debe de haber estallado ya —gritó Galano.

Me di cuenta en aquel momento de lo embustero que era aquel tío y del impresionante aplomo que tenía para mentir. Se puso a decirles falsedades sobre España y los revolucionarios españoles con tal desvergüenza que yo estaba asustado. La marina de guerra, toda entera, desde los almirantes a los grumetes, era bolchevique; los comunistas españoles eran dueños de los ayuntamientos; un formidable ejército comunista estaba preparado en España...

Los militares bolcheviques escucharon sus mentiras con ostensible impaciencia. Le cortaron el hilo de sus divagaciones sobre la revolución española y empezaron a preguntarle cosas concretas sobre el comunismo, sobre la Tercera Internacional y sobre el Gobierno de Moscú. El camarada Galano comenzó a patinar y evidenció pronto que no sabía por dónde se andaba. Uno de los jefes militares se levantó entonces y cogiéndole por la solapa le izó en la silla y le dijo con acento que no daba lugar a dudas:

—Márchate ahora mismo de aquí si no quieres que te fusilemos. ¡Tú eres un farsante!

Aquello lo descompuso y le quitó arrestos, pero no por eso se dio por vencido. Todavía insistió durante unos días en su deseo de ir al frente. Anduvo conmigo gestionándolo inútilmente, cada vez más irritado contra los bolcheviques. Finalmente se marchó a Moscú de improviso.

Por entonces no tuve más noticias suyas. Pasado algún tiempo me encontré un día al comisario que me puso al servicio del camarada Galano, y le pregunté por él:

—¿Qué fue del camarada Galano?

Torció el gesto y respondió:

—Era un espía, un traidor. Ha sido fusilado en Moscú.

No lo creí. Por algunas referencias indirectas que tuve después, mi impresión es la de que el camarada Galano, que se había presentado como bolchevique entusiasta, se puso después a malas con los dirigentes soviéticos, no sé por qué causas, y entonces le echaron con cajas destempladas. Pudo muy bien ser un espía de la burguesía, como me dijo el comisario, en cuyo caso era lógico que le hubiesen fusilado; pero yo no tuve ninguna prueba de que ocurriese así.

Me gustaría saber quién era el camarada Galano y qué suerte corrió. Tal vez haya en España quien lo sepa.

Casanellas, policía

Otro español con el que di fue el famoso Casanellas. Se me presentó en casa un día diciéndome que era español, que se había enterado de que yo también lo era y había sentido la necesidad de venir a charlar conmigo. Le recibí como se recibe a los amigos, y estuvimos largo rato hablando, mano sobre mano, de las cosas de Rusia y de España. Aunque en los primeros momentos el español aquel me había producido cierta desconfianza, tanto por un no sé qué equívoco que tenía como por el acento extraño con que hablaba el castellano, me abandoné pronto a mi cordialidad y a la alegría de encontrar un paisano en aquellas latitudes y en medio de aquellos horrores. Contribuyó él a desvanecer mis recelos demostrándome plenamente que era español, y aunque no me dio su verdadero nombre, Ramón Casanellas, me dejó entender con toda claridad quién era.

Cuando uno lleva muchos años fuera de su patria pasando fatigas y se encuentra de pronto con un compatriota, sin querer, charla uno más que le conviene. Parece como si el hecho de ser españoles nos convirtiese en hermanos cuando nos hallamos a muchas miles de leguas de España. Y como a un hermano recibí yo a Casanellas.

Él estuvo quejándose amargamente de Rusia. Las cosas le iban mal, se sentía defraudado, el comunismo no era tal y como él se lo imaginaba en Barcelona, aquí no se podía vivir con libertad...

—¿No? —me insinuaba con aquel raro acento americano que tenía.

Yo, desechado ya todo recelo, corroboré con mi dilatada experiencia personal sus malas impresiones. Le conté el daño que me habían hecho, las persecuciones injustas de que había sido víctima, las tropelías que habían cometido conmigo los comisarios durante la guerra civil... Le hablé de hermano a hermano, llorándole mis penas sin ningún recato. Afortunadamente yo me limitaba a contar mis cuitas y a lamentarme del mal que me habían hecho blancos y rojos, pero sin lanzarme a hablar en contra del régimen, porque, como ya he dicho muchas veces, a mí la política no me interesa. Casanellas, en cambio, parecía muy preocupado por el juicio que el régimen bolchevique mereciera.

—¿Qué te parece a ti? —me preguntaba—. ¿Qué opinas tú de la dictadura del proletariado?

Iba a decir todo lo que sentía, mi verdad sobre el bolchevismo, cuando se me ocurrió levantar la vista y advertí a Sole, que estaba detrás de Casanellas, mirándome muy significativamente, con los ojos muy abiertos y señalándome con la mirada a la espalda de nuestro compatriota. Me quedé un momento un poco cortado diciendo banalidades, y como Sole insistiera en sus miradas intencionadas y sus gestos de alarma me levanté con un pretexto cualquiera y me metí en la pieza contigua, adonde Sole discretamente me había precedido.

—¿Qué te pasa? ¿Por qué haces esos gestos?

—Ese español es un policía que viene a delatarte. ¿No ves claramente que te está sonsacando? —me dijo.

—¡Vamos, vamos! —repliqué—. Siempre estás viendo visiones e imaginando peligros. Es un revolucionario español famoso, al que yo conozco bien. ¡Cómo va a ser de la policía!

—Te digo que se trata de uno de la Checa o de un confidente. No me cabe duda. Ése es de la «partida de la salchicha». No hay más que verlo.

Llamaban en Rusia la «partida de la salchicha» a los comunistas militantes que se hallaban directa o indirectamente al servicio de la Checa. Eran, como si dijéramos, «la bofia», los de la «secreta». Se les conocía en que, habiendo terminado la guerra civil y hallándose desarmada la población, eran ellos los únicos que podían llevar pistola. Aquella pistola disimulada debajo de la blusa, la «salchicha», era lo que les había valido el mote.

Sole me señaló discretamente a Casanellas, que estaba entonces de espaldas a nosotros. Efectivamente: debajo de la blusa se le advertía el bulto de la «salchicha», torpemente disimulado.

Seguro ya de las intenciones con que había venido a buscarme aquel cariñoso compatriota volví a sentarme a su lado como si nada hubiese descubierto, y me puse yo también a envolverlo con preguntas capciosas. Él, pretendiendo sonsacarme, y yo, procurando hacerle soltar prenda a él, nos llevamos un buen rato tanteándonos. Me daba pena tener que estar también en guardia frente a aquel hombre, al que había acogido como a un hermano porque hablaba mi misma lengua. Pero ya no dejé de buscarle las vueltas hasta que se le escaparon algunas censuras violentas para el bolchevismo, y entonces, como si yo estuviese más celoso del buen nombre de los bolcheviques que el propio Lenin, me levanté aparatosamente y con la mayor gravedad le dije:

—¡Camarada! No puedo oírte hablar así. Si tú eres un mal bolchevique, que desconfías del Gobierno soviético, no vengas más a verme. Te lo ruego. Yo he sufrido mucho aquí durante la revolución y la guerra civil, pero soy un entusiasta de la dictadura del proletariado, que ha de redimir al mundo, y no puedo consentir que nadie hable mal de ella, por muy compatriota mío que sea. Vete si no quieres que te denuncie por enemigo del Gobierno obrero y campesino.

Se quedó más corrido que una mona. Luego reaccionó y guiñándome un ojo me dijo:

—No te preocupes. Yo decía todo eso de los bolcheviques para ver cómo respirabas. Me habían dicho que eras un cochino burgués, un especulador, un contrarrevolucionario, y estaba dispuesto a desenmascararte.

—Venías a cazarme, ¿eh? —le dije con el aire más natural del mundo y palmoteándole amistosamente en la espalda—. ¡Eres un buen militante! Eso es lo que hay que hacer. Ya veo que, aunque español, eres un perfecto bolchevique.

Me oía algo desconcertado y receloso. Balbuceó unas excusas.

—Es el deber de todo revolucionario. A los enemigos de la revolución, rusos o españoles, hay que desenmascararlos. Si hubieras sido un reaccionario, como me dijeron, te habría delatado a la Checa sin que me quedase ningún remordimiento.

—Y la Checa hubiera dado buena cuenta de mí. ¡Bravo, camarada! Esto es lo que necesita el Gobierno obrero y campesino: buenos policías, que sepan cumplir su deber sin escrúpulos. ¡Eres todo un hombre!

Le despedí amablemente. Pero procuré no darle la mano. Bolchevique o burgués, el hombre no debe hacer ciertas cosas. Y si las hace, pues eso: uno no le da la mano.

Y no pasa nada más.

25. «¡Tío! ¡Tío!»

La guerra civil había terminado. El ejército blanco, en derrota, abandonó el territorio ruso protegido por los aliados para ir a desmenuzarse por Europa, y los bolcheviques quedaron dueños absolutos de Rusia para siempre jamás. Las balas, aquella lotería espantosa de la revolución, no nos habían tocado.

Nuestro único anhelo era salir de Rusia cuanto antes. Pero los bolcheviques tenían herméticamente cerradas las fronteras. Buscando una salida decidí irme a Odesa. Para ver primero cómo estaba aquello me fui solo en viaje de inspección, dejando a Sole en Kiev. Ya entonces estaba yo convertido en un verdadero *rabotchi*: hablaba el ruso de carrerilla, había tomado el aire insolente de un auténtico bolchevique, llevaba una barba cerrada e hirsuta, me vestía con un chaquetón mugriento de tela de saco, calzaba unos zapatones con la punta de la suela levantada y llevaba las piernas liadas en unas arpilleras.

En Odesa fui a buscar al *clown* Armando, el compañero del madrileño Zerep, que había abandonado, por superfluo, su oficio de *clown* y se había convertido en comisario de una salina del Estado. Vivía, más que del sueldo que le pagaban los sóviets, de la sal que robaba. Cuando yo llegué me puse de acuerdo con él y montamos por todo lo alto el negocio del robo de la sal. Él la robaba y yo salía al campo para cambiarla por harina a los campesinos de los alrededores de Odesa.

Porque en la ciudad no había ya qué comer. El hambre era espantosa. El campo no mandaba a la ciudad ni un puñado de trigo ni una patata, y la gente perecía literalmente de hambre. La libra de pan blanco costaba en el mercado setecientos mil rublos, y ciento cincuenta mil la de pan negro; la libra de harina de maíz se vendía a trescientos mil rublos, y los cinco kilos de leña, a cuatrocientos mil; una libra de sebo de caballo valía treinta y siete mil, y dos cubos de agua, veinticinco mil. Está dicho todo con decir que un limón valía un millón de rublos y que en la jerga de las transacciones clandestinas se contaba siempre por limones: tal cosa valía diez limones; tal otra, cien limones; es decir, diez millones o cien millones de rublos.

Muchos habitantes de Odesa se pasaban días y días sin probar bocado deambulando por las calles hasta que caían desfallecidos. En el mercado, los puestecillos de pan de los judíos estaban protegidos con alambre de espino y con unas púas de acero como las que ponían antes en la trasera de los coches. Así y todo, los hambrientos se tiraban a ellos desesperados. Como era imposible que las autoridades castigasen al que robaba pan, cuando uno de aquellos desdichados, aprovechando el menor descuido del vendedor, metía mano al puestecillo y robaba un pan, todos los vendedores del mercado se solidarizaban con la víctima del robo, y acudían a golpear furiosamente al hambriento, hasta que soltaba su presa. Todos, menos el panadero robado, que procuraba no perder un tiempo precioso en golpear al ladrón, sino que se iba derecho a quitarle el pan de la boca, porque ya sabía que, con la cabeza escondida entre los brazos, el que había robado el pan lo que hacía era encajar los golpes, mientras mordisqueaba angustiosamente su presa. Lo importante era comerse el pan aprisa, aunque le dejasen exánime. Y por eso el robado atendía antes que a nada a que el hambriento no se saliese con la suya de tragarse el pan mientras le pegaban, que era lo que él quería.

Yo me defendía con la venta a los campesinos de la sal robada en complicidad con Armando, y gracias, además, a la ayuda de una pareja bolchevique que me protegía un poco. Era un matrimonio muy gracioso. Él había sido oficial del ejército del zar, y había tenido dinero: un verdadero señorito; ella era una mujer del pueblo, muy guapa, muy guapa, pero sin maneras. El oficial se había enamorado de ella románticamente, y se habían casado, con gran disgusto de la aristocrática familia de él, que había despreciado siempre el origen humilde de la mujer. Debió de pasarlo ella muy mal en el viejo régimen, pero cuando vino el bolchevismo se vengó. El oficial, que era muy buena persona, pero un poco atontado, aceptó la revolución y se puso de buena fe al servicio de los bolcheviques, y, en cambio, su mujer, que había sido siempre muy enemiga de la aristocracia y de los privilegios de casta, empezó a dárselas de gran señora en desgracia. Era divertidísimo. El pobre oficial tenía una gran conformidad frente a todas las calamidades de la revolución, y las aceptaba resignadamente. Su mujer, en cambio, como si antes hubiese sido una gran duquesa, estaba siempre maldiciendo y protestando contra aquella canalla soviética. Lo traía por la calle de la amargura. Le hacía aprovecharse de su cargo de comisario y de la estimación que personalmente le tenían los jefes comunistas para que abusase y consiguiese cuanto pudiera representar una superioridad de clase. Tenía la casa llena de chucherías que compraba de contrabando, valiéndose de la impunidad que le proporcionaba el ser mujer de un comisario, y en la época de las grandes hambres de Odesa se paseaba, entre la muchedumbre miserable y desfallecida, pintada como una muñeca y con unos vestidos llamativos a la moda de 1914. Para colmo de desdichas, toreaba a su marido al alimón con todos los comisarios influyentes que se ponían a tiro. ¡Pobre oficial! Menos mal que para los buenos bolcheviques eso de que sus mujeres les hagan desgraciados no tiene ninguna importancia. Ya entonces el hambre hacía que las burguesitas de Odesa se echasen a la calle dispuestas a todo por un pedazo de pan. Y, claro, la mujer del oficial, mientras sus aristócratas cuñaditas eran unas cualesquiera que se iban a comer tomate y esturión con el primer *mujik* que las invitaba, se daba el aire de gran señora porque podía permitirse el lujo de ser caprichosa en sus veleidades. El pobre oficial lo sabía, y parecía mentira que, a pesar de lo enamorado que había estado de aquella mujer, lo tomase con tanta conformidad.

Yo le caí en gracia a aquella madama bolchevique, y, a cambio de que le diese unas lecciones de baile, le hablase de París, de la vida de los artistas y de otras novelerías por el estilo, me protegía y ayudaba a ir matando el hambre.

Cuando vino Sole a Odesa ya me protegió un poco menos.

Arte proletario

Armando me puso en relación con los artistas que para defenderse se habían organizado sindicalmente y celebraban funciones por su cuenta. Formaban parte del Sindicato unos seis mil artistas. Es decir, seis mil muertos de hambre que consiguieron permiso y ayuda de las autoridades soviéticas para montar en el mercado de Odesa un escenario y dar allí los espectáculos. Era una plazoleta destartalada, en la que el público permanecía en pie durante las representaciones. Sólo junto al escenario había dos o tres filas de bancos. Se llamaba el teatro Manesch, y era el único sitio en donde se podía actuar. Allí estaba el director, como siempre, el famoso Kudriadski, quien me dijo que si Sole iba a Odesa tendríamos trabajo. Me traje a Sole, y, efectivamente, trabajamos en el Manesch; pero como los artistas eran tantos sólo muy de tarde en tarde nos tocaba el turno de actuar. Todas las mañanas había que ir, sin embargo, al Sindicato para ver si estábamos en tablilla. Cobraban los artistas a prorrata, según las calificaciones establecidas por los tribunales examinadores de Kiev. A nosotros nos pagaban unos veinte mil rublos por día, con lo cual no había ni para comprar ni un pedazo de pan.

El Sindicato de artistas organizaba también excursiones a los pueblos y a las ciudades próximas, para lo cual contaba con dos vagones de ferrocarril, uno de los cuales se hallaba dispuesto en forma de escenario. En el otro, hacinados como el ganado, viajábamos y vivíamos los artistas. Así íbamos de pueblo en pueblo, siempre en compañía de los propagandistas soviéticos. Trabajábamos ordinariamente en la sala de espera de las estaciones. En algunos pueblos se celebraba el espectáculo en los mismos andenes, al costado de los vagones. Ya al final conseguimos que se nos autorizase para llevársela y cambiársela a los campesinos por harina, mantequilla, huevos o gallinas. De nada de aquello había en Odesa, donde la gente andaba famélica y casi desnuda por las calles. El aspecto que nosotros ofrecíamos también debía de ser lamentable. Sole iba vestida con un traje blanco, casi transparente, que discurrí hacerle con una sábana vieja. Yo iba algo mejor: me había gastado diez millones de rublos en hacerme un chaquetón con la tela de un saco de harina, y era casi un dandy.

Capitán de industria

Cavilando, cavilando, se me ocurrió, al fin, un negocio. Era difícil, porque los bolcheviques no consentían que se hiciesen negocios; pero aquel que yo discurrí no encontraron pretexto para prohibírmelo. En aquel tiempo casi todo el mundo andaba descalzo. Ni había pieles para hacer zapatos ni nadie tenía los millones de rublos que hacían falta para comprarse un par. Pensé entonces que con los tapices viejos y las alfombras de las casas burguesas que no servían para hacer trajes ni siquiera para que abrigasen echándolas sobre la cama se podía, en cambio, fabricar una especie de alpargata o zapatilla con la que se podría ir calzado por poco dinero. Me puse, pues, al habla con un zapatero judío que andaba muriéndose de hambre porque hacía ya años que nadie le encargaba un par de botas y constituimos un verdadero «trust para la introducción y explotación de la alpargata en Rusia». A pesar del bolchevismo, tuve que caer en las mallas del régimen capitalista y ponerme al habla con otro judío, que anticipó el dinero necesario para montar la industria: unos cien mil rublos. Con aquel dinero nos echamos a comprar tapices y alfombras por los antiguos palacios de la burguesía. Mi socio, el zapatero, confeccionaba con aquellos tejidos resistentes alpargatas bastante aceptables, y yo me iba al mercado a venderlas. Pagaba quince rublos por el permiso para vender, y tenía que estarme a la intemperie, a veces con veinte grados bajo cero, desde las tres de la madrugada hasta la caída de la tarde. Nos fue bien, y el primer mes liquidamos con diez millones quinientos noventa mil rublos de ganancia. Pero, ¡ay!, el régimen comunista no me había librado de la garra del capitalismo, y mi tanto por ciento como socio industrial no pasó de ochenta mil y pico de rublos, menos de lo que costaba un limón. He conservado

el libro de caja de aquella sociedad industrial para la introducción de la alpargata en Rusia, que fue seguramente una
de las primeras empresas industriales acometidas después del
diluvio bolchevique.

La crueldad inútil

Pero si eran poco el hambre y el tifus, padecíamos en Odesa otra plaga que rivalizaba en mortandad con las anterio-
res: la Checa.

La Checa en Odesa era entonces tan cruel y sanguinaria
como lo había sido en Kiev, con la diferencia de que su
crueldad no tenía siquiera la atenuante de la guerra civil y
el contrapeso del terror blanco. Estaba instalada la Checa
en un buque de guerra, el célebre barco *Almás,* que se hallaba fondeado en medio de la bahía. Aquel buque siniestro
había sido convertido en prisión flotante, a la que se tras-
ladaba a los detenidos por los esbirros de la Checa. Era
entonces comisario en Odesa de la terrible institución un
marino, tan sanguinario y cruel como todos los marinos
que intervinieron en la revolución, y, además, medio loco.
Era un tipo vesánico, que se gozaba dando muerte a los
reos por su propia mano, y de ello se vanagloriaba después. Un ser monstruoso, cuyo solo nombre ponía espanto
en el ánimo de la gente. Se decía que una de sus reacciones
más frecuentes era la de coger la pistola inopinadamente y
disparar a bocajarro sobre los infelices detenidos a los que
estaba tomando declaración. Era un muchachote grande,
fuerte y guapo. Tenía unas manías raras. Le daba por llevar
siempre adelantado en media hora el reloj, y a todo el que
se encontraba la preguntaba qué hora era, y cuando le decía
la hora exacta se enfurecía y gritaba:

—¡Vas atrasado! ¡Todo el mundo va atrasado en Rusia! ¡Adelanta ese reloj si no quieres que te meta en la cárcel!

Se enamoró de una artista, y se iba al teatro para estar al lado de ella las horas y las horas. La artista le tenía miedo, pero no osaba rechazarlo. A un hermano de ella que se atrevió a insinuarle que no siguiese cortejándola le puso el revólver en el pecho y le dijo:

—¡Vete! Que no te vea más en mi vida. No te mato ahora mismo porque eres hermano de ella, y la quiero tanto que no me atrevo a darle el disgusto de matarte.

Ya se comprenderá que en estas condiciones no había mujer que se resistiera. Era, además, de figura atrayente, y a ratos, hasta jovial y divertido. Pero estaba completamente loco. Su enfermedad, él mismo lo decía, no le permitía dormir. Era aquél un hombre que hacía muchos meses que andaba por el mundo sin haber cerrado los ojos ni reclinado la cabeza.

Sus crueldades fueron tales que al final se decidieron a destituirle, caso extraordinario, porque no era cosa fácil que echasen a nadie de la Checa por ser cruel. Casi todos los chequistas eran tipos anormales por el estilo, o bien unas malas bestias sin apelación, bárbaros, movidos sólo por sus malos instintos de aldeanos. Un día se fugó de los calabozos de la Checa de Odesa un faquir que trabajaba en el circo, y que había sido detenido por especulación. Para escaparse hipnotizó al comisario que estaba de guardia en la prisión, y aprovechándose del estado sonambúlico en que le puso se apoderó del sello de la Checa y se decretó a sí mismo la libertad. Pues bien: aquellos idiotas dictaron entonces una disposición en virtud de la cual en lo sucesivo los faquires tendrían que estar en la cárcel bajo la custodia de cinco comisarios.

Y hombres así eran los que decidían inapelablemente sobre la vida y la muerte de millares de ciudadanos. Las ejecuciones eran diarias. Pero en Odesa a los condenados a muerte no se les fusilaba, sino que desde el barco *Almás,* en el que estaban prisioneros, se les arrojaba al mar vivos y con una piedra atada al cuello o a una pierna. Oí contar un día en el café que un buzo que había bajado al fondo de la bahía para hacer unas exploraciones había encontrado allí un verdadero bosque de ahogados que flotaban hinchados como globos a la altura que el largo de las cuerdas les permitía.

¡Hambre!

Pero insensiblemente todos aquellos horrores producidos por la crueldad humana fueron palideciendo ante el magno azote del hambre. Mataba más el hambre que la Checa.

En Odesa no había nada, absolutamente nada que llevarse a la boca. De los escasos víveres que llegaban se incautaban los bolcheviques, que abrieron unos restaurantes cooperativos para los obreros. Costaba cada comida mil quinientos rublos, y consistía en una sopa que era como agua sucia, un puñadito de *krupa* y un trozo de aquella masa repugnante que llamaban pan. Todas las ganancias de mi negocio de alpargatas las consumimos Sole y yo yéndonos a uno de aquellos restaurantes cooperativos y comiéndonos, uno tras otro, cuatro o cinco cubiertos de una vez. Luego resistíamos sin probar bocado días y días, pero cuando veía que íbamos a perecer de hambre sacaba una de aquellas moneditas de oro y la vendía clandestinamente para poder tirar otra semana. Por una libra de oro me daban hasta cincuenta o sesenta millones de rublos.

Los infelices que no tenían siquiera aquellos recursos perecían. Recuerdo que al llegar nosotros a Odesa empezamos a reunirnos en un café quince o veinte artistas, rusos unos, extranjeros los más. Era una tertulia en la que nadie hacía gasto, pues la consumición mínima costaba cien mil rublos, lo que ganábamos trabajando durante una semana. Nos reuníamos allí para contarnos mutuamente nuestras penas y avivar nuestras esperanzas. Pero el tiempo pasaba, apretaba el hambre y las bajas fueron frecuentes. Un día nos enteramos de que nuestro camarada el equilibrista, que llevaba unos días sin aparecer por la tertulia, había muerto de hambre en su tabuco; otro día nos anunciaban que la cantante rumana había caído víctima del tifus; otro, que el bailarín polaco se había suicidado. Así, suavemente, casi imperceptiblemente, fueron pereciendo unos tras otros, y ya al final no quedábamos más que cuatro: Armando, Zerep, Fernández y yo. Tres españoles y un italiano. Fuimos los únicos que resistimos todas las calamidades.

Los hambrientos, al principio, se sublevaban y promovían frecuentes rebeliones en las calles; pero los guardias rojos disparaban sobre ellos a mansalva y les obligaban a esperar resignadamente la muerte por consunción, que era mucho más cómoda que la muerte recibida a balazos. Aprendí entonces que no es verdad que las revoluciones se hagan con hambrientos.

Cuando se tiene hambre no se es capaz de nada. Ni de protestar siquiera. Odesa entonces era la ciudad más tranquila, más apacible del mundo. La gente se dejaba morir en sus tugurios sin un ademán airado, casi sin quejarse.

Toda mi vida me acordaré de una mujer famélica con un niño en brazos que, al pasar, estuve viendo durante varios días sentada en un portal próximo a la casa en que vivíamos. El primer día que reparé en ella aquella mujer pedía pan a los que pasaban, y su hijo se revolvía en su regazo llorando. Al día siguiente la infeliz mujer, extenuada, ni siquiera tendía la mano a los transeúntes. Así siguió dos, tres días. Una mañana me fijé en que la mujer ya ni siquiera se movía.

Se había quedado muerta de inanición en la misma postura que tenía. El chiquillo, prisionero entre los brazos agarrotados del cadáver, lloraba todavía. Cuando pasé al día siguiente ya tampoco se quejaba la criatura.

Ahora que evoco aquello me maravillo de cómo pude ver fríamente día tras día el desenlace fatal y previsto de aquella tragedia silenciosa. ¿Cómo no arranqué el chiquillo de los brazos helados de la muerta y evité que pereciera?

¡Ah! No se sabe nunca a qué extremos puede llevarnos el instinto de vivir; hasta dónde llega el egoísmo. Nadie sabe lo egoísta que es mientras no llega el caso, y a quienes se hagan la ilusión de creer que en aquellas circunstancias hubiesen hecho algo mejor de lo que yo hice —volver la cara al otro lado—, yo les pondría en una de aquellas calles de Odesa durante los años del hambre, cuando centenares de criaturas, abandonadas por sus familiares, muertos de hambre o de tifus, esperaban a morir acoquinadas en los portales. Había algunos de aquellos chiquillos, los mayorcitos y los que habían venido al mundo con una vitalidad más acusada, que no se resignaban a morir, y cuando se pasaba junto a ellos el instinto les hacía saltar como alimañas y se agarraban a las piernas de uno y le daban terribles dentelladas. Otros, los más, se quedaban quietecitos en sus rincones, mirando con sus ojillos claros el mundo que pasaba, sin que al parecer notasen la impiedad de que estaban rodeados, como si estuviesen ya en el limbo o no hubiesen salido de él todavía. Únicamente, cuando sentían pasos, tendían sus manecitas afiladas, y con un débil gemido llamaban dulcemente al que pasaba:

—¡Tío! ¡Tío!

26. La fuga

No creo nunca que haya habido una mortandad tan espantosa como la que hubo en Odesa aquel verano del año 21. El hambre y el tifus hacían diariamente millares de víctimas, a las que ni siquiera se podía dar sepultura. En los hospitales era tal el número de enfermos, que metían a dos en cada cama; cuando se morían hacían con ellos piras, colocándolos por tandas de dos en dos para quemarlos.

Había tanta hambre que cuando caía una caballería muerta en medio de la calle, los hombres, como chacales, se precipitaban sobre ella, y en quince minutos dejaban monda y lironda la osamenta de la bestia, como no lo hubiese hecho mejor una bandada de buitres.

El invierno había sido terrible, pero sólo cuando llegó el buen tiempo se deshizo la nieve y toda aquella podredumbre lució al sol, nos dimos cuenta exacta de la magnitud de la tragedia. Durante los meses de invierno, los que morían del tifus eran arrojados a la calle por sus propios familiares, apenas caídos en el arroyo, los golfillos se precipitaban sobre ellos y los desnudaban; caía la nieve y los cadáveres quedaban pronto ocultos bajo aquel inmenso sudario; pero llegó la época del deshielo y con la primavera empezaron a florecer los muertos en las calles de Odesa. Al lado de las

casas había en muchas calles unas zanjas, por las que co-
rrían las aguas en la época del deshielo y en aquellas zanjas estuvieron durante muchos meses pudriéndose al sol las
carroñas.

Como era de esperar, la epidemia de tifus se agravó en
cuanto apretó el calor. Huyendo de aquella ciudad de la
muerte, Sole y yo nos íbamos a la playa, y allí nos pasábamos el día tumbados al sol. Obtuvimos una autorización
para bañarnos —hasta para bañarse en el mar hacía falta una
autorización especial de los bolcheviques—, y yo creo que,
gracias al sol y al agua, nos respetó el tifus. Por las noches,
nos refugiábamos en nuestro tugurio de Odesa. No teníamos ni un pedazo de pan que llevarnos a la boca ni una triste lamparilla para alumbrarnos. Vivíamos del aire, como los
camaleones.

Economía burguesa en un régimen comunista

Para comer de vez en cuando un poco de *mamaliga*, que era
una masa de harina de maíz con agua y sebo de caballo,
nadie tenía bastante con los millones de rublos que se ganaban de jornal. Sole y yo trabajábamos con cierta frecuencia
en el Circo Manesh y en otros varios teatrillos; pero los veinte o treinta mil rublos que nos pagaban por función no nos
permitían costearnos una sola comida. Bailamos en el Teatro
Oreol, el Lira, el Vodevil, en el Círculo Gisner, en el cinematógrafo Gometa y en el Club Lenin; pero si no me hubiese
ayudado vendiendo sal, cigarrillos, alpargatas y unos anafes
de hojalata, que yo mismo construía, hubiésemos perecido de hambre como perecieron otros artistas. Nos salva-
mos, además, gracias a las cosillas que fuimos vendiendo a los
judíos por lo que nos quisieron dar. ¡Ay, mis alhajitas!

Como siempre he sido un hombre cuidadoso y ordenado, conservo una lista detallada de mis gastos y mis ingresos en aquella época. Acaso sea curiosa la enumeración de las cosas que vendí en los últimos tiempos de Odesa. Fueron las siguientes:

Veinte francos oro, 96.000 rublos; veinte francos papel, 35.000 rublos; una toalla nueva, 10.000; seis pastillas de jabón, 1.500.000; una chaqueta negra, 20.000; tres arrobas de sal, 119.500; una sábana vieja, 33.000; un ajustador de oro, 240.000; una piel, 35.000; dos cajas de tabaco de majorca, 450.000; una moneda de oro de cinco rublos, 200.000; una moneda de oro de Alejandro III, 650.000; un puñadito de patatas, 65.000; unas botas altas, muy usadas, 199.000; dos rublos plata, 150.000; un par de medias suelas, 85.000; un bolso de señora de setenta y cinco gramos de plata, 596.000; un chelín y dos marcos, 225.000; un pantalón negro, 750.000; una sortija de sello, 500.000; una moneda de oro de tres rublos, 750.000; una sortija sin piedra, 250.000; un maletín, 250.000; un par de guantes, 100.000; un mantoncillo de Manila, 350.000; una moneda española de cinco duros, 1.400.000; un reloj, 150.000; una pitillera, 3.000.000; un plato sopero, dos tenedores, tres platillos y un florero, 232.000; un frac, 250.000, dos rublos oro, 1.500.000.

Gracias a esto, a los anafes, a las alpargatas y a lo que ganábamos bailando, pudimos resistir aquel azote del hambre. Cuando nos veíamos muy perdidos, nos contratábamos para los *payescos,* que eran aquellas excursiones de los artistas por los pueblos en los vagones que ponían los bolcheviques a disposición del Sindicato. Como no quiero ocultar nada en esta curiosa lista de mis ingresos en la época del hambre, debo consignar en ella unos cuantos miles de rublos que gané en aquellas excursiones

jugando al póquer y a la treinta y una, que en Rusia se llama la veintiuna.

Solidaridad humana

Llegó un momento en el que perdimos toda esperanza de
salir vivos de aquel infierno. ¿Nos habían respetado las
balas de la revolución y de la guerra civil, para que al final
nos abatiese silenciosamente aquel azote callado del hambre? La gente parecía resignada a morir. Ya no le importa-
ban a uno ni los bolcheviques, ni la Checa, ni el hambre, ni
el tifus. Todo nos era igual. No hubiese quedado un ser
vivo en Odesa ni en todo el sur de Rusia a no haber sido porque el mundo entero empezó a preocuparse de la catástrofe que ante los ojos de la Humanidad civilizada se estaba
desarrollando. Aquello fue tan espantoso, tenía tales propor-
ciones, que a pesar de la insensibilidad a que los hombres
habían llegado después de las monstruosidades de la gran
guerra, el mundo se estremeció de horror y acudió en socorro de los hambrientos.

Poco a poco empezaron a llegar auxilios de Europa y
América. La primera delegación que llegó fue la de los franceses. Los bolcheviques les autorizaron para instalarse en
unos pabellones, en los que hospitalizaron a los compatriotas suyos que fueron recogiendo. Trajeron también víveres, que distribuyeron sólo entre los franceses. Yo fui a que
me socorrieran, pero, como no era francés, no quisieron
hacer nada por mí.

Más tarde llegaron los americanos. Se dedicaron únicamente a socorrer a los niños, pero los acogían de cualquier
nacionalidad que fuesen. Aquel problema de los niños que
quedaban abandonados por haber muerto sus familiares

en la guerra, en la revolución o en las luchas civiles, era espantoso. Las cuadrillas de zagalones que habían crecido en el campo o en las calles, como verdaderas alimañas, eran peligrosísimas. Los otros, los pequeñuelos, morían a millares. Dispusieron los bolcheviques que cada familia se hiciese cargo de un niño abandonado; pero, como pasaba con casi todas las disposiciones soviéticas, aquélla no se cumplió. A nosotros nos tuvieron asignado un niño, que no sé cómo íbamos a mantener, pero ni siquiera llegaron a dárnoslo.

Yo anduve durante mucho tiempo de un lado para otro, sin que me hiciesen caso en ninguna parte. Como para los bolcheviques España estaba fuera de ley, ser español era allí ser una especie de paria, que se podía morir o al que se podía matar sin que nadie se preocupase. Vinieron más tarde otras delegaciones nacionales recogiendo y amparando a sus súbditos perdidos en el caos de Rusia. Cada país se preocupaba de salvar a los suyos. Sólo España no aportó nada por allí.

Los italianos mandaron unos grandes barcos con cargamento de trigo y maíz, que se vendieron libremente en el mercado de Odesa, pues los bolcheviques no pudieron poner mano sobre los víveres que venían del extranjero. También me arrimé a los italianos buscando amparo y también me rechazaron.

Entonces pensé que como no fuese renunciando a mi nacionalidad española y haciéndome súbdito de algún otro país, no conseguiría que me sacasen de Rusia. Yo no quería, sin embargo, dejar de ser español definitivamente, y no se me ocurrió más arbitrio que el de proporcionarme una documentación falsa. Me acordé de que entre los pasaportes extranjeros que cogí en la Checa de Kiev había uno italiano, y, merced a unas raspaduras hábiles, troqué el nombre del infortunado dueño de aquel pasaporte por el mío.

Ya tenía un Juan Martínez, súbdito italiano, que podría ir
a la delegación italiana para que lo arrancasen de las manos
de los bolcheviques.

El «asunto número 148»

La cosa no era tan fácil como a primera vista parecía, porque en los registros de extranjeros de Odesa y Kiev y en toda
la documentación soviética yo aparecía como español. Tuve
primero que sobornar al encargado del Registro de Extranjeros, para que copiase íntegro un cuaderno del registro,
poniendo a Juan Martínez como italiano; pude sobornarle
fácilmente, porque un día que estaba yo robando leña, me
encontré a él robándola también, y como aquello estaba
severísimamente castigado se estableció entre nosotros una
solidaridad de delincuentes que, estimulada por unos cuantos millones de rublos, me sirvió para lograr de él lo que pre-
tendía.

En cuanto a la documentación expedida por las autoridades soviéticas que yo debía presentar para que me extendie-
sen el visado y me dejasen salir no me servía, porque en ella
constaba que yo era español; tuve, pues, que destruirla y noti-
ficar a la Checa que se me había extraviado, para que si la
encontraban me la devolviesen. No se encontró, naturalmente, y entonces tuvieron que darme un duplicado, en el cual
ya aparecía mi nueva nacionalidad italiana. En amañar
todo aquello tardé varios meses. Provisto al fin de cuantos
requisitos se necesitaban me presenté en la Checa para soli-
citar el visado y el permiso para embarcar con rumbo a
Italia, cosa a la que, como tal italiano, tenía perfecto derecho, en virtud de las negociaciones llevadas a cabo entre la
URSS y el Gobierno de Roma.

El comisario que me recibió, después de examinar mis documentos, me envió al comisario del puerto, Masquetti, que era el que distribuía los pasajes. Masquetti estudió mi caso y dijo que él, por su cuenta, no resolvía tampoco. Tuve, pues, que acudir al jefe supremo de la Checa de Odesa, a cuya presencia me llevó el propio Masquetti.

Para mi desgracia era entonces jefe supremo de la Checa en Odesa el camarada Jacobleva, aquel que había fusilado a su padre por considerarlo poco adicto a los bolcheviques. Entré en su despacho más muerto que vivo. Jacobleva estaba charlando muy animadamente con su secretaria, una mecanógrafa rubia, y me hizo el mismo caso que a un perro.

—¿Qué quiere éste? —preguntó al fin a Masquetti.

—Irse.

—¡Hum! —gruñó Jacobleva—. No conviene dejar salir a mucha gente. ¿Quién es? ¿Dónde ha estado?

Masquetti y Jacobleva estuvieron charlando un momento en voz baja. Yo vi en seguida que aquello tomaba mal cariz. Finalmente, Jacobleva, se volvió hacia mí, y me dijo secamente:

—No te vas. No se te concede el visado.

—Pero, ¿por qué?

—No lo considero oportuno. Has andado mucho por Rusia; sabes demasiadas cosas.

—¿Pero qué hago yo aquí?

—Haz lo que te dé la gana. Ya te he dicho que no sales.

—Soy artista, aquí no tengo medios de vida, si no me dejáis salir no me quedará más recurso que robar y asesinar.

—Ya te resignarás como se resigna todo el mundo.

—¡No! —grité—. Antes de morir como un perro, yo sabré lo que tengo que hacer.

Sole me puso la mano en la boca y me arrancó de allí. Yo iba como loco. Estaba deshauciado y mi destino era morirme de hambre y de asco en Rusia, «porque sabía demasiado».

Conté luego en el Sindicato de Artistas de Circo lo que me había pasado con Jacobleva. Un camarada, que, por cierto, era muy bolchevique, me dijo:

—Eso no puede ser. Si has sido víctima de un atropello en tu derecho por parte del jefe de la Checa, ve al abogado del pueblo y denúncialo. Él te defenderá. ¿Para qué, si no, hemos hecho la revolución?

Fui, aunque sin ninguna convicción, a buscar al abogado del pueblo, y, contra lo que yo esperaba, aceptó mi asunto y presentó la demanda. La tramitación fue muy lenta, y todavía hube de aguardar varias semanas antes de que señalase el día para la vista del «asunto número 148», que era el de mi expediente de extradición como súbdito italiano.

Yo tenía que llevar a la vista once testigos, que declarasen bajo su responsabilidad ser yo el Juan Martínez, italiano, artista, etc., que decía. No conseguí llevar más que siete; pero di los nombres de los que faltaban, alegando que yo no tenía la culpa de que no hubiesen querido ir. Lo espantoso para mí fue que, sentado en el tribunal y formando parte de la troika de jueces, me encontré con un sujeto que sabía perfectamente que yo no era italiano, sino español. Como que era el agente artístico que me había firmado el primer contrato que yo tuve en Rusia. Durante la celebración del juicio estuve comiéndomelo con los ojos. Notó él mi ansiedad y en un descanso se me acercó, y me dijo disimuladamente:

—¿Por qué no me has advertido? Cuenta conmigo.

El Tribunal falló a mi favor, decretando que tenía derecho a que se me concediese el visado. Lloré de alegría. ¡Podía salir de Rusia! ¡Ya era hora! Mi aspecto no podía ser más lamentable. Había enflaquecido hasta un extremo inverosímil;

no digo más sino que de hambre, de puras hambres, las orejas me habían crecido.

Todavía tuve que pagar mil quinientos rublos por los gastos de papel del proceso; pero nunca he pagado nada con tanto gusto.

El adiós al amigo

Ya con la sentencia firme en el bolsillo, no me quedaba más que esperar mi turno para el embarque. Tenía tantas ganas de marcharme, que cogí a Sole, cargué con nuestro baúl, ya casi vacío, y nos fuimos al muelle, donde estuvimos seis días durmiendo sobre unos fardos en espera de que llegase el barco que debía sacarnos de Rusia. Durante aquellos días el italiano Armando y el madrileño Zerep nos llevaban algo de comer; lo que buenamente podían los pobres. Antonio no se separó de nosotros durante las últimas horas que estuvimos en Rusia. ¡Era un gran camarada!

Estábamos en el muelle aguardando ansiosamente la llegada de nuestro barco, cuando tocó en el puerto un buque italiano cargado de trigo; al enterarse los tripulantes de que allí había un italiano que esperaba la ocasión de ser repatriado, vinieron a verme y me trajeron chocolate, galletas, mantequilla y otras vituallas. No poco les chocó el hecho de que yo fuese un italiano que no sabía una palabra de italiano; pero como mis documentos estaban en regla, y yo les conté el cuento de que había salido de Italia cuando tenía cinco años, no hicieron nada contra mí. Uno de ellos, que hablaba francés, me dio un latazo terrible preguntándome cosas; tuve que decirle que había nacido en Nápoles, que mi padre era italiano de origen español, que habíamos emigrado por falta de trabajo y qué sé yo cuántas mentiras más. Me llevó a su barco y me enseñó un retrato de Mussolini que tenía colocado entre uno de Garibaldi y otro de Trotsky. Era la primera vez en mi vida que yo oía hablar del tal Mussolini.

Por fin llegó al muelle un barco pequeñito llamado *Anastasia*, que era el que debía conducirnos a Constantinopla. Arrastramos el baúl hasta la Aduana, y allí nos hicieron una revisión en la que no dejaron de registrarnos ni el cielo de la boca. Desgraciadamente yo no tenía nada que llevarme de Rusia. Aquellas alhajitas que tan penosamente fui reuniendo en los primeros tiempos tuve que escupirlas después para no morirme de hambre. Ya en el muelle, esperando el barco, vendí lo último que me quedaba: un alfiler de corbata y una pitillera; dos prendas a las que había tomado cariño. Todavía me pusieron dificultades en la Aduana para dejarme sacar las músicas de mis bailes y tuve que gestionar en el Sindicato de Artistas una certificación de que me eran indispensables para ejercer mi profesión.

En el momento de embarcar, le di el último abrazo al madrileño Zerep, el gran amigo, el fiel camarada de penas y fatigas. Allí se quedó en el muelle diciéndome adiós hasta que le perdimos de vista. ¡Pobre Zerep! Nuestro calvario terminaba; pero el suyo, ¿cuánto duraría todavía? No he vuelto a verle; pero he sabido que logró salir al fin, y que recientemente, estando en América, se ha fracturado una pierna cuando trabajaba, como siempre, en el circo.

Ya en el barco subieron los bolcheviques a hacer la última revisión. El comisario, que me conocía por haberme visto bailar alguna vez, me dijo extrañado:

—¿Cómo? ¿Se nos van ya las castañuelas?

—No, hombre, no —le dije—; vamos a trabajar en un teatro de Constantinopla durante veinte días, pero volvemos.

—Pues hasta la vuelta. ¡Que sea pronto!

—Hasta la vuelta —le contesté.

Pero en cuanto volvió la espalda, quise significar con un ademán que no dejaba lugar a dudas mi firme voluntad de no volver a verle en mi vida.

A las seis de la tarde levantaron la plancha y el barco se puso en movimiento. El puerto estaba cerrado, y, cumpliendo las órdenes de las autoridades, nuestro barco tenía que permanecer fondeado en el centro de la bahía hasta las seis de la mañana.

El alijo

Apenas cayó la noche subí a cubierta y me puse a pasear de arriba abajo impacientemente. Esperaba anhelante el momento en que el barco se pusiese en movimiento. Una extraña angustia me invadía a última hora. Contemplaba las luces de Odesa a lo lejos, y me parecía mentira que iba a arrancarme de allí, que iba a desgajarme de aquel mundo de pesadillas en el que había vivido durante seis años. ¿Era verdad? ¿Era un sueño? Cuando me paraba a pensarlo me parecía que todo lo que había vivido en aquellos seis años era una novela, una pura fantasía. Me quedaba mirando al mar y luego lo que me parecía un mundo irreal era lo otro: Europa, Francia, España, Madrid, la calle de Leganitos, donde me había criado. ¿No estaba aquello mucho más lejos de mí que aquella vida tan intensa, tan entrañable, de la revolución, la guerra civil y el hambre? ¿Qué habría pasado en el mundo durante aquellos seis años? ¿Se acordaría alguien de mí? Me asaltó una súbita ternura hacia todo aquello que iba a dejar. Sí. Era cierto. Nunca lo hubiese creído; pero era así. Me daba pena, verdadera pena, dejar Rusia. Ya no volvería jamás a verla. Esta ruptura con

seis años de mi vida me producía una honda tristeza. Caminaba hacia la libertad, hacia el bienestar burgués, hacia la vida
de los hombres civilizados, que no tienen necesidad de matar
por sí mismos ni de robar por su propia mano; iba de cara
a un mundo más amable, más suave, en el que las gentes si
no son más buenas, por lo menos disimulan mejor su mal-
dad. ¡Y esto me entristecía!

Vino a sacarme de mis absurdas reflexiones un suave
rumor de remos que sentía al costado del buque. Me aso-
mé a la borda y vi acercarse sigilosamente un bote. Arriaron desde el barco una escala, y por ella subieron dos hombres que estrecharon la mano del capitán. Yo al ver aquello me quedé escondido en las sombras y pude oír lo que
hablaban:

—¿Listos?

—Listos.

—¿Traen ustedes eso?

—Sí.

—¿Cuántos quilates?

—Tantos.

—¿Zarpamos?

—Ahora mismo.

Empezó a dejarse sentir el sordo rumor de las calderas y
el barco se puso en movimiento. Iban a meterse el capitán
y los recién llegados por una escalera cuando fui descubierto. El capitán se encaró conmigo:

—Te has enterado de todo, ¿eh?

—No he podido evitarlo, señor.

—Bueno, ya me es igual.

—Han hecho ustedes un alijo de brillantes, ¿no es eso?

—Ya lo sabes. De nada te vale saberlo. Si te hubieses
enterado antes no habría vacilado en tirarte por la borda.
Fuera ya del alcance de los bolcheviques, me da lo mismo.

—Puede usted contar con mi discreción.

—Me es indiferente. Anda, baja con nosotros ya que te has enterado y toma una copa para celebrar que el negocio haya salido bien.

Pasamos todos al camarote del capitán. Sacó éste una botella de coñac y estuvimos brindando. Aquellos dos individuos que iban vestidos de soldados rojos habían sacado de Rusia muchos millones en brillantes y piedras preciosas, producto de la especulación clandestina.

Todavía estábamos con las copas en alto, cuando se presentó un marinero diciendo:

—Capitán, los guardacostas bolcheviques nos han descubierto y salen a perseguirnos.

El capitán subió al puente precipitadamente, y nosotros le seguimos. Allá, a lo lejos, dos puntitos negros iban horadando la noche clara a nuestro alcance. Eran las gasolineras bolcheviques destacadas en nuestra persecución. El capitán mandó forzar las máquinas. Caminábamos a catorce millas.

—¡Atención! —dijo el capitán—. Van a disparar sobre nosotros.

27. Resurrección

Nuestro barco era de más andar que las gasolineras soviéticas, y pronto empezamos a distanciarnos de ellas. Cuando los bolcheviques advirtieron que el *Anastasia* se les escapaba hicieron varios disparos contra él inútilmente. A los diez minutos de carrera a toda máquina estábamos fuera del alcance de los fusiles soviéticos, y poco después fuera también de las aguas jurisdiccionales de la Unión de Repúblicas Socialistas Soviéticas. ¡Adiós, bolcheviques! ¡Adiós para siempre!

Volvimos a la cámara del capitán, que nos invitó de nuevo a coñac. Los dos guardias rojos que se habían fugado llevando los cintos cargados de brillantes y piedras preciosas durmieron allí sin desamparar su tesoro, después de hacer las partijas con el capitán y el práctico. Yo estuve haciéndoles café a la turca mientras ellos disputaban repartiéndose el botín. Tenían sobre la mesa un fortunón de *Las mil y una noches*. Aquellas piedrecitas refulgentes eran todo lo que había quedado de una aristocracia y una burguesía que durante muchos siglos había estado afanándose por adquirir y conservar el poder a costa de inenarrables crueldades.

Aquel puñadito de luz que lanzaba sus destellos de arco

iris sobre el tapete de la cámara, era lo único que se había salvado en la gran catástrofe de la aristocracia y la burguesía rusa. Todo lo demás había perecido. Las balas de los bolcheviques habían abatido los cuellos de alabastro de las bellas mujeres que lucieran aquellas gemas fabulosas, los pechos altaneros de los príncipes constelados de oro y brillantes y las manos rapaces de los banqueros adornadas con soberbios solitarios. Y allá iban aquellas piedrecitas de colores a brillar de nuevo sobre la carne tersa o las pecheras blancas y almidonadas de otros aristócratas y otros burgueses de Occidente para quienes la hora de la expiación no ha sonado todavía.

A medianoche nos sorprendió una espantosa borrasca. Nuestro barquito, cogido en el vórtice de un ciclón, estuvo varias horas a merced de las olas, que lo alzaban y lo hundían amenazando a cada instante tragárselo definitivamente. La tripulación del *Anastasia,* bajo la experta dirección de su capitán, luchó bravamente con la tempestad. A las mujeres que iban a bordo las encerraron en la cala, y a mí me amarraron sobre la cubierta para que las olas no me arrastrasen. Cuando más angustiosa era la lucha del barquito contra el temporal apareció en la cubierta, agarrándose desesperadamente a la borda y a los pasamanos de las escotillas, un hombre cuya presencia no había sido advertida antes. Según supimos después, era un guardia rojo de los que habían estado haciendo las últimas revisiones a bordo. Aprovechándose de un descuido de sus camaradas había tirado el fusil y se había escondido en uno de los botes de salvamento del *Anastasia,* en el que había permanecido hasta aquel instante. Creyendo inminente el naufragio o temiendo que un golpe de mar se lo llevase salió de su escondite en el momento en que la borrasca llegaba a su apogeo. Cuando se alejó el peligro lo llevaron a presencia del capitán, que estuvo interrogándole. Era otro bolchevique harto de bolchevismo, que escapaba jugándose la vida con tal de llegar a un país burgués. Todavía llevaba en el pecho la escarapela roja de los sóviets. El capitán, como hacen todos los capitanes, le amenazó primero con tirarlo por la borda, y luego lo mandó al sollado.

Al día siguiente tocamos en un puerto búlgaro, cuyo nombre no recuerdo, en el que desembarcaron los dos guardias rojos que habían hecho el contrabando de los brillantes. Dos días más tarde llegábamos a Turquía. No nos dejaron ir directamente a Constantinopla, sino que nos obligaron a recalar en Prinkipo, donde los aliados habían puesto un lazareto para todos los barcos que venían de Rusia. Apenas fondeamos vinieron las Comisiones interaliadas a inspeccionar el *Anastasia*. Llegaron primero los ingleses, que se marcharon sin molestarnos cuando vieron que no había ingleses a bordo. Vinieron después los franceses y los italianos, y entonces empezaron los trabacuentas. Casi ninguno de los que habíamos salido de Rusia tenía efectivamente la nacionalidad que había invocado para salir: un armenio se había fingido ciudadano francés, un judío polaco había dicho que era belga, nosotros habíamos pasado por italianos.

Nos obligaron a desembarcar en Prinkipo y nos llevaron a un hospital, donde nos despojaron de nuestras ropas, nos bañaron, nos pelaron, fumigaron y desinfectaron. Quieras que no, yo me encontré rapado al cero y vestido con un uniforme de soldado italiano. Por la tarde nos formaron militarmente y vino un oficial italiano, que me reclamó. Yo entonces di dos pasos al frente y dije:

—Usted perdone, señor; pero yo no soy italiano.

—¿Cómo que no?

—No, señor. ¡Usted qué se ha creído! Yo soy español. ¡Nada menos que español! ¿Estamos?

—Pero su documentación es italiana y está usted a las órdenes de las autoridades italianas.

—Mi documentación se ha perdido o se me ha caído al mar.

—Pues será usted devuelto a Rusia.

—¡Amos, anda, so pasmao! El Consulado español en Constantinopla pagará a Italia los gastos de mi repatriación.

Tuvieron que resignarse, y se dispuso que el *Anastasia* me llevaría a Constantinopla; pero no se me dejaría desembarcar hasta que, efectivamente, el Consulado español se hiciese cargo de mí y abonase las diez libras que había costado a Italia mi repatriación. Si España no pagaba me volverían a llevar a Odesa.

Cuando el *Anastasia* fondeó al lado de Estambul envié un recado al Consulado contando lo que me pasaba y pidiendo que viniesen a rescatarme, pues no me dejaban desembarcar mientras no tuviese la autorización de la Comisión interaliada, que sólo con el aval de mí país podían concederme. Con la esperanza de que el Consulado pagaría me dieron de comer en el barco aquel día y el siguiente, pero como al tercer día no había aparecido nadie a reclamarme me comunicaron que no me darían más de comer y que tres días más tarde me reexpedirían para Rusia. Mandé un nuevo recado, y me contestaron que en el Consulado no reconocían ni amparaban súbditos españoles llegados de matute, y que podían devolverme a Rusia si querían. Pasé unos días terribles. ¿Sería posible que España me abandonase? Me comunicaron, al fin, que al día siguiente me reexpedirían a Odesa. Aquella noche me escondí en la cubierta del *Anastasia* y aprovechando el primer descuido de los vigilantes del muelle salté por la borda, gané a nado el malecón y eché a correr en dirección al

Consulado, que estaba en Taxim. El portero del Consulado no me dejaba pasar, pero haciéndole un regate eché escaleras arriba y entré como una tromba en el despacho del cónsul.

Estaba el cónsul despachando con varios funcionarios del Consulado, y al verme entrar y cerrar la puerta se asustaron. Yo debía de tener un aspecto de loco terrible. Antes de que pudiera abrir la boca cayeron sobre mí y, ayudados por el portero, me querían sacar del despacho a viva fuerza. Chillé y pateé desesperadamente, agarrándome a los muebles y a las paredes para que no me echasen.

—Pero ¿quién es usted? —gritó el cónsul.

—Un español que viene buscando la protección de España.

—No le conocemos.

—Sí me conocen. Y yo les conozco a ustedes. Usted es don Fulano, y usted, don Mengano. Y tú, ¿no eres el hijo de Fernández, el primer dragomán del Consulado?

El aludido se molestó al ver que aquel desharrapado le trataba con tanta confianza. Tuve que llevarle a un rincón y decirle:

—¿No te acuerdas de lo que tuviste en los brazos en la iglesia de Santa María? ¿Qué ha sido de ella? ¿Sabes algo?

Abrió los ojos desmesuradamente y me miró con estupor y pena.

—¡Martínez! —exclamó.

—Juan Martínez, el mismo. ¿Me conoces ahora?

—No es posible. Juan Martínez murió en Rusia hace tiempo.

—Pues ha resucitado. Yo soy Juan Martínez.

Me miraban todos como si yo fuese una aparición. Mi aspecto debía de ser, efectivamente, el de un alma en pena.

Aprendiendo a comer

El cónsul, que era don Juan Estrada, me dio algún dinero y me extendió el aval para la Comisión interaliada. Cuando volví a bordo del *Anastasia* el capitán estaba furioso. Le enseñé triunfalmente la autorización, le pagué lo que le debía y pude rescatar a la pobre Sole y sacar nuestro baúl. Nos fuimos a un hotel y, sin lavarnos siquiera, nos metimos en uno de los mejores restaurantes de Galata.

Íbamos Sole y yo convertidos en unos pordioseros. El vestido de Sole, hecho con una sábana vieja, se clareaba; yo, con mi chaquetón de arpillera teñido de verde y unos trapos negros liados a las piernas en forma de polainas, parecía un forajido. Atravesamos el suntuoso restaurante altivamente y fuimos a dejarnos caer en unos soberbios sillones de terciopelo. Acudió el *maître* con la carta, y me confeccioné un menú pantagruélico: sopa, pescado, legumbres, ternera, un pollo para cada uno, vino y pan, mucho pan. El *maître* me preguntó:

— ¿Cuántos son ustedes?

—Dos —contesté impertérrito.

Se encogió de hombros y se fue a traer todo lo que habíamos pedido. Sole y yo, cogidos de las manos, llorábamos de alegría ante aquel mantel blanco, aquellas copas de cristal refulgente, aquellos sillones cómodos, cuyo terciopelo acariciábamos, y aquel parquet cuidadosamente encerado. Trajeron la comida, y nos tiramos sobre ella como fieras; pero a la tercera cucharada de sopa nos entraba un sudor y una angustia tales que no pudimos seguir. La cuchara se nos cayó de la mano, y nos quedamos casi congestionados ante aquellas montañas de comida que los camareros iban trayéndonos. Tuvimos que pagar e irnos sin probar bocado. Se nos había olvidado aquello de comer. No sabíamos.

Hasta tal punto habíamos perdido la costumbre de comer que ni siquiera podíamos sufrir el olor de la comida. Nos daban náuseas, nos poníamos malos. Tuvimos que ir acostumbrándonos poco a poco, para lo cual tomábamos al principio únicamente unos calditos, unas frutas, un pescado ligero...

A los dos o tres días me eché a buscar trabajo. Fui al Petit Champs, donde de primera intención ni me dejaron entrar siquiera. Hablé, por fin, con el director, quien me dijo:

—Tráigase la ropa que le queda, a ver si está presentable.

Había salvado mi traje corto de todas las peripecias, pero en el lazareto de Prinkipo, al desinfectarnos el baúl, me habían quemado los alamares de la chaquetilla. No se notaba mucho, y seis días después de haber llegado de Rusia ya estaba yo, como si tal cosa, en lo alto de un tablado bailando el bolero. Estábamos tan flojos de piernas que el primer día sólo pudimos echar un baile. A nuestros amigos de otro tiempo que habían acudido a vernos se les saltaban las lágrimas. Pero ya estábamos otra vez en nuestro elemento.

Un español compasivo apellidado Malé me regaló alguna ropa de calle y me dio de comer. Algunos días fuimos también a comer por caridad a la iglesia española de Constantinopla. Cuando cobré el sueldo de la primera semana me hice un traje negro que daba gloria verme. Y dos meses después estábamos como nuevos.

Tuvimos suerte. Trabajamos con mucho éxito y al año hacíamos una *tournée* triunfal por Grecia, ganando tanto dinero que hasta me convertí en empresario. En Esmirna tuve arrendado un teatro por el que pagué veinte mil dracmas.

Teníamos dinero y marchábamos bien por el mundo; pero nuestro pío de siempre era España. Apenas nos vimos boyantes nos entró la comezón de la tierruca. Le escribí a mi padre, que hacía muchos años estaba sin noticias mías y le mandé dinero. Antes no le había escrito porque no le podía mandar nada ni contarle más que desdichas, y yo no quería pasar ante los míos por un perdulario ni me gustaba que me tuviesen lástima. Por nada del mundo hubiese entrado en Madrid tal y como estaba cuando salí de Rusia. ¡Qué hubiera dicho de mí la gente! Pero ya entonces, bien hateado, con mis tumbagas y mis ternos nuevos podía presentarme decentemente en la Puerta del Sol, y sentarme en el café de Levante como un señorito. Y a España nos fuimos.

Pero en España, ya es sabido, hay poco ambiente para nosotros, los artistas, después de gastarme unas pesetillas en presumir por la calle de Alcalá me vine a París, donde se sabe apreciar el arte, y los artistas, mal que bien, podemos ir tirando. Aquí en París estoy ganándome la vida honradamente con mis castañuelas. Juan Martínez, rue Lepic, 110, tienen ustedes un amigo, un amigo de veras.

Lo que no cuenta Martínez

El verdadero folletín de Martínez, la emocionante novela de su vida, no es esta que Martínez cuenta con prodigiosa fidelidad, sino otra, de la que el pobre bailarín flamenco no habla nunca. Yo la he sabido, no por él, que nunca quiso hablarme de ella, sino por alguien que la conoció casualmente y me la contó en secreto. Es una novela llena de ternura y dolor, de esas que emocionan a las porteras mucho más auténticamente que estas truculentas historias de guerras y revoluciones, que ¡vaya usted a saber!; un folletín sentimental al modo de aquellos sugestivos folletines del siglo XIX, que firmaban Carolina Invernizzio o Luis de Val. Verán ustedes:

Sole y Martínez antes de entrar en Rusia el año 1916 habían tenido una niña, aquella niña que les bautizó en la iglesia de Santa María, de Constantinopla, el primer dragomán del Consulado de España. Artistas de tablado, que llevaban una vida azarosa saltando constantemente de un país a otro, decidieron dar a criar la niña a un ama, una buena mujer que vivía en una aldeíta de Italia. Todos los meses, puntualmente, Juan y Sole, dondequiera que estuvieran, giraban al ama, quitándose ellos de la boca si era necesario, el dinero preciso para que aquella hija se criase sin que le faltase nada. Y por el mundo iban los bailarines viviendo alegremente su vida de riesgo y ventura; pero con el sentido y la esperanza puestos siempre en aquella aldeíta italiana donde iba creciendo entre las gallinas y los conejillos del corral aquella hija que era la única ilusión que tenían.

Pero el mundo había enloquecido. A los infelices artistas la guerra les había zarandeado implacablemente, y terminó arrojándoles en el vórtice del torbellino. Cayeron en Rusia el año 17, estalló la revolución, vino después la guerra civil, más tarde el terror rojo, y, finalmente, el azote del hambre. Perdido todo contacto con el resto del mundo se debatieron angustiosamente en aquel caos. Cuando pasados seis años salieron a flote y volvieron los ojos a la aldea de Italia, donde habían dejado su tesoro, no dieron con él. La aldeana a quien habían confiado su hija había muerto, y en la aldea no supieron decirles sino que la niña había sido llevada al hospicio; en el hospicio aparecía, efectivamente, la inscripción de la niña; pero ella no estaba allí. ¿Qué había sido de ella? Al principio no supieron decirlo. Después, a fuerza de insistir, obtuvieron una sola respuesta: la de que la niña había muerto.

No era verdad; no se pudo poner en claro cuándo, cómo y dónde había muerto aquella niña. Indagando, indagando, Juan y Sole dieron con un anciano sacerdote, que les puso sobre la pista de la hija desaparecida. Había sido sacada del hospicio y adoptada por una dama adinerada que, temerosa de que algún día apareciesen los padres y se la quitasen, había hecho las supercherías necesarias para inscribirla como hija suya.

Los atribulados padres no se desanimaron y buscaron a la dama en cuestión; pero ella advertida a tiempo puso tierra de por medio. Cuando al fin dieron con ella no pudieron conseguir nada. Sole cree haber visto un día a su hija. Era una muchacha, bonita como ninguna, que pasó una vez ante ella en un soberbio automóvil. Fue una visión fugaz que se desvaneció para siempre. La falsa madre escondió a la muchacha y nunca más volvieron a verla.

El único que podía haber restablecido la verdad, aquel anciano sacerdote, que tal vez la había sabido por un secreto de confesión, murió poco después y los infelices padres, los tristes bailarines, tuvieron que seguir rodando por el mundo, perdida ya la esperanza de recobrar aquella hija, que quizás fuese feliz y dichosa, pero que tanto bien pudiera haber hecho a los infortunados que le dieron el ser.

Éste era el verdadero folletín de la vida del maestro Juan Martínez. ¿Verdad que es bonito? A última hora me asalta la sospecha de que tal vez esta historia, íntima, insignificante, de la niña perdida podía haber sido más interesante que todos esos espantosos relatos de guerras y revoluciones que el maestro Juan Martínez hace en estas páginas con escrupulosa fidelidad histórica y prodigiosa exactitud de detalle.

¡Quién sabe si las porteras tienen razón y hay más humildad en ese viejo folletín de la hija perdida para sus padres que en todo el horror de esa guerra y esa revolución, tan inhumanas que nadie cree que sean verosímiles! Acaso no se deba nunca superar la medida de lo humano.

«Por do quiera que el hombre vaya lleva consigo su novela.»
BENITO PÉREZ GALDÓS

Desde LIBROS DEL ASTEROIDE queremos agradecerle
el tiempo que ha dedicado a la lectura de *El maestro Juan Martínez que
estaba allí*. Esperamos que el libro le haya gustado y le animamos
a que, si así ha sido, lo recomiende a otros lectores.

Al final de este volumen nos permitimos proponerle
otros títulos de nuestra colección.

Queremos animarle también a que nos visite
en www.librosdelasteroide.com donde encontrará
información completa y detallada sobre todas nuestras
publicaciones y podrá ponerse en contacto con nosotros
para hacernos llegar sus opiniones y sugerencias.
Le esperamos.

«Esta *Obra completa* viene a culminar el proceso
de recuperación de su legado.»
Jesús Morillo (ABC)

«Este corpus modifica la comprensión de la Edad de
Plata de la cultura española porque obliga a integrar
el periodismo de autor en el canon literario.»
Jordi Amat (La Vanguardia)

«La crónica de la debacle francesa es uno de los mejores reportajes que se han escrito sobre la caída de París.»
Félix de Azúa (El Periódico)

«El mejor periodista español junto con Larra.»
Andrés Trapiello

«El diagnóstico de Chaves Nogales es tan polémico y duro hoy como hace 70 años.»
Peio H. Riaño (Público)

«He tratado de captar la sombra de un ser vivo.»
Josep Pla

«Uno de los mejores libros que se han publicado
en España durante los últimos treinta años.»
Dionisio Ridruejo, 1953

«Sin duda el libro más famoso de Josep Pla.»
Gabriel Ferrater

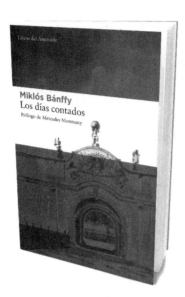

«Un caso genuino de redescubrimiento de un clásico.»
Times Literary Supplement

«Una obra maestra.»
New Statesman

«Esta épica novela entrelaza sociedad y política en una historia llena de vida; su retrato del declive del Imperio Austrohúngaro y su sabio reflejo del alma humana la convierten en una lectura fascinante.»
The Daily Telegraph

«Una gran novela histórica magníficamente narrada, emocionante y sólidamente documentada.»
Library Journal

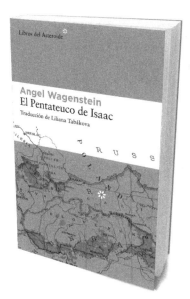

«El humor y el horror están muy cerca, pero eso
sólo lo saben los genios, capaces de reírse a
mandíbula batiente de sus desgracias.»
Antonio Lozano (Qué Leer)

«Un fantástico descubrimiento.»
Mercedes Monmany (ABC)

«Wagenstein retrata a refugiados y espías en una adictiva novela, las relaciones entre los personajes nos hablan no sólo de la perseverancia de la naturaleza humana sino también del absurdo de la guerra.»
San Francisco Chronicle

«Esta novela debe ser considerada como un clásico de la literatura antifascista.»
Duma (Sofía)

«La maestría en la trama argumental y su arte del suspense revelan el antiguo oficio cinematográfico del narrador. Una obra cautivadora.»
Le Monde

«Esta divertidísma novela resulta subversiva porque ilustra
aquello que Marx nunca comprendió: que la naturaleza
humana permanece inalterable incluso bajo el socialismo.»
Time

«Este libro pide a gritos ser leído y disfrutado por millones
de lectores. Por su humor universal y su conmovedora
humanidad, posee el potencial para convertirse en uno de
los clásicos más populares de la literatura rusa.»
The Times Literary Supplement

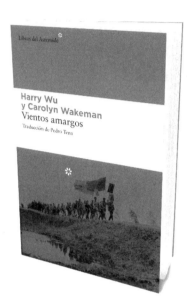

Libros del Asteroide

Harry Wu
y Carolyn Wakeman
Vientos amargos
Traducción de Pedro Tena

«*Vientos amargos* merece ser comparado a *Archipiélago Gulag* por ser el relato íntimo y doloroso de lo que tuvieron que sufrir millones de inocentes.»
Los Angeles Times

«*Vientos amargos* es el ejemplo perfecto de cómo la descripción detallada de una experiencia aterradora puede convertirse en una estimulante lectura.»
The Sunday Telegraph